2023 年 10 月

第一法規株式会社

お客様各位

標記書「体法務検定問題集 2022 年度版」内容誤りのお詫びと訂正

容の一部に誤りがございました。お客様には、ご迷惑をおかけいたしまして誠に申し上げますとともに、下記のとおり訂正いたします。謹んで

記

○126頁　問56【解説】の2行目

誤：①②は多選制限が憲法上許される理由として妥当である。

正：①②は多選制限が憲法上許されない理由として妥当である。

以上

〒107-8560　東京都港区南青山 2-11-17

TEL 0120-203-694　FAX 0120-302-640

https://www.daiichihoki.co.jp

第一法規株式会社

基本法務・政策法務

自治体法務検定
問題集

2022年度版

自治体法務検定委員会 編

第一法規

自治体法務検定とは

　地方分権の推進により、自治体は、自らの判断で、知恵をしぼり工夫をこらして、最良の政策を推進していかなければなりません。そのためには、自らが責任をもって法令の解釈を行い、住民福祉の向上に資するための条例・規則を制定することが大切となってまいります。いま、「自治体法務」の重要性が唱えられているのは、まさにこのためなのです。

　自治体において法務に対するニーズが高まってきた要因としては、第1に、地方分権改革によって自治体が処理する事務の範囲が拡大したため、各自治体は法のルールに則って適正かつ透明な事務処理を行う責務があることがあげられます。第2に、わが国の民間企業には厳しい“コンプライアンス”や“コーポレート・ガバナンス”が求められるようになってきていますが、自治体に対しても全く同じことが求められているということがあります。自治体には、マスコミや住民からの非難を受けず、各種の争訟にも堪えうるような事前配慮が必要となります。

　これからの自治体は、住民に身近なところで、それぞれの地域にふさわしい独自の行政サービスを提供しなければなりません。そのためには、教育、福祉、環境、安心・安全、まちづくり、土地利用、産業振興、内部管理、情報、財務会計・監査等、多岐多彩な専門的能力をもった職員が必要となります。その際、自治体職員も、これらの各分野に共通した法的問題や地域独自の政策を法的に設計し構築するための法務能力を備えることが期待されます。

　このような要請を受けて、高い法務能力を備えた自治体職員を養成するための1つの手段として設けられたのが「自治体法務検定」という仕組みです。この検定は、「基本法務編」と「政策法務編」というそれぞれのテキストを勉強した上で、主にその中から出題される問題に答えていただき、その採点結果によって、その時点での受検者の法務能力を評価するというものです。ひと口に自治体といっても、都道府県や市町村はそれぞれ多種・多様であり、地域の独自性や自治行政の中での法務に対する比重の置き方もさまざまかと思いますが、これからの新しい時代の地方自治を担い、各自治体を牽引する役割を担う職員になっていただくためにも、一人でも多くの自治体職員の皆様に、「自治体法務検定」に参加していただけることを期待しています。

2013年9月

自治体法務検定委員会

委員長　塩野　宏

基本法務と政策法務

◎基本法務とは

自治体行政実務との関連をふまえ、法というものの基本を身につける。

　基本法務は、自治体が政策を推進していく上で欠かすことのできない基本法分野（憲法、行政法、地方自治法、民法、刑法）の知識と、政策を根拠づける法への理解力及び自治行政を推進するに際し必要となる国や自治体の法制に関する理解力などの、すべての自治体職員に必要とされる法務能力の向上を目指すものです。

　また、本検定は、単に基本法務の基礎知識の習得のみを目指すのではなく、それを自治体の実務にいかに活かすかという、いわば「考える自治体職員」としての力が身につくようにもなっています。

◎政策法務とは

「わがまち」の自治を創造するための法務知識を身につける。

　政策法務は、地方分権の趣旨を踏まえ、自ら法令を解釈・運用し、条例を制定し、自らの戦略に基づいて法務行政を行うなどの、自治体（と自治体職員）が自らの価値と判断に基づいて行政実務を推進していくための政策法務能力の習得を目指すものであり、行政法、地方自治法、行政学の分野を対象にしています。

　ひと通り備わった法務知識を基礎として、その法務知識を事案解決や新たな政策立案とその実現にいかに活かすか、法務の基礎力から応用力までを問います。

この問題集の使い方

◎問題集の位置づけ

　この問題集は、2022年度自治体法務検定「基本法務」及び「政策法務」の一般受検（2022年10月2日、2023年2月19日）で出題された問題とその解答及び解説です。

　主に各自治体で勤務する職員が、『自治体法務検定公式テキスト　基本法務編』『自治体法務検定公式テキスト　政策法務編』（共に第一法規刊）で学習をした後に、この問題集を繰り返し解くことで、自治体法務検定委員会が認定する「プラチナクラス」「ゴールドクラス」「シルバークラス」を取得するに必要な法務能力を身につけ、もって各自治体の第一線で活躍できる公務員となることを目指すための問題集です。

　なお、出題された問題は、主に2021年8月1日公布日現在の法令及び制度等を基にしています（2022年度検定対応の公式テキストに同じ）。

◎自治体法務検定受検対策として

　自治体法務検定の受検に向けた学習において、実際に出題された問題を解くことによって、問題形式や問題の傾向、時間配分等を把握することができます（検定時間：各120分）。

◎自治体法務検定受検後のフィードバックとして

　2022年度自治体法務検定一般受検の受検者が、解答を誤った問題について、どこをどう誤ったのか、その原因を確認するとともに、解説で盛り込まれる法令・判例等を理解することにより、出題された問題をより深く理解することができます。

◎自己研鑽の教材として

　自らの法務能力の向上を目指し学習する自治体職員の自己研鑽のための教材として活用できます。また、『自治体法務検定公式テキスト　基本法務編』『自治体法務検定公式テキスト　政策法務編』を併用して学習することにより、より効果的に法務知識を身につけることができます。

◎自治体における法務研修時の演習問題用テキストとして

　自治体法務検定で出題される問題は、自治体の実務に即した内容で構成されていますので、自治体で実施する法務研修等における演習問題として活用することができます。また、法務研修後の学習効果の測定手段としても活用することができます。

◎公務員試験等を目指す学生の模擬教材として

　「基本法務」は、憲法、行政法、地方自治法、民法、刑法など幅広い法分野の知識を問う問題からなり、一方の「政策法務」にはより洞察力が必要な問題が含まれることから、本問題集は、各法分野を広く深く学習するのに最適なものであり、公務員試験等を目指す学生の受験対策として格好の模擬教材となるものです。

◎自治体法務検定委員会による認定について

　自治体法務検定委員会では、受検者が検定で獲得した点数により、次のようなクラス認定を行っておりますので、１つでも上のクラスを目指して頑張ってください。

　　シルバークラス：500〜699点

　　ゴールドクラス：700〜899点

　　プラチナクラス：900〜1000点

◎収載範囲

　本書には、2022年度に実施された自治体法務検定一般受検２回分の問題・解答・解説（計280問）を収載しています。

・2022年10月２日（日）実施　「基本法務」70問、「政策法務」70問

・2023年２月19日（日）実施　「基本法務」70問、「政策法務」70問

◎凡例

・本書では、以下の略語を使用しています。

　　基本法務テキスト

　　　自治体法務検定委員会編『自治体法務検定公式テキスト　基本法務編　2023年度検定対応』（第一法規、2023年）

　　政策法務テキスト

　　　自治体法務検定委員会編『自治体法務検定公式テキスト　政策法務編　2023年度検定対応』（第一法規、2023年）

・解答と解説に、各テキストの章番号を表示しています。

　　（例）序　1　2

※「自治体法務検定」公式サイト（http://www.jichi-ken.com/）では、2022年度自治体法務検定一般受検の分析結果が掲載されていますので、ご参照ください。

◆装丁──篠　隆二

目　次 ————————————————————●

2022年度自治体法務検定問題集

自治体法務検定とは
基本法務と政策法務
この問題集の使い方

第1章　自治体法務検定　基本法務（2022年度10月）

第2章　自治体法務検定　政策法務（2022年度10月）

第3章　自治体法務検定　基本法務（2022年度2月）

第4章　自治体法務検定　政策法務（2022年度2月）

第1章　自治体法務検定　基本法務（2022年度10月）

第1節　問題

問1　環境省令、特許庁規則とそれぞれの制定権者の組合せとして妥当なものを、①〜④の中から1つ選びなさい。

① 環境省令—環境省　　　特許庁規則—特許庁

② 環境省令—環境省　　　特許庁規則—特許庁長官

③ 環境省令—環境大臣　　特許庁規則—特許庁

④ 環境省令—環境大臣　　特許庁規則—特許庁長官

問2　次の記述のうち、行政手続法36条の3（処分等の求め）に関する記述として妥当でないものを、①〜④の中から1つ選びなさい。

① 何人も、法令に違反する事実がある場合において、その是正のためにされるべき処分がされていないと思料するときは、当該処分をする権限を有する行政庁に対し、その旨を申し出て、当該処分をすることを求めることができる。

② 何人も、法令に違反する事実がある場合において、その是正のためにされるべき行政指導（その根拠となる規定が法律に置かれているものに限る）がされていないと思料するときは、当該行政指導をする権限を有する行政機関に対し、その旨を申し出て、当該行政指導をすることを求めることができる。

③ 処分を求める旨の申出があったときは、当該処分をする権限を有する行政庁は、必要な調査を行い、その結果に基づき必要があると認めるときは、当該処分をしなければならない。

④ 処分を求める旨の申出に対し、当該処分をする権限を有する行政庁が、当該処分をしない旨を決定し、申出人に通知した場合、当該通知は、取消訴訟の対象となる処分にあたる。

問3　Aが所有する甲土地の所有権を売買契約により取得したBがまだ移転登記を受けていない場合に関する次の記述のうち、妥当なものを1つ選びなさい。

① Bがまだ移転登記を受けていない間にAが死亡し、甲土地をCが単独相続したとき、Bは、登記なくしてCに対し甲土地の所有権を主張することができない。

② Cが甲土地を不法占有していたとき、Bは、登記なくしてCに対し甲土地の所有権を主張することができない。

③ AB間の売買契約を知っているCがAをそそのかして、Aから甲土地を購入し移転登記を受けた場合で、CがBに高値で売り付け不当な利益を得る目的であったときには、Bは、登記なくしてCに対し甲土地の所有権を主張することができない。

④ CがAから甲土地を賃借し、その上に自己名義の保存登記をした建物を所有しているとき、Bは、登記なくしてCに対し甲土地の所有権を主張することができない。

問4　次の文章は、ある最高裁判所の判決文の一部である。空欄に当てはまる語句の組合せとして、正しいものを1つ選びなさい。

「産業廃棄物等処分業の許可及びその更新に関する廃棄物処理法の規定の趣旨及び目的、これらの規定が産業廃棄物等処分業の許可の制度を通して保護しようとしている利益の（　ア　）等を考慮すれば、同法は、これらの規定を通じて、公衆衛生の向上を図るなどの公益的見地から産業廃棄物等処分業を規制するとともに、産業廃棄物の最終処分場からの有害な物質の排出に起因する大気や土壌の汚染、水質の汚濁、悪臭等によって健康又は生活環境に係る著しい被害を直接的に受けるおそれのある個々の住民に対して、そのような被害を受けないという利益を個々人の（　イ　）としても保護すべきものとする趣旨を含むと解するのが相当である。

したがって、産業廃棄物の最終処分場の周辺に居住する住民のうち、当該最終処分場から有害な物質が排出された場合にこれに起因する大気や土壌の汚染、水質の汚濁、悪臭等による健康又は生活環境に係る著しい被害を直接的に受けるおそれのある者は、当該最終処分場を事業の用に供する施設としてされた産業廃棄物等処分業の許可処分及び許可更新処分の取消し……を求めるにつき（　ウ　）利益を有する者として、その取消訴訟……における（　エ　）を有するものというべきである。」

① 　ア：内容及び性質　　イ：重大な利益　　ウ：法律上の　　　エ：訴えの利益
② 　ア：内容及び性質　　イ：個別的利益　　ウ：法律上の　　　エ：原告適格
③ 　ア：重大性　　　　　イ：個別的利益　　ウ：保護に値する　エ：原告適格
④ 　ア：重大性　　　　　イ：重大な利益　　ウ：保護に値する　エ：訴えの利益

問5　建物の区分所有等に関する法律に関する次の記述のうち、妥当なものを1つ選びなさい。
①　分譲マンションの一室を所有している場合、自己の住居部分について区分所有権を有しているが、マンションの玄関、エレベーターなどの共用部分については、区分所有者の全員又は一部の者の共有とされる。
②　分譲マンションなどの区分所有建物を管理する場合、区分所有建物を建設した者が行うこととなっている。
③　分譲マンションなどの区分所有者は、規約で別段の定めがあるときを除き、その有する専有部分とその専有部分に係る敷地利用権とを分離して処分することができる。
④　分譲マンションなどの区分所有建物の建替えをしようとする場合、区分所有者及び議決権の全員の同意が必要である。

問6　選挙に関する次の記述のうち、妥当でないものを1つ選びなさい。
①　選挙人名簿の登録について不服がある選挙人は、市町村選挙管理委員会に対する異議の申出を経て、市町村選挙管理委員会を被告とする訴訟を提起することができる。
②　海外在住者が衆議院議員又は参議院議員の選挙で投票する場合、在外選挙人名簿に登録され、かつ在外選挙人証の交付を受けていなければならない。

③　選挙期日には18歳になる17歳の者は、選挙の公示日・告示日の翌日から選挙期日の前日までの間、選挙人名簿登録地の市町村選挙管理委員会において期日前投票をすることができる。

④　新型コロナウイルス感染症に感染したため、外出自粛要請を受けている選挙人は、郵便等による不在者投票をすることができる。

問7　地方公共団体の一般職職員が業務保管中の金員を横領したときに関する次の記述のうち、最も妥当なものを1つ選びなさい。

①　国家的法益に対する罪に分類される罪が成立する。

②　社会的法益に対する罪に分類される罪が成立する。

③　個人的法益に対する罪に分類される罪が成立する。

④　特別法犯に分類される罪が成立する。

問8　個人に対してだけでなく法人にも保障される権利として妥当なものを、①～④の中から1つ選びなさい。

①　選挙権

②　生存権

③　契約締結の自由

④　奴隷的拘束からの自由

問9　条例の制定や改廃の直接請求に関する次の記述のうち、妥当でないものを1つ選びなさい。

①　地方公共団体の議会の議員及び長の選挙権を有する者（以下、「選挙権を有する者」という）は、その総数の50分の1以上の者の連署をもって、その代表者から、地方公共団体の長に対し、条例の制定又は改廃の請求（以下、「請求」という）をすることができる。

②　地方公共団体の長は、請求を受理した日から、都道府県及び指定都市については2ヶ月以内に、指定都市以外の市町村については1ヶ月以内に議会を招集し、意見を付けてこれを議会に付議し、その結果を代表者に通知するとともに、これを公表しなければならない。

③　請求の対象から、地方税の賦課徴収並びに分担金、使用料及び手数料の徴収に関するものは除かれる。

④　選挙権を有する者のうち、請求に係る地方公共団体の選挙管理委員会の委員又は職員である者は、請求の代表者となることができない。

問10　地方公共団体の契約に関する次の記述のうち、妥当なものを1つ選びなさい。

①　いわゆる総合評価一般競争入札の方式がとられる場合、予定価格の制限の範囲内の価格をもって申込みをした者で、かつ、価格その他の条件が地方公共団体にとって最も有利なものをもって申込みをした者と契約を締結することができる。

② 　地方公共団体が競争入札につき入札保証金を納付させた場合において、落札者が契約を締結しないときは、その者の納付に係る入札保証金は、当該落札者に返還されなければならない。

③ 　地方公共団体が契約の相手方をして契約保証金を納付させた場合において、契約の相手方が契約上の義務を履行しないときであっても、その契約保証金は、当該契約の相手方に返還されなければならない。

④ 　地方公共団体は、電気、水の供給など翌年度以降にわたって継続的にその提供を受ける必要のある役務に係る契約を締結する場合であっても、これに関して予算において債務負担行為として定めておかなければならない。

問11　民事裁判のＩＴ化に関する次の記述のうち、妥当でないものを１つ選びなさい。
① 　民事裁判のＩＴ化は、訴状等の書面や証拠をオンラインで提出することをいい、訴訟記録をオンラインで確認したり、オンライン上で口頭弁論期日を開催したりすることは想定されていない。

② 　民事裁判のＩＴ化のメリットとしては、司法アクセスの向上、裁判手続の迅速化・充実化、裁判に関わる事務負担の合理化などがある。

③ 　民事裁判のＩＴ化のデメリットとしては、デジタル機器の取扱いに習熟しない者の裁判を受ける権利の侵害、セキュリティの危険、非弁護士の介入の増加などがある。

④ 　民事裁判のＩＴ化は、民事裁判の手続を定める民事訴訟法の改正を伴うことになる。

問12　行政法の一般原則に関する次の記述のうち、妥当でないものを１つ選びなさい。
① 　青色申告の承認を受けていない者に対して税務署の職員が誤って青色申告の用紙を送付した場合、税務署長は、信義則上、その者が青色申告の承認を受けているものとして取り扱わなければならない。

② 　行政機関が特定の者について他の者と異なる取扱いをした場合であっても、区別して取り扱う合理的な理由があれば、平等原則に反しない。

③ 　比例原則は、行政目的を達成するために必要な範囲でのみ行政権限を用いることが許されるという原則である。

④ 　法令の定める要件に形式的には適合している行政処分でも、法令の趣旨に反する運用であるとして、行政権の濫用として違法とされることがある。

問13　次に掲げるのは、マンション建築をめぐる建築主と周辺住民との紛争を調整するために地方自治体が行政指導を行い、その間、建築確認を留保した事案に係る最判昭60・7・16民集39巻5号989頁の一部である。この判決の理解に関する①〜④の記述のうち、妥当なものを１つ選びなさい。

　「確認処分の留保は、建築主の任意の協力・服従のもとに行政指導が行われていることに基づく事実上の措置にとどまるものであるから、建築主において自己の申請に対する確認処分を留保されたままでの行政指導には応じられないとの意思を明確に表明している場合には、かかる建築主の明示の意思に反してその受忍を強いることは許されない筋合のものであるといわなければならず、建築主が右のような行政指導に不協力・不服従の意思を表明している場合には、当該建築主が受ける不利益と右行政指導の目的とする公益上の必要性とを比較衡量して、右行政指導に対する建築主の不協力が社会通念上正義の観念に反するものといえるような特段の事情が存在しない限り、行政指導が行われているとの理由だけで確認処分を留保することは、違法であると解するのが相当である。

　したがつて、いつたん行政指導に応じて建築主と付近住民との間に話合いによる紛争解決をめざして協議が始められた場合でも、右協議の進行状況及び四囲の客観的状況により、建築主において建築主事に対し、確認処分を留保されたままでの行政指導にはもはや協力できないとの意思を真摯かつ明確に表明し、当該確認申請に対し直ちに応答すべきことを求めているものと認められるときには、他に前記特段の事情が存在するものと認められない限り、当該行政指導を理由に建築主に対し確認処分の留保の措置を受忍せしめることの許されないことは前述のとおりであるから、それ以後の右行政指導を理由とする確認処分の留保は、違法となる」。

①　確認処分の留保が適法といえるためには、建築主において建築主事に対し、確認処分を留保されたままでの行政指導に協力する意思を真摯かつ明確に表明していることが必要である。

②　建築主が確認処分を留保されたままでの行政指導に不服従の意思を真摯かつ明確に表明している場合でも、建築主の不協力が社会通念上正義の観念に反するといえるような特段の事情があれば、確認処分の留保を継続しても違法とならない。

③　確認処分の留保が違法となるか否かは、専ら建築主の意思を基準として判断され、協議の進行状況や建築主を取り巻く客観的状況は考慮されない。

④　建築主が確認処分を留保されたままでの行政指導に不服従の意思を真摯かつ明確に表明している場合には、建築主の不協力が社会通念上正義の観念に反するといえるような特段の事情がない限り、確認処分を行った上で行政指導を継続することも違法となる。

問14　抵当権に関する次の記述のうち、妥当なものを1つ選びなさい。

①　抵当権の目的である建物に火災保険がかけられている場合、火災により当該建物が滅失したときは、抵当権者は、滅失によって生じた火災保険金請求権に対して物上代位権を行使することができる。

②　抵当権設定者は、目的物を使用収益する権利を有するから、抵当不動産から生じた賃料については、抵当権の被担保債権について債務不履行となった後であっても、抵当権の効力が及ばない。

③　抵当目的不動産に不法占拠者がおり、抵当不動産の交換価値の実現が妨げられているにもかかわらず、所有者がその不法占有者を排除しない場合であっても、抵当権は非占有担保物権であるから、抵当権に基づく妨害排除請求権は認められない。

④　抵当権は非占有担保であるから、山林に抵当権を設定した抵当権者は、山林から樹木を不法に

伐採して搬出しようとしている者がいたとしても、抵当権に基づいて伐採や搬出をしないように請求することができない。

問15　地方公共団体の議会に関する次の記述のうち、妥当でないものを1つ選びなさい。
　①　議会には、毎年条例で定める回数招集しなければならない定例会、その事件に限り招集される臨時会があるほか、通年の会期制も認められている。
　②　議会の解散は、長の解散権行使による場合と住民からの直接請求の成立による場合に限られる。
　③　議会の議決権について、地方自治法は必要的議決事項を定めている。
　④　議会が解散されると、議員全員の身分が失われる。

問16　期間と時効に関する次の記述のうち、妥当なものを1つ選びなさい。
　①　期間の計算方法として時間（時、分、秒）によって期間が定められている場合、自然的計算法ではなく暦法的計算法が適用される。
　②　2022年5月10日にこれから1年間と期間を定めた場合、末日は2023年5月9日である。
　③　金銭債権は消滅時効にかかるが、画家に対して肖像画を描いてもらう債権や所有権は、消滅時効により消滅することはない。
　④　時効期間が経過しても、当事者が時効を援用しなければ、裁判所は、時効を理由として裁判を行うことはできない。

問17　法とは何かに関する次の記述のうち、最も妥当なものを1つ選びなさい。
　①　現在の日本では、「部屋に入ったら帽子をとらなければならない。」という規範は法である。
　②　現在の日本では、「道で目上の人に出会ったら会釈しなければならない。」という規範は法である。
　③　現在の日本では、「約束は守らなければならない。」という規範は法である。
　④　現在の日本では、「たとえ私人としてでも、男女差別発言をしてはならない。」という規範は法である。

問18　法定利率に関する次の記述のうち、妥当なものを1つ選びなさい。
　①　令和4年の法定利率は年5％である。
　②　法定利率は、利息制限法によって規定されている。
　③　法定利率は、毎年見直される。
　④　金銭消費貸借契約がなされたとき、当然に法定利率による利息が発生するわけではない。

問19　包括的基本権に関する次の記述のうち、最高裁判所の判例に照らして最も妥当なものを1つ選

びなさい。

①　公道においてデモ行進を行っている者は、憲法13条が保障する肖像権を放棄していると解されるので、警察官はその容貌を自由に撮影することができる。

②　指紋の押捺制度は国民の私生活上の自由と密接な関連をもつものであり、国家機関が正当な理由もなく指紋の押捺を強制することは、憲法13条の趣旨に反して許されない。

③　自己の私的事柄に関する情報の取扱いについて自ら決定する利益は、人格権の一内容であるプライバシーの権利として、憲法13条によって保障されている。

④　憲法13条は、各個人が有する自己の人生のあり方は自らが決定することができるという自己決定権を保障しているので、いわゆる尊厳死を選択する自由も認められる。

問20　国が地方公共団体に一定の事務の処理を義務付け、その事務を自治事務とする場合、次の記述のうち、妥当でないものを1つ選びなさい。

①　国が地方公共団体に対して個別法律で自治事務の処理を義務付ける場合には、地方自治の本旨という憲法上の原則に加え、同じ法律である地方自治法が定める役割分担原則を立法の際の指針としなければならない。

②　国が地方公共団体に対して自治事務の処理を義務付ける場合には、法定受託事務の場合とは異なり、地方公共団体が地域の特性に応じて処理することができるよう、条例制定の余地に対して特に配慮して立法を行わなければならない。

③　国が都道府県に対して自治事務の処理を義務付けた場合には、都道府県は自らその事務を処理することなく、条例を制定することによって市町村にその処理を委ねることができる。

④　国が地方公共団体に対して自治事務の処理を義務付ける場合には、すべて法律で定めきる必要はないが、法律に基づく政令・府令・省令で定めなければならない。

問21　法律と条例の関係に関する次の記述のうち、最も妥当なものを1つ選びなさい。

①　条例の内容は、法律と同じく明確でなければならないが、適用範囲が地方公共団体に限定されているため、一般性・抽象性の要請は妥当しない。

②　法律が既に規制している事項・対象については、条例が重ねて規制することは原則として認められない。

③　条例は法律の範囲内で定められる必要があるというときの法律には、法律を執行するための政省令も含まれる。

④　条例は法律の範囲内で定められる必要があるというときの条例には、条例を執行するために長や委員会が定める規則は含まれない。

問22　特別刑法に関する次の記述のうち、妥当なものを1つ選びなさい。

①　特別刑法の中には、過失犯の規定も未遂犯の規定もない。

②　特別刑法の中には、過失犯の規定はあるが未遂犯の規定はない。

③　特別刑法の中には、過失犯の規定はないが未遂犯の規定はある。

④　特別刑法の中には、過失犯の規定も未遂犯の規定もある。

問23　地方公共団体の公の施設に関する次の記述の空欄に入る語句の組合せとして正しいものを、①
　　　～④の中から１つ選びなさい。

> 　普通地方公共団体は、（　ア　）で定める重要な公の施設のうち（　ア　）で定める特に重要
> なものについて、これを廃止しようとするときは、議会において出席議員の（　イ　）以上の
> 者の同意を得なければならない。

①　ア：規則　　　イ：３分の２

②　ア：条例　　　イ：３分の２

③　ア：規則　　　イ：４分の３

④　ア：条例　　　イ：４分の３

問24　取消訴訟の被告適格に関する次の記述のうち、妥当なものを１つ選びなさい。

①　国に所属する行政庁の処分の取消訴訟においては、当該処分を行った行政庁が被告となる。

②　地方公共団体に所属する行政庁の処分の取消訴訟においては、当該地方公共団体の首長が被告
となる。

③　公の施設の指定管理者がした処分の取消訴訟においては、当該事務が帰属する地方公共団体が
被告となる。

④　指定確認検査機関がした建築確認処分の取消訴訟においては、当該処分を行った指定確認検査
機関が被告となる。

問25　行政上の義務違反に対する制裁に関する次の記述のうち、妥当でないものを１つ選びなさい。

①　行政刑罰にも罪刑法定主義が適用される。

②　行政刑罰にも刑事訴訟法が適用される。

③　条例に懲役刑を規定することはできない。

④　地方公共団体の条例・規則違反に対する過料は、長の行政処分によって科される。

問26　自治立法に関する次の記述のうち、妥当なものを１つ選びなさい。

①　地方公共団体の条例制定権は、憲法で保障されていない。

②　条例は、法定受託事務を処理するために制定することができる。

③　地方公共団体が義務を課し、又は権利を制限する場合には、条例ではなく規則を制定して行う
ことができる。

④　条例の効力は、当該地方公共団体の住民、事業者にのみ及ぶ。

問27　地方公共団体の事務に関する次の記述の空欄に入る語句の組合せとして妥当なものを、①〜④の中から1つ選びなさい。

> 　法定受託事務は、（　ア　）であり、（　イ　）となる点において自治事務と同様であるが、（　ウ　）の点において自治事務とは異なる。

① 　ア：地方公共団体の事務　　イ：国の関与の対象　　ウ：条例制定権の対象

② 　ア：地域における事務　　イ：条例制定権の対象　　ウ：条例による事務処理特例制度の対象

③ 　ア：地方公共団体の事務　　イ：条例制定権の対象　　ウ：議会の調査権限等

④ 　ア：国の事務　　イ：国の関与の対象　　ウ：監査委員の職務

問28　地方公務員（地方公営企業等の労働関係に関する法律が適用されないものに限る）に関する次の記述のうち、妥当でないものを1つ選びなさい。

① 　地方公務員法は、すべての職員に対して争議行為の禁止を定めており、争議行為を企て、あおり、そそのかしなどをした者は、懲戒処分のみならず刑事罰の対象となる。

② 　職員は争議行為が禁止されるほか、団体交渉権も、労働協約締結権を内容として含んでいないため完全には認められていない。

③ 　地方公務員は、政治的行為が制約されるが、かかる制限に違反した場合は、懲戒処分及び刑事罰の対象となる。

④ 　地方公務員には、警察職員及び消防職員を除いて、職員団体を組織するという形での団結権が認められている。

問29　住民訴訟の免責制度に関する次の記述のうち、妥当でないものを1つ選びなさい。

① 　地方公共団体は、条例（以下、「免責条例」という）を定めることによって、地方公共団体の長が職務を行うにつき善意でかつ重大な過失がない場合、当該長の当該地方公共団体に対する損害を賠償する責任を、一定額免除することができる。

② 　地方公共団体は、住民監査請求がされた後、免責条例を適用して、当該地方公共団体の長の損害賠償責任を一定額免責するときは、あらかじめ監査委員の意見を聴き、議会の議決を経なければならない。

③ 　地方公共団体の議会は、免責条例の制定又は改廃に関する議決をしようとするときは、あらかじめ監査委員の意見を聴かなければならない。

④ 　免責条例が定められている場合であっても、当該免責条例とは別個に、地方公共団体の議会が当該地方公共団体の長に対する損害賠償責任を議決によって免責することが、明文の規定でもって禁止されているわけではない。

問30 以下の事案について丙に共犯として成立する罪は何か、①〜④の中から1つ選びなさい。

（事案）
　地方公共団体の会計管理者甲は、3人の子息を医師にするまでの教育費や遊興費を捻出するために、給与を超える収入を必要としていた。ある時甲は、出入業者乙からある随意契約の契約先と金額について便宜を図ってくれるよう頼まれたことをきっかけに、妻丙と相談の上、乙に便宜を図る見返りとして、契約額の一定比率の金額を実態のない丙のコンサルタント料として丙の銀行口座に振り込ませ、その後も乙から要求のあった契約のたびに同様のことを繰り返していた。振り込まれた金額は甲と丙がそれぞれ適宜自由に引き出して使っていた。ところがある時、子息の私立大学医学部への入学金としてまとまった資金が必要になった。甲は、死期の迫っていた丙の父からの相続財産で後日補填できると考え、職務上保管している公金を一時的に流用した。間もなく丙の父が亡くなったため、甲が事情を丙に話すと丙は二もなく了承し、甲の予定した通り資金は返還された。その後ほどなくして、指名競争入札の資格審査をめぐって乙が資格偽装工作を甲に相談してきた。そこで甲は、これまでの関係や退職後再就職のことも考えて、然るべく工作に協力し、乙は競争入札に参加し落札した。翌年退職した甲は、乙の資格偽装工作に協力したことを背景として、乙の会社に役員として就職できるよう乙に要求し、乙はこれを受け入れた。

①　受託収賄罪（刑法197条1項）

②　受託収賄罪（刑法197条1項）、業務上横領罪（刑法253条）

③　受託収賄罪（刑法197条1項）、業務上横領罪（刑法253条）、背任罪（刑法247条）

④　受託収賄罪（刑法197条1項）、業務上横領罪（刑法253条）、地方公務員法63条1号の罪〔不正再就職の罪〕

問31 罪刑法定主義の内容に関する次の記述のうち、最高裁判所が徳島市公安条例事件判決で判断の基準を示したものはどれか、①〜④の中から1つ選びなさい。

①　法益保護の原則

②　責任主義

③　罪刑の均衡

④　明確性の原則

問32 地方自治の基本原理と地方公共団体に関する次の記述のうち、妥当なものを1つ選びなさい。

①　合併特例区は、市町村の合併の特例に関する法律において、地方自治法に定める普通地方公共団体とされている。

②　地方自治法は、都道府県は市町村を「統括する」ものと定めており、このことから、都道府県は市町村の上位団体であると解される。

③　地方自治法は、村の要件について特に定めていない。

④　一部事務組合は、二以上の地方公共団体が広域的事務につき広域計画を作成して当該事務を処

理する。

問33　AがBに対して100万円の債権を有している場合についての債権譲渡及び債務引受に関する次の記述のうち、妥当なものを１つ選びなさい。

①　Aが、Bの同意なくCにその債権を譲渡しその旨をBに通知した場合、CがBにその100万円を請求しても、Bは履行を拒絶することができる。

②　AがCにその債権を譲渡し、９月１日にCへの譲渡についてBに内容証明郵便で通知を発送し、その通知は９月４日に到着した。ところが、Aは、Dにもその債権を譲渡し、９月２日にDへの譲渡についてもBに内容証明郵便で通知を発送し、その通知は９月３日に到着した。この場合、DがBにその100万円を請求しても、Bは履行を拒絶することができる。

③　Bが債務を負ったまま、CがBと契約してBの債務を引き受けた場合、Aの承諾がなくても、CがBの債務と同じ内容の債務を負担するという効果が発生する。

④　Bが債務を免れCが債務を引き受ける契約をAとCが結んだ場合、Bの承諾がなくても、AがBに通知するだけでCがBと同様の債務を負担するという効果が発生する。

問34　不法行為に関する次の記述のうち、妥当なものを１つ選びなさい。

①　加害者に責任能力がない場合でも、当該加害者の不法行為責任は成立する。

②　他人の不法行為に対して、自己又は第三者の権利を防衛するためにやむを得ず加害行為をした場合には、当該加害について損害賠償責任を負わない。

③　他人の物から生じた危難を避けるため、その物を損傷した場合、当該危難が急迫していないときでも、当該損傷行為について損害賠償責任を負わない。

④　物を損傷した行為について不法行為責任を負う場合、不法行為の効果として、当該損傷した物の原状回復義務が認められる。

問35　地方公共団体やその首長が当事者となる訴訟に関する次の記述のうち、最高裁判所の判例に照らして、法律上の争訟にあたらないため不適法とされる訴えを、①〜④の中から１つ選びなさい。

①　県議会の議決が法令に違反することを理由として県知事は総務大臣に審査を申し立てたが、棄却の裁定が下りたため、県知事が当該議決の取消しを求める訴訟を提起した。

②　市長が条例に基づき建築中止命令を出しているにもかかわらず、当該命令の名宛人が工事を続行したため、市がその工事の続行禁止を求める訴訟を提起した。

③　村議会議員が、議事を混乱に陥れたことを理由に議会から出席停止処分を受けたため、当該処分の取消訴訟を提起した。

④　市長が、情報公開条例に基づき国の施設の設計図面等に係る行政文書の開示決定をしたため、国が当該施設の所有者としての利益が損なわれるとして当該決定の取消訴訟を提起した。

問36　消費者契約に関する次の設例に関する①〜④の記述のうち、最も妥当なものを１つ選びなさい。

（設例）

　不動産業者Ｙは、懇意にしているＺから、Ａ県における再開発計画の詳細を聞かされ、Ｙもこれを信頼した。

　Ｙは、Ａ県に居住し、年金と貯蓄の取崩しにより生活するＸの自宅を訪問し、Ｘに対し、「ある再開発計画があり、当該計画予定地の区画の一部を今購入しておけば損はしない。」旨告げたものの、Ｘは、「興味ありません。お引き取り願います。」と返答した。しかし、Ｙが執拗に詳細な説明を続けたところ、Ｘは土地売買契約を締結するに至った。

　なお、ＺがＹに伝えた当該再開発計画は、架空であった。

（参考）消費者契約法

（定義）

第二条　この法律において「消費者」とは、個人（事業として又は事業のために契約の当事者となる場合におけるものを除く。）をいう。

２　この法律（第四十三条第二項第二号を除く。）において「事業者」とは、法人その他の団体及び事業として又は事業のために契約の当事者となる場合における個人をいう。

３　この法律において「消費者契約」とは、消費者と事業者との間で締結される契約をいう。

４　（略）

（消費者契約の申込み又はその承諾の意思表示の取消し）

第四条　消費者は、事業者が消費者契約の締結について勧誘をするに際し、当該消費者に対して次の各号に掲げる行為をしたことにより当該各号に定める誤認をし、それによって当該消費者契約の申込み又はその承諾の意思表示をしたときは、これを取り消すことができる。

　一　重要事項について事実と異なることを告げること。　当該告げられた内容が事実であるとの誤認

　二　物品、権利、役務その他の当該消費者契約の目的となるものに関し、将来におけるその価額、将来において当該消費者が受け取るべき金額その他の将来における変動が不確実な事項につき断定的判断を提供すること。　当該提供された断定的判断の内容が確実であるとの誤認

２　（略）

３　消費者は、事業者が消費者契約の締結について勧誘をするに際し、当該消費者に対して次に掲げる行為をしたことにより困惑し、それによって当該消費者契約の申込み又はその承諾の意思表示をしたときは、これを取り消すことができる。

　一　当該事業者に対し、当該消費者が、その住居又はその業務を行っている場所から退去すべき旨の意思を示したにもかかわらず、それらの場所から退去しないこと。

　（以下略）

①　不動産売買取引は消費者契約法の対象外であり、Ｘは、「消費者」に該当しない。

②　Ｙ自身がＺから伝えられた再開発計画を信じていたものであり、Ｘを騙す故意はないから、Ｘは、重要事項について事実と異なることを告げてＸを誤認させたことを理由に土地売買契約を取

り消すことはできない。

③　YのXに対する勧誘は、「絶対に」とか「必ず」という言葉を使用しておらず、土地価格の上昇について断定的判断を提供したものではないため、Xは、これを理由に土地売買契約を取り消すことはできない。

④　Yの行為は、Xが自宅から退去すべき旨の意思を示したにもかかわらず、そこから退去しなかった場合にあたり、Xはこれにより困惑していると認められることから、Xは、これを理由に土地売買契約を取り消すことができる。

問37　権限の代理に関する次の記述のうち、妥当でないものを1つ選びなさい。
①　権限を代理する機関は、被代理機関を明示して意思表示を行う必要はない。
②　指定代理とは、法定の要件が充足された場合に被代理機関の指定により代理関係が発生する場合である。
③　権限の代理においては、法定の要件の充足により当然に代理関係が発生する制度が存在する。
④　権限の代理において、代理機関の行為は、被代理機関の行為として効力を有する。

問38　行政指導に関する次の記述のうち、妥当なものを1つ選びなさい。
①　政府広報による国民一般に対する節水の呼びかけは、行政手続法上の行政指導にあたる。
②　行政機関による勧告が処分に該当する場合、当該勧告は行政手続法上の行政指導にあたらない。
③　行政指導は法律に基づかない事実行為であるから、それを行う行政機関の任務又は所掌事務の範囲を超えて行うことができる。
④　行政指導は法律に基づかない事実行為であるから、法律に基づく警告は行政手続法上の行政指導にあたらない。

問39　行政手続法に関する次の記述のうち、妥当なものを1つ選びなさい。
①　行政手続法は、行政組織の効率的な運営のために業務のあり方を内部的に定めた法律である。
②　行政手続法に定める手続によらずに処分が行われた場合、関係者が懲戒処分等を受ける可能性はあるが、手続の瑕疵を理由に当該処分が違法となることはない。
③　行政手続法は、行政手続に関する一般法であるが、個別の法律で行政手続法と異なる手続を規定することは可能である。
④　地方公共団体の機関が行う行政処分に行政手続法が適用されることはない。

問40　国の関与に関する次の記述のうち、妥当でないものを1つ選びなさい。
①　是正の要求は、地方公共団体の自治事務の処理が法令の規定に違反しているときに、違反の是正・改善のために必要な何らかの措置を講ずるよう求める、法的拘束力のある関与である。
②　是正の指示は、地方公共団体の法定受託事務の処理が法令の規定に違反しているときに、違反

の是正・改善のために必要な特定の措置を講ずるよう求める、法的拘束力のある関与である。

③　各大臣は、都道府県の執行機関に対して市町村への是正要求を行うよう指示することはできるが、自ら市町村に対して是正の要求を行うことはできない。

④　各大臣は、緊急を要するときその他特に必要がある場合に限って、自ら市町村に対して是正の指示を行うことができる。

問41　地方公共団体の住民に関する次の記述のうち、妥当でないものを１つ選びなさい。

①　市町村の区域内に住所を有する者は、当該市町村の住民とされるが、「住所」とは、民法に定められた「各人の生活の本拠」であるかどうかによって判断される。

②　地方自治法によると、市町村は、住民たる地位に関する正確な記録を常に整備しておかなければならないとされ、このために住民基本台帳法が定められているが、住民基本台帳に記録されることによって当該市町村の住民であることが認められるわけではない。

③　地方自治法上の住民には、「各人の生活の本拠」を有している自然人のみを対象としており、法人は含まれない。

④　ある人が、同一の県に属する異なる市町村に複数の生活拠点を有しており、その生活の本拠たる住所がどこにあるかについて市町村長間で意見がととのわない場合、都道府県知事に対し、その決定を求める旨を申し出なければならない。

問42　自治立法に関する次の記述のうち、妥当なものを１つ選びなさい。

①　法規としての自治立法の形式として、条例と規則のほかに、行政規則である要綱がある。

②　条例違反者に適用するため、条例に刑事罰を適用する旨の定めを置くことはできない。

③　上乗せ条例や横出し条例を定めることについて法律上明文化されているものがある。

④　条例案は、長から議会に提案されるものであり、議会の議員に提案権はない。

問43　取消訴訟の審理に関する次の記述のうち、妥当なものを１つ選びなさい。

①　取消訴訟においては、弁論主義の下で手続が進行されない。

②　行政事件訴訟法上の職権証拠調べでは、裁判所は、当事者の主張しない事実を調べることができる。

③　裁判所は、被告に所属する行政庁以外の行政庁に対して、処分の内容、根拠法令、処分の原因となる事実、処分理由を明らかにする資料の提出を求めることはできない。

④　裁判所は、行政庁に対して、処分の内容、根拠法令、処分の原因となる事実、処分理由を明らかにする資料の提出を求めることができる。

問44　行政主体に関する次の記述のうち、妥当なものを１つ選びなさい。

①　母体保護法に基づいて人工妊娠中絶手術を実施できる医師の指定を行う医師会は、公共組合と

よばれる行政主体である。

② 国民健康保険法に基づいて設置される国民健康保険組合は、公共組合とよばれる行政主体である。

③ 地方自治法に基づき公の施設を管理する指定管理者は、行政主体である。

④ 内閣から一定の距離を保つかたちで設置される検察庁は、行政主体である。

問45 請負人が種類又は品質に関して契約の内容に適合しない仕事の目的物を注文者に引き渡したときの請負人の担保責任に関する次の記述のうち、妥当でないものを1つ選びなさい。

① 注文者は、請負人に追完請求として修補請求をすることができる。

② 請負人に帰責事由があれば、注文者は、請負人に損害賠償請求をすることができる。

③ 仕事の目的物が建物その他の土地の工作物である場合には、注文者は、契約を解除することはできない。

④ 注文者は、相当の期間を定めて履行の追完の催告をした後、あるいは、履行の追完請求が不能である場合は直ちに、請負人に報酬減額請求をすることができる。

問46 次の訴えのうち、行政事件訴訟法が抗告訴訟の類型として定めていないものを、①～④の中から1つ選びなさい。

① 処分の無効の確認を求める訴え

② 申請に対する不作為が違法であることの確認を求める訴え

③ 公法上の法律関係の確認を求める訴え

④ 不服申立てに対する裁決の取消しを求める訴え

問47 行政事件訴訟法上の差止訴訟に関する次の記述のうち、妥当なものを1つ選びなさい。

① 差し止めたい処分について不服申立前置主義が採用されている場合には、あくまで不服申立てによる救済を求めるべきであり、差止訴訟を提起することはできない。

② 差止訴訟は、権力的な事実行為については提起できない。

③ 差止訴訟は、羈束処分だけでなく、裁量処分についても提起することができる。

④ 差止訴訟は、自己に対する不利益な処分が下される可能性がある場合に提起されるものであるから、他者への授益的処分を差し止めるために提起することはできない。

問48 不当利得に関する次の記述のうち、妥当でないものを1つ選びなさい。

① 売買契約締結後、代金が支払われ、目的物を引き渡したが、その後、契約が錯誤や詐欺を理由に取り消された場合、売主及び買主は相互に不当利得返還義務の性質を有する原状回復義務を負う。

② 他人の山林を自己の土地と誤信して樹木を伐採のうえ売り払った場合、当該山林の所有者に対して利得を返還する必要がある。

③　AがBから騙取した金銭をAの債権者Cに対して弁済した場合でも、BのCに対する不当利得返還請求権の成否に関して、社会通念上Bの金銭でCの利益をはかったと認められる場合には、Bの損失とCの利得との間に因果関係が認められる。

④　金銭を利得した者が生活費として支出していた場合には、利得が存在せず、返還義務を負わない。

問49　地方公共団体の住民の権利義務に関する次の記述のうち、判例に照らして、妥当なものを1つ選びなさい。

①　現行法上、外国人には、地方公共団体の長に関する選挙権は保障されていないが、たとえ新たな立法を行ったとしても、地方公共団体の長に対する選挙権を外国人に付与することは憲法違反であり許されない。

②　都市公園法に違反して、都市公園内に不法に設置されたキャンプ用テントを起居の場所とし、公園施設である水道設備等を利用して日常生活を営んでいるという事実関係の下においては、社会通念上、上記テントの所在地が客観的に生活の本拠としての実体を具備しているものと考えられるから、上記テントの所在地に住所を有するものということができる。

③　地方公共団体の住民ではなくても、当該地方公共団体の区域内に事務所を有する等の住民に準ずる地位にある者に対して、合理的な理由なく当該地方公共団体の公の施設の利用について差別的取扱いをすることは違法である。

④　市町村長は、住民基本台帳法による転入届があった場合、その者に新たに当該市町村の区域内に住所を定めた事実があったとしても、地域の秩序が破壊され住民の生命や身体の安全が害される危険性が高度に認められるような特別の事情があれば、当該転入届を受理しないことも許される。

問50　次の文章を読み、空欄に入る語句の組合せとして正しいものを、①～④の中から1つ選びなさい。

　　フランスやアメリカなどでは、近代の成立は、絶対主義的な（　ア　）に対するものとしての絶対的な（　イ　）の観念の確立に出発点をおいている。そこでは、経済、社会、政治、思想のすべての分野にわたって、何よりもまず、個人の（　イ　）の絶対性が要求されていたのである。
　　……（　ウ　）の自由、職業選択の自由、そしてそれらの基礎をなす契約の自由こそは、近代社会のはなばなしい発展の前提である。それらの自由に、「（　ア　）」による強力な制限を加えていた警察国家から一歩を進めて自由な世界が生れ出たときに、そこには無限の発展が約束されたようにみえた。しかし現実には、このオプティミズムに限度のあることがわかって来たのである。……
　　こうしてみると、（　イ　）の絶対性に対して、（　ア　）の観念による制約が成立するのには、すこぶる時間を要したことがわかる。そして漸くにして成立した（　イ　）の制約も、それは経済的社会的活動の分野に限られており、決して（　エ　）の分野に及ぶことはなかった。
　　（鵜飼信成「基本的人権と公共の福祉」社会科学研究11巻3号12頁以下より）

① ア：公共の福祉　　イ：基本的人権　　ウ：思想良心　　エ：財産

② ア：基本的人権　　イ：公共の福祉　　ウ：思想良心　　エ：財産

③ ア：公共の福祉　　イ：基本的人権　　ウ：財産　　　　エ：思想良心

④ ア：基本的人権　　イ：公共の福祉　　ウ：財産　　　　エ：思想良心

問51　表現の自由に関する次の記述のうち、妥当でないものを1つ選びなさい。

① 最高裁判所の判例によれば、公共的事項に関する表現の自由は、特に重要な憲法上の権利として尊重されなければならない。

② 表現の自由を支える価値の1つとして、言論活動によって国民が政治的意思決定に関与するという自己統治の価値が挙げられる。

③ 最高裁判所の判例によれば、報道機関の報道は国民の知る権利に奉仕するものであるから、事実の報道の自由は憲法の保障の下にある。

④ 表現内容に基づく規制よりも、時・場所・方法に関する表現内容中立規制の方が合憲性を厳格に審査されるという二分論が有力に唱えられている。

問52　地方公共団体の執行機関に関する次の記述のうち、妥当でないものを1つ選びなさい。

① 都道府県における副知事、市町村における副市町村長は、地方自治法において1人以上置くこととされており、条例で置かないこととすることは認められていない。

② 副知事及び副市町村長の選任には、当該地方公共団体の長が議会の同意を得る必要がある。

③ 副知事及び副市町村長は、普通地方公共団体における公安委員会の委員との兼職は認められない。

④ 副知事又は副市町村長と親子、夫婦又は兄弟姉妹の関係にある者は、会計管理者となることができない。

問53　成年後見制度に関する次の記述のうち、妥当でないものを1つ選びなさい。

① 後見開始の審判を受けた場合、成年被後見人は事理弁識能力を欠く常況にあるため、日用品の購入を含めた本人の取引行為について、成年後見人又は成年被後見人が取り消すことができる。

② 保佐開始の審判を受けた場合、被保佐人は、民法が列挙する一定の重要な行為について家庭裁判所が選任した保佐人の同意がないと行うことができず、当該保佐人の同意なしに行われた被保佐人の行為を保佐人又は被保佐人が取り消すことができる。

③ 補助開始の審判を受けた場合、被補助人は原則として自由に取引行為を行うことができるが、家庭裁判所が審判で補助人の同意を要するとした行為について補助人の同意を得ずに被補助人が取引した場合、補助人又は被補助人が取り消すことができる。

④ 後見開始の審判、保佐開始の審判、補助開始の審判のいずれを受けた場合であっても、本人の戸籍に当該審判を受けた事実が記載されることはない。

問54　地方公共団体の執行機関であるいわゆる行政委員会の共同設置に関する次の記述のうち、妥当なものを1つ選びなさい。

①　地方公共団体は、協議により規約を定めて、長を除く執行機関についても共同でそれを設置することが認められているため、行政委員会については、そのいずれも共同で設置することができる。

②　行政委員会を共同設置する地方公共団体が、その議会の議決を経て、脱退する日の2年前までに他のすべての関係地方公共団体にその共同設置から脱退することを書面で予告した場合には、予告を受けた関係地方公共団体は、その脱退を認めなければならない。

③　行政委員会の委員で、地方公共団体の長が当該地方公共団体の議会の同意を得て選任すべきものの選任は、各地方公共団体の長が当該各地方公共団体の議会の同意を得てそれを行うことが地方自治法上義務付けられている。

④　行政委員会の委員で、法律の定めるところにより選挙権を有する者の請求に基づき地方公共団体の議会の議決によりこれを解職することができるものの解職については、2団体で共同設置している場合は、いずれかの地方公共団体の議会において解職に同意する旨の議決があれば、その解職は成立する。

問55　次の語句のうち罪刑法定主義と最も関係の深いものを、①～④の中から1つ選びなさい。

①　意思主義

②　法律主義

③　裁決主義

④　属地主義

問56　自治立法に関する次の記述のうち、妥当なものを1つ選びなさい。

①　長の規則は条例を施行するために必要な事項を定めるものであるから、条例の根拠に基づくことなく、長が単独で規則を定めることはできない。

②　長の規則の公布及び施行については、原則として条例に関する規定が準用される。

③　行政委員会は長の権限から独立した機関であることから、委員会の規則が長の規則に違反したとしても、委員会の当該規則が違法とはならない。

④　長の規則は、いわゆる行政規則であるから、行政機関の内部でのみ通用するもので、行政機関の外部の者を法的に拘束するものではない。

問57　以下の事案に関する罪について、①〜④の中から妥当なものを１つ選びなさい。

（事案）

　地方公共団体一般職員で地方公共団体のホームページの管理を担当する甲は、自らの技術力を上司や同僚に認めさせ評価を高めようと企て、外部から不正に侵入したように偽装して一時的にホームページを意味不明の外国語の羅列にするとともに、これを30分で修復してみせた。

---

①　懲戒の対象とはなりえても罪は成立しない。

②　公電磁的記録不正作出罪が成立する。

③　電子計算機損壊等業務妨害罪が成立する。

④　電子計算機使用詐欺罪が成立する。

問58　事務管理に関する次の記述のうち、妥当なものを１つ選びなさい。

①　事務管理の成立要件として、法律上の義務がないことが必要である。

②　事務管理の成立要件として、自己のために行う意思が必要である。

③　事務管理の成立要件として、自己の利益に反しないことが必要である。

④　事務管理が成立する場合であっても違法性は阻却されず、当該行為は不法行為による損害賠償請求を免れない。

問59　地方公共団体の議会に関する次の記述のうち、妥当でないものを１つ選びなさい。

①　議員の被選挙権について、公職選挙法は当該地方公共団体の議員の選挙権を有する25歳以上の者について認めており、衆議院議員及び参議院議員と同様に、日本国民である必要がある。

②　議員には、予算を除き、議会の議決すべき事件についての議案提出権が認められるが、議員個人での提出は認められず、議員定数の12分の１以上の者の賛成が必要である。

③　議員に対する出席停止の懲罰は、議会の自律的な機能に基づいてなされたものとして、議会に一定の裁量が認められるべきものであり、その適否は、司法審査の対象とならない。

④　議員の除名に不服のある者は、地方自治法の定めるところにより総務大臣又は都道府県知事に対して審決の申請をすることができる。

問60　地方自治法に定められた都道府県の内部統制に関する次の記述のうち、妥当でないものを１つ選びなさい。

①　都道府県知事は、その担任する事務のうちの一定のものの管理及び執行が法令に適合し、かつ、適正に行われることを確保するための方針（以下、「方針」という）を定め、これに基づき必要な体制を整備しなければならない。

②　都道府県知事は、方針を定め、又はこれを変更したときは、遅滞なく、これを公表しなければならない。

③　都道府県知事は、毎会計年度少なくとも１回以上、総務省令で定めるところにより、方針及び

これに基づき整備した体制について評価した報告書を作成しなければならず、また、当該報告書を監査委員の審査に付さなければならない。

④ 都道府県知事から報告書の審査を求められた監査委員は、当該報告書を審査して意見を付し、自ら議会に提出しなければならない。

問61　勤労の権利・労働基本権に関する次の記述のうち、最高裁判所の判例に照らして妥当でないものを1つ選びなさい。

① 憲法は、経済上劣位に立つ勤労者が実質的な自由と平等とを確保するための手段として、勤労者の団結権や団体交渉権などを保障している。

② 公務員も、自己の労務を提供することにより生活の資を得ているという点では一般の勤労者と異なるところはないから、憲法による労働基本権の保障は公務員にも及ぶ。

③ 憲法による労働者の団結権保障の効果として、労働組合は、その目的を達成するために必要であり、かつ、合理的な範囲内において、組合員に対する統制権を有する。

④ 労働組合が、組合の統一候補以外の組合員に対し、立候補を取りやめることを要求し、これに従わないことを理由に当該組合員を処分することも許される。

問62　地方公共団体の財産に関する次の記述のうち、妥当なものを1つ選びなさい。

① 地方自治法にいう公有財産とは、地方公共団体の所有に属する財産のうち、不動産及びその従物に限られ、動産や地上権、地役権、鉱業権などの権利は公有財産に含まれない。

② 地方公共団体の長は、その財産を取得し、又は管理する権限を有することから、委員会若しくは委員又はこれらの管理に属する機関で権限を有するものに対し、公有財産の取得又は管理について、必要な措置を講ずべきことを求めることができる。

③ 公有財産に関する事務に従事する職員は、地方公共団体の財産の取得又は管理の権限を有する長の事前の承認を受ければ、その取扱いに係る公有財産を譲り受け、又は自己の所有物と交換することが認められる。

④ 行政財産であっても、その用途又は目的を妨げない限度においてその使用を許可することができ、地方公共団体の長は、一旦許可を行った後は、その許可に付した条件に違反する行為があると認めるとき以外には、その許可を取り消すことができない。

問63　地方公務員の権利に関する次の記述のうち、妥当なものはいくつあるか、①～④の中から1つ選びなさい。

ア　勤務条件に関する措置要求として、職員は職員定数の増減に関し、適当な措置が執られる
　　べきことを要求することができる。
イ　勤務条件に関する措置要求として、職員は給与に関し、適当な措置が執られるべきことを
　　要求することができる。
ウ　勤務条件に関する措置要求として、職員は勤務時間に関し、適当な措置が執られるべきこ
　　とを要求することができる。
エ　勤務条件に関する措置要求として、職員は休暇に関し、適当な措置が執られるべきことを
　　要求することができる。

①　1個

②　2個

③　3個

④　4個

問64　憲法上の地方公共団体に関する次の記述のうち、最も妥当でないものを1つ選びなさい。

①　市町村と都道府県の二層制が憲法上義務付けられるとする立場からは、都道府県を合併する形
　　で構成される道州制の導入には憲法改正が必要となる。

②　最高裁判所の判例によれば、憲法上の地方公共団体であるためには、住民が共同体意識を持っ
　　ているという社会的基盤が存在する必要がある。

③　最高裁判所の判例によれば、東京都特別区は、憲法上の地方公共団体にあたるため、その長は
　　住民の直接選挙によって選ばれなければならない。

④　すべての日本国籍を有する住民は、少なくとも1つの憲法上の地方公共団体に属している必要
　　がある。

問65　相続に関する次の記述のうち、妥当なものを1つ選びなさい。

①　共同相続の後、特定財産承継遺言によって法定相続分を超えて財産を取得した場合、法定相続
　　分を超える部分についても、登記なくして第三者に対抗することができる。

②　自筆証書遺言は、原則として遺言の全文、日付及び氏名を自書し、印を押すことにより成立す
　　るが、公正証書遺言などと異なり、公的機関により保管してもらう制度がないため、偽造の危険
　　性や死後に発見されないなどの心配があると指摘されている。

③　遺産分割などによって定められた場合、配偶者は、原則として終身の間、相続開始時に居住し
　　ていた被相続人の建物の使用及び収益をする権利を取得することができる。

④　被相続人の死亡により居住していた建物の所有権を残された配偶者以外の者が取得した場合、
　　残された配偶者が、相続開始時に被相続人の建物に無償で住んでいたときには、転居先が決まる
　　までの期間は無償で住み続けることができる。

問66　地方公務員に関する次の記述のうち、妥当でないものを1つ選びなさい。

① 地方公務員の職務又は身分に関する処分については、行政手続法の定める行政処分手続が適用される。

② 懲戒処分を行う場合には、その職員に対し処分の事由を記載した説明書を交付しなければならない。

③ 処分を受けた職員は、人事委員会又は公平委員会に対して不服申立てをすることができる。

④ 人事委員会又は公平委員会は、規則制定権等を行使する行政委員会である。

問67　自治立法に関する次の記述のうち、妥当なものの組合せを、①～④の中から1つ選びなさい。

> A　行政代執行などの強制執行制度は、法の規定―行政処分（命令）による行政上の義務の賦課―義務不履行の際の行政による執行という、三段階構造モデルであるのに対し、法の規定から行政処分を挟まずに行政が国民の身体や財産へ直接実力を行使する即時強制は国民に強い権利侵害を与えるものであることから、強制執行の仕組みは条例の規定によって創出することはできるが、即時強制は法律で定めなければならず条例にその根拠を定めることはできないと解されている。
>
> B　法令が「従うべき基準」として定めた内容と異なる基準を条例で定めることは許されないことから、法令で定める乳幼児10人以上を入所させる乳児院の職員数として、看護師を最低7人配置することが「従うべき基準」とされている場合に、8人配置することを定める条例は、「従うべき基準」違反となることから、当該条例の基準は違法となる。
>
> C　法律が地方公共団体の事務執行のために条例を制定することを義務付ける場合があるが、それらは当該事務が、義務を課し権利を制限する効果を伴う事務に限定されており、そのような効果を伴わない事務について法律が条例の制定を義務付ける規定を設けていたとしても、地方公共団体が条例を制定することは当該地方公共団体の任意であると解されている。
>
> D　憲法94条の、「地方公共団体は、……法律の範囲内で条例を制定することができる。」との定めは、まずもって法律が条例の制定事項の範囲を確定し、条例は当該法律の規定があってはじめて当該事項の範囲について制定することができる旨を意味すると解するのが通説的理解である。

① A：○　　B：○　　C：×　　D：○

② A：○　　B：×　　C：○　　D：×

③ A：×　　B：○　　C：○　　D：×

④ A：×　　B：×　　C：×　　D：×

問68　憲法が地方自治の仕組みを採用した理由に関する次の記述のうち、最も妥当でないものを1つ選びなさい。

① 合理的で効率的な業務遂行が可能になる。

② 中央政府の行き過ぎを抑制することができる。

③　主権を中央政府と地方政府に分割することができる。

④　個人の積極的な政治参加が可能になる。

問69　精神的自由に関する次の記述のうち、最高裁判所の判例に照らして妥当なものを1つ選びなさい。

①　卒業式における国歌斉唱の際に国旗に向かって起立し国歌を斉唱することを公立高校の教諭に命じる校長の職務命令は、特定の思想の有無について告白することを強要するものであるから、その者の思想・良心の自由に対する間接的な制約となりうる。

②　公立学校において、学生が信仰を理由に剣道実技の履修を拒否する場合に、学校が、当事者の説明する宗教上の信条と履修拒否との合理的関連性が認められるかどうかを確認する程度の調査をすることは、公教育の宗教的中立性に反しない。

③　ビラ配布は社会における少数者の意見を他人に伝える最も簡便で有効な手段の一つであるから、一般公衆が自由に出入りできる場所におけるビラ配布の規制は、社会に対する明白かつ現在の危険がなければ許されない。

④　大学における学問の自由を保障するために大学の自治が認められていることから、大学によって許可された学生の集会は、実社会の政治的社会的活動に該当するものであっても、大学の有する特別の学問の自由と自治を享有する。

問70　親子関係及び「生殖補助医療の提供等及びこれにより出生した子の親子関係に関する民法の特例に関する法律」（以下、「生殖補助医療法」という）に関する次の記述のうち、妥当なものを1つ選びなさい。なお、本問の検討にあたっては、後述の参考法令に基づくものとする。

①　夫の精子を用いて妻の子宮及び卵子に医学的措置を施し、懐胎した場合には、民法772条1項の適用はない。

②　夫以外の第三者の精子を用いて妻が生殖補助医療により懐胎した場合、民法774条の適用の有無は、夫の当該生殖補助医療に対する同意の有無による。

③　生殖補助医療法の公布後、同法第3章の規定の施行日の10日前に同法の定める生殖補助医療により出生した子は、同法第3章の適用を受ける。

④　夫の精子を用いて妻以外の第三者である女性の子宮に医学的措置を施し、当該女性が妊娠、出産した場合には、生殖補助医療法9条が適用される。

（参考）民法

（嫡出の推定）

第七百七十二条　妻が婚姻中に懐胎した子は、夫の子と推定する。

2　婚姻の成立の日から二百日を経過した後又は婚姻の解消若しくは取消しの日から三百日以内に生まれた子は、婚姻中に懐胎したものと推定する。

（嫡出の否認）

第七百七十四条　第七百七十二条の場合において、夫は、子が嫡出であることを否認することができる。

（参考）生殖補助医療の提供等及びこれにより出生した子の親子関係に関する民法の特例に関する法律

　　第三章　生殖補助医療により出生した子の親子関係に関する民法の特例

（他人の卵子を用いた生殖補助医療により出生した子の母）

第九条　女性が自己以外の女性の卵子（その卵子に由来する胚を含む。）を用いた生殖補助医療により子を懐胎し、出産したときは、その出産をした女性をその子の母とする。

（他人の精子を用いる生殖補助医療に同意をした夫による嫡出の否認の禁止）

第十条　妻が、夫の同意を得て、夫以外の男性の精子（その精子に由来する胚を含む。）を用いた生殖補助医療により懐胎した子については、夫は、民法第七百七十四条の規定にかかわらず、その子が嫡出であることを否認することができない。

　　　　　附　　則

（施行期日）

第一条　この法律は、公布の日から起算して三月を経過した日から施行する。ただし、第三章の規定は、公布の日から起算して一年を経過した日から施行する。

（経過措置）

第二条　第三章の規定は、前条ただし書に定める日以後に生殖補助医療により出生した子について適用する。

第2節　解答と解説

<問1> 序

〔正解〕④（配点10点）

〔解説〕この問題は、序章からの出題である。省令は各省大臣、規則は各委員会又は各庁長官が発するので、④以外はすべて妥当でない。（基本法務テキスト8頁）

<問2> 2

〔正解〕④（配点15点）

〔解説〕この問題は、行政法の行政作用法分野からの出題である。①及び②は行政手続法36条の3第1項により、③は同条第3項により、それぞれ妥当である。同条に基づいて処分を求める旨の申出は、申請（行政手続法2条3号）とは異なり、対応結果の通知がされた場合も、事実上のものであって、処分にはあたらないと解されるから、④は妥当でない。（基本法務テキスト112〜113頁）

<問3> 4

〔正解〕④（配点15点）

〔解説〕この問題は、民法の物権分野からの出題である。不動産の物権変動を第三者に対して主張するための対抗要件として登記が必要である（民法177条）。判例は、売買契約に限らず、広く不動産物権変動に関して、民法177条が適用されるとの立場をとっている（無制限説、大判明41・12・15民録14輯1301頁）。また、登記がなければ不動産物権変動を対抗できない「第三者」（民法177条）とは、「当事者及び包括承継人以外の者で登記の欠缺を主張する正当な利益を有する者」に限られるとしている（大判明41・12・15民録14輯1276頁）。当該土地を相続により単独相続した者は、「包括承継人」に該当するから、「第三者」に該当しない。したがって、①は妥当でない。不動産の不法占有者は、不動産を占有する正当な利益を有していないことから、「第三者」に該当しない。したがって、②は妥当でない。「第三者」は、物権変動を知っていても構わない（悪意）が、第三者が登記の欠缺を主張することが信義に反するような場合（背信的悪意者）には、「第三者」に該当しない（最判昭43・8・2民集22巻8号1571頁）。Cは背信的悪意者にあたるので、「第三者」に該当しない。したがって、③は妥当でない。これらに対して、自己名義の保存登記をした建物を所有している土地賃借人は「第三者」に該当することから（大判昭8・5・9民集12巻1123頁）、不動産の譲受人は賃借人に対して所有権の移転を対抗することができない。したがって、④が妥当であり、正解である。（基本法務テキスト313〜314，352頁）

<問4> 2

〔正解〕②（配点25点）

〔解説〕この問題は、行政法の行政救済法分野からの出題である。引用部分は、最判平26・7・29民集68巻6号620頁の判旨の一部である。取消訴訟を提起する者は、行政事件訴訟法9条1項の「法律上の利益」がなければならない。ウには「法律上の」が入る。本件のように三面関係の場合、

行政事件訴訟法9条2項の判断枠組みに則り、原告適格の有無が判断される。同条文によれば、アには「内容及び性質」が入る。法律上の利益の有無の問題は、原告適格と狭義の訴えの利益の問題を含むので、理論的にはエに「訴えの利益」も「原告適格」も入りうるが、より的確なのは後者である。最高裁は、許可制度によって保護される利益が「個別的利益」にあたるかどうかを問題としている。したがって、②が正しい。

＜問5＞ 4

〔正解〕①（配点10点）

〔解説〕この問題は、民法の物権分野からの出題である。区分所有建物においては、共用部分は区分所有者の全員又は一部の者の共有とされる（建物の区分所有等に関する法律（以下、「区分所有法」という）2条4項）。共用部分の例としては、マンションの玄関、エレベーター、外壁がある。したがって、①は妥当である。区分所有建物の管理は、区分所有者全員によって構成される団体（管理組合）によりなされる（区分所有法3条）。したがって、②は妥当でない。もっとも、日々の管理行為を常に管理組合によって行わせることは現実的ではないため、別途、管理者を定め、建物・敷地などの管理を行わせることは可能である（区分所有法25条）。敷地利用権が数人で有する所有権その他の権利である場合、区分所有者は、規約で分離処分を許す旨の別段の定めがなければ、その専有部分とその専有部分に係る敷地利用権とを分離して処分することができない（区分所有法22条1項）。したがって、③は妥当でない。区分所有建物を建て替えるためには、区分所有者及び議決権の各5分の4以上の多数決が必要とされている（区分所有法62条）。したがって、④は妥当でない。以上より、正解は①となる。（基本法務テキスト318～319，328頁）

＜問6＞ 3

〔正解〕③（配点15点）

〔解説〕この問題は、地方自治法の選挙分野からの出題である。選挙人は、選挙人名簿の登録に関し不服があるときは、文書で市町村選挙管理委員会に異議を申し出ることができ、異議の申出に対する市町村選挙管理委員会の決定に不服がある場合、市町村選挙管理委員会を被告として、決定の通知を受けた日から7日以内に出訴することができる（公職選挙法24条1項・2項・25条1項）。よって、①は妥当である。海外在住者が衆議院議員又は参議院議員の選挙で投票する場合、在外選挙人名簿に登録された上で、在外公館又は日本国内で投票する際には、市町村選挙管理委員会が交付する在外選挙人証を呈示し、郵便等により投票する場合には、在外選挙人証に記載の市町村選挙管理委員会に投票用紙を送付しなければならない（公職選挙法30条の6第4項・49条の2第1項）。よって、②は妥当である。選挙期日には18歳になるが、選挙期日前には未だ17歳のため選挙権を有しない者は、期日前投票をすることができないため、選挙人名簿登録地の市町村選挙管理委員会で不在者投票をすることができる（公職選挙法49条1項、同施行令50条2項）。よって、③は妥当でない。新型コロナウイルス感染症のため、外出自粛要請を受けた選挙人（特定患者等選挙人）は、特例法の定めるところにより、現在する場所において投票用紙に投票の記載をし、郵便等により送付する方法により行わせることができる。よって、④は妥当である。（基本法務テキスト196～198頁）

<問7> 5

〔正解〕③（配点10点）

〔解説〕この問題は、刑法分野からの出題である。本問の職員は業務上の占有者で横領しているから、刑法犯である業務上横領罪が成立する。横領罪は基本的には財産の保護を目的とする財産犯であり、個人的法益に対する罪に分類される。本問で侵害されたのは公金ではあるが、公務所に侵入した窃盗犯が公金を盗んでも窃盗罪が個人的法益に対する罪以外になるのではないのと同じである。横領罪は二次的には委託信任関係も侵害されるが、公務それ自体やそれに対する信頼が侵害されるわけではないから、国家的法益に対する罪の性質を帯びるわけではない。したがって、③が最も妥当であり、①②④は妥当でない。（基本法務テキスト397，433頁）

<問8> 1

〔正解〕③（配点10点）

〔解説〕この問題は憲法分野からの出題である。「憲法第三章に定める国民の権利および義務の各条項は、性質上可能なかぎり、内国の法人にも適用される」（最大判昭45・6・24民集24巻6号625頁）と解する立場が通説・判例であるところ、①②④のように、その性質上、法人による享有が想定しがたい権利については、法人には保障されないと一般に解されている。それに対し、③が法人にも保障されることは、判例も認めるとおりである（最大判昭48・12・12民集27巻11号1536頁）。したがって、正解は③である。（基本法務テキスト62頁）

<問9> 3

〔正解〕②（配点15点）

〔解説〕この問題は、地方自治法の直接請求分野からの出題である。①は、地方自治法74条1項に則した記述であり、妥当である。②は、地方自治法74条3項の内容とは異なる内容であり、妥当ではない。地方公共団体の種類にかかわらず、20日以内に議会を招集することとされている。③は、地方自治法74条1項かっこ書きの内容であり、妥当である。④は、地方自治法74条6項の内容であり、妥当である。（基本法務テキスト203〜208頁）

<問10> 3

〔正解〕①（配点15点）

〔解説〕この問題は、地方自治法の財務分野からの出題である。一般競争入札において最低価格の入札者以外の者を落札者とすることができる場合として、当該契約がその性質又は目的から、最も有利な価格を提示した者との契約を締結することが難しいときには、予定価格の制限の範囲内の価格をもって申込みをした者のうち、価格その他の条件が地方公共団体にとって最も有利なものをもって申込みをした者を落札者とすることができるとするいわゆる総合評価一般競争入札の方式が、地方自治法施行令167条の10の2第1項において認められている。よって、①は妥当である。地方自治法は、普通地方公共団体が競争入札につき入札保証金を納付させた場合において、落札者が契約を締結しないときは、その者の納付に係る入札保証金は、当該普通地方公共団体に帰属するものとすることを定める（234条4項）。よって、②は妥当でない。地方自治法は、普通地方公共団体が契約の相手方をして契約保証金を納付させた場合において、契約の相手方が契約

上の義務を履行しないときは、その契約保証金は、当該普通地方公共団体に帰属するものとする旨を定める（234条の２第２項本文）。よって、③は妥当でない。地方自治法は、「普通地方公共団体は、第二百十四条の規定にかかわらず、翌年度以降にわたり、電気、ガス若しくは水の供給若しくは電気通信役務の提供を受ける契約又は不動産を借りる契約その他政令で定める契約を締結することができる。」（自治法234条の３本文）と定める。よって、④は妥当でない。（基本法務テキスト246～248頁）

<問11> ④

〔正解〕① （配点10点）

〔解説〕この問題は、民事訴訟による権利救済分野からの出題である。民事裁判のＩＴ化は、（１）訴状等の書面や証拠をオンラインで提出すること等を内容とするｅ提出（e-Filing）、（２）訴訟記録をオンラインで確認し、期日を管理すること等を内容とするｅ事件管理（e-Case Management）、（３）オンライン上で口頭弁論期日等を開催することを内容とするｅ法廷（e-Court）の実現に向けてＩＴ化が進められているので、①が妥当でなく正解となる。民事裁判のＩＴ化は、司法アクセスの向上、裁判手続の迅速化・充実化、裁判に関わる事務負担の合理化、裁判手続の予測可能性の向上などを図ることができるが、デジタル機器の取扱いに習熟しない者の裁判を受ける権利の侵害、セキュリティの危険、機器や通信環境の整備の過大な負担、裁判の公開原則の後退、非弁護士の介入の増加などの問題があるので、②③は妥当である。また、民事裁判のＩＴ化は、民事訴訟法の改正を伴うので、④も妥当である。（基本法務テキスト387，389頁）

<問12> ②

〔正解〕① （配点10点）

〔解説〕この問題は、行政法の行政作用法分野からの出題である。租税法律主義の原則が貫かれるべき租税法律関係においては、信義則の適用については慎重でなければならず、租税法規の適用における納税者間の平等、公平という要請を犠牲にしてもなお納税者の信頼を保護しなければ正義に反するといえるような特別の事情が存する必要があるが、青色申告の承認を受けていない者に対して税務署の職員が誤って青色申告の用紙を送付したというだけでは、上記の特別の事情とは認められない（最判昭62・10・30判時1262号91頁）から、①は妥当でない。行政機関が特定の者について他の者と異なる取扱いをした場合であっても、区別して取り扱う合理的な理由があれば、平等原則に反しないから、②は妥当である。比例原則は、行政目的を達成するために必要な範囲でのみ行政権限を用いることが許されるという原則であるから、③は妥当である。法令の定める要件に形式的には適合している行政処分でも、法令の趣旨に反する運用であるとして、行政権の濫用として違法とされることがある（最判昭53・６・16刑集32巻４号605頁〔余目町個室付浴場事件〕）から、④は妥当である。（基本法務テキスト96～97頁）

<問13> ②

〔正解〕② （配点25点）

〔解説〕この問題は、行政法の行政作用法分野からの出題である。本判決は、建築主が行政指導に不服従の意思を真摯かつ明確に表明することを要件としており、行政指導に協力する意思を真摯

かつ明確に表明することを要件とするものではないから、①は妥当でない。本判決は、建築主が確認処分を留保されたままでの行政指導に不服従の意思を真摯かつ明確に表明している場合には、「特段の事情が存在しない限り」確認処分の留保は違法となるとしており、特段の事情がある場合には違法とならないと解されるから、②は妥当である。本判決は、建築主の意思表明が真摯なものか否かを「協議の進行状況及び四囲の客観的状況」により判断しており、それらを考慮しているから、③は妥当でない。本判決は、行政指導を理由とする確認処分の留保の違法性について判断したものであり、確認処分を行った上で行政指導を継続することが違法となるかは別問題であるから、④は妥当でない。（基本法務テキスト114～115頁）

<問14> 4

〔正解〕①（配点15点）

〔解説〕この問題は、民法の物権分野からの出題である。抵当権は、抵当権設定者と抵当権者との合意により設定される約定担保物権の一種であるが、その効力は、抵当不動産の価値代替物に及ぶ。したがって、抵当不動産が滅失した場合には、目的物を失った抵当権も消滅するのが原則であるが、抵当不動産の滅失により債務者が受けるべき金銭（価値代替物）がある場合には、そこにも抵当権の効力が及ぶ（物上代位、民法372条・304条）。したがって、①は妥当である。抵当権は、その担保する債権について不履行があったときは、その後に生じた抵当不動産の果実に及ぶ（民法371条）。したがって、抵当権の被担保債権について債務不履行となった後は、同条によって抵当不動産から生じた賃料について抵当権の効力が及ぶ。したがって、②は妥当でない。抵当権者は、不法占拠者に対しても、妨害排除請求が認められる（最大判平11・11・24民集53巻8号1899頁）。したがって、③は妥当でない。なお、抵当権設定登記後に抵当不動産の所有者から占有権原の設定を受けてこれを占有する者についても、その占有権原の設定に抵当権の実行としての競売手続を妨害する目的が認められ、その占有により抵当不動産の交換価値の実現が妨げられて抵当権者の優先弁済請求権の行使が困難となるような状態があるとき、抵当権者は、当該占有者に対し、抵当権に基づく妨害排除請求として、上記状態の排除を求めることができる（最判平17・3・10民集59巻2号356頁）。抵当山林から樹木を不法に伐採して搬出しようとしている者がいる場合、抵当権者は、抵当権に基づく妨害予防請求として、伐採や搬出の禁止を請求できる（伐採の禁止につき、大判昭6・10・21民集10巻913頁、搬出の禁止につき、大判昭7・4・20法律新聞3407号15頁）。したがって、④は妥当でない。以上より、正解は①となる。（基本法務テキスト322～326頁）

<問15> 3

〔正解〕②（配点10点）

〔解説〕この問題は、地方自治法の議会分野からの出題である。①は、地方自治法102条及び102条の2に定めるところであり、妥当である。議会の解散には、長の解散権行使による解散（地方自治法178条1項）、住民からの直接請求の成立による解散（同法78条）だけでなく、自主解散が認められている（地方公共団体の議会の解散に関する特例法2条）。よって、②は妥当でない。③は、地方自治法96条1項に定めるところであり、妥当である。④は、議会の解散によって全議員が失職し、身分を失うことになるため、妥当である。（基本法務テキスト210～213，216頁）

<問16> ④

〔正解〕④（配点10点）

〔解説〕この問題は、民法総則の諸制度分野からの出題である。期間の計算方法には、自然的計算法（瞬間から瞬間まで計算する方法）と暦法的計算法（暦に従って計算する方法）がある。民法は、時間によって期間を定めた場合（時、分、秒を単位とする場合）には、その期間は即時から起算すると定め（民法139条）、自然的計算法を採用している。これに対して、日、週、月又は年によって期間を定めた場合には、原則として初日は期間に参入しないなど（民法140条）、暦法的計算法が採用されている。したがって、①は妥当でない。2022年5月10日にこれから1年間と定めた場合、期間が年で定められているから、暦に従って計算される（民法143条1項）。この場合の起算点として、期間の初日を算入しないので（民法140条本文）、起算日は5月11日となり、応当日は2023年5月11日であるから、その前日である2023年5月10日が末日となる（民法143条2項本文）。したがって、②は妥当でない。所有権は、消滅時効によって消滅することのない永続的な権利であることから（民法166条2項参照）、妥当である。これに対して、画家に対して肖像画を描いてもらう債権は、通常通り権利を行使することができることを知った時から5年又は権利を行使することができる時から10年の消滅時効にかかる（民法166条1項）。したがって、③は妥当でない。時効期間が経過したとしても、当事者がこれを援用しなければ、裁判所は時効を理由として裁判を行うことはできない（民法145条）。したがって、④は妥当である。以上より、正解は④となる。（基本法務テキスト306〜309，311頁）

<問17> 序

〔正解〕③（配点15点）

〔解説〕この問題は、序章からの出題である。法とは、一定の拘束性を有する社会規範である。①〜②、④は、事実上はともかく、法的な拘束性がない。しかし、③の契約である約束は、相手方がいるため守らなければならないので、法的な拘束性がある。したがって、③が最も妥当である。（基本法務テキスト2頁）

<問18> ④

〔正解〕④（配点10点）

〔解説〕この問題は、民法の債権と債務分野からの出題である。令和4年の法定利率は年3％である（民法404条1項）から、「5％」の部分が誤りである。したがって、①は妥当でない。法定利率は、利息制限法ではなく民法404条に定められているので、②は妥当でない。法定利率の見直しは3年ごとである（民法404条3項）から、③は妥当でない。金銭消費貸借契約がなされても当然に利息が発生するわけではなく、「利息を生ずべき債権」（民法404条1項）について、当事者の合意や法律規定により利息が発生するので、④は妥当である。以上より、正解は④となる。（基本法務テキスト330頁）

<問19> ①

〔正解〕②（配点15点）

〔解説〕この問題は憲法分野からの出題である。最大判昭44・12・24刑集23巻12号1625頁は、「警察

官が、正当な理由もないのに、個人の容ぼう等を撮影することは、憲法一三条の趣旨に反し、許されない」とする。なお、同判決は、たしかに「個人の私生活上の自由の一つとして、何人も、その承諾なしに、みだりにその容ぼう・姿態……を撮影されない自由を有する」としつつ、「これを肖像権と称するかどうかは別として」としていた。最判平20・3・6民集62巻3号665頁は、「何人も、個人に関する情報をみだりに第三者に開示又は公表されない自由を有する」と述べてはいるが、憲法13条が自己情報コントロール権としてのプライバシーの権利を保障しているとまでは述べていない。東京高判平10・2・9高裁民集51巻1号1頁は④のように述べるが、その上告審である最判平12・2・29民集54巻2号582頁では、そのような議論は展開されていない。他方、②は最判平7・12・15刑集49巻10号842頁のとおりである。したがって、正解は②である。（基本法務テキスト63〜64頁）

<問20> 3

〔正解〕④（配点15点）

〔解説〕この問題は、地方自治法の地方公共団体の事務分野からの出題である。地方公共団体に関する法令の規定は、地方自治の本旨に基づき、かつ、役割分担原則を踏まえたものでなければならない（地方自治法2条11項）。役割分担原則は、地方自治法に定められているが、地方公共団体の事務を創設する際に国の立法の指針となる。したがって、①は妥当である。法定自治事務に関しては、国は、地方公共団体が地域の特性に応じてこれを処理することができるよう特に配慮しなければならない（地方自治法2条13項）。法律によって一律に規律するのではなく、地方公共団体が法定自治事務について定められるよう条例制定の余地を確保しておくことが求められる。したがって、②は妥当である。条例による事務処理特例制度は、都道府県が条例制定を介して自らに配分された事務を市町村に再配分することを認める制度である（地方自治法252条の17の2）。したがって、③は妥当である。法定受託事務は法律又はこれに基づく政令により地方公共団体に処理が義務付けられるものであり（地方自治法2条9項）、自治事務についても義務的事務は法律又はこれに基づく政令によって定められる。したがって、④は妥当でない。（基本法務テキスト174〜175頁）

<問21> 1

〔正解〕③（配点15点）

〔解説〕この問題は、憲法分野からの出題である。条例にも法律と同じく一般性・抽象性の要請は妥当するので、①は妥当でない。対象事項が重複する法律があっても、法律と条例の「趣旨、目的、内容及び効果」を比較し、両者の間に矛盾抵触があるか否かを決するというのが判例（最大判昭50・9・10刑集29巻8号489頁）の立場なので、②は妥当でない。憲法94条にいう「法律」には、議会の制定した法律のみならず、法律を執行するための政省令も含まれるから、③は妥当である。憲法94条にいう「条例」には、条例を執行するために長や委員会が定める規則を含むから、④は妥当でない。よって、正解は③である。（基本法務テキスト56〜57頁）

<問22> 5

〔正解〕④（配点10点）

〔解説〕この問題は、刑法分野からの出題である。特別刑法に故意犯だけでなく過失犯処罰規定を置く例は枚挙にいとまがなく、かつて海洋汚染に関して油濁防止法で明文のない過失犯処罰が行われた例でも、改正発展的に制定された海洋汚染等及び海上災害の防止に関する法律では明文で過失犯が規定されている（同法55条2項）。特別刑法に既遂犯だけでなく未遂犯処罰規定を置く例も同様に枚挙にいとまがなく、かつて未遂犯を解釈上含めて処罰した鳥獣の保護及び管理並びに狩猟の適正化に関する法律でも法改正がなされ、未遂犯処罰を明文化した規定が置かれている（同法83条2項）。したがって、④が妥当であり、①②③は妥当でない。（基本法務テキスト411, 416頁）

<問23> 3

〔正解〕②（配点10点）

〔解説〕この問題は、地方自治法の公の施設分野からの出題である。地方自治法は、「普通地方公共団体は、条例で定める重要な公の施設のうち条例で定める特に重要なものについて、これを廃止し……ようとするときは、議会において出席議員の三分の二以上の者の同意を得なければならない。」（244条の2第2項）と定める。よって、②が正しい。（基本法務テキスト253頁）

<問24> 2

〔正解〕④（配点15点）

〔解説〕この問題は、行政法の行政救済法分野からの出題である。行政事件訴訟法11条1項によれば、処分をした行政庁が国又は公共団体に所属する場合、当該処分の取消訴訟の被告は、その所属する国又は公共団体となる。したがって、①と②は妥当でない。これに対して、同条2項によれば、処分をした行政庁が国又は公共団体に所属しない場合には、取消訴訟においては、当該行政庁を被告として提起することになる。③及び④は、いずれも指定法人等として民間団体が行政処分をする場合であるから、同条2項が適用され、被告は当該指定法人たる指定管理者や指定確認検査機関となる。したがって、③は妥当でなく、④は妥当である。（基本法務テキスト143頁）

<問25> 2

〔正解〕③（配点10点）

〔解説〕この問題は、行政法の行政作用法分野からの出題である。行政刑罰も刑罰である以上、罪刑法定主義が適用されるから、①は妥当である。行政刑罰も刑罰である以上、刑事訴訟法が適用されるから、②は妥当である。条例には2年以下の懲役を規定することができる（地方自治法14条3項）から、③は妥当でない。④は、地方自治法255条の3により、妥当である。（基本法務テキスト118頁）

<問26> 3

〔正解〕②（配点10点）

〔解説〕この問題は、地方自治法の自治立法分野からの出題である。憲法94条は、「地方公共団体は

……法律の範囲内で条例を制定することができる。」として、自治権の一つである自治立法権、すなわち条例制定権を保障している。したがって、①は妥当でない。地方自治法14条1項は、「普通地方公共団体は、法令に違反しない限りにおいて第二条第二項の事務に関し、条例を制定することができる。」と規定しており、第2条第2項の事務とは、「地域における事務及びその他の事務で法律又はこれに基づく政令により処理することとされるもの」であり、「地域における事務」には法定受託事務も含まれる。したがって、②は妥当である。地方自治法14条2項には「普通地方公共団体は、義務を課し、又は権利を制限するには、法令に特別の定めがある場合を除くほか、条例によらなければならない。」と定められており、法令に特別の定めがない限り、規則でこれを一般的に定めることはできない。したがって、③は妥当でない。条例の効力は、当該地方公共団体の住民、事業者だけでなく、在学者、在勤者、その他旅行者等、当該区域内にいる者に対して及ぶ（属地主義の原則）。したがって、④は妥当でない。（基本法務テキスト177，178，183頁）

＜問27＞ 3

〔正解〕③（配点10点）

〔解説〕この問題は、地方自治法の地方公共団体の事務分野からの出題である。法定受託事務は、（地方公共団体の事務）であり、（条例制定権の対象）となる点において自治事務と同様であるが、（議会の調査権限等）の点において自治事務とは異なる。したがって、③が妥当である（基本法務テキスト172～174頁）。

＜問28＞ 3

〔正解〕③（配点10点）

〔解説〕この問題は、地方自治法の地方公務員分野からの出題である。すべての職員は争議行為等を禁止されており、争議行為の企て等をした者には罰則が規定されているので、①は妥当である（地方公務員法37条1項・61条4号）。地方公務員法は、すべての職員に対して争議行為を禁止するほか、労働協約締結権を否定するので、②は妥当である（地方公務員法55条2項。なお、同法55条9項は、法令等に違反しない限りで書面による協定の締結を認めている）。政治的行為の制約違反は、国家公務員法では懲戒処分及び刑事罰の対象となるが（102条1項・110条1項19号）、地方公務員にあっては刑事罰は科されないので、③は妥当でない（地方公務員法36条）。一般の地方公務員は、職員がその勤務条件の維持改善を図ることを目的として組織する団体又はその連合体である「職員団体」を組織するという形での団結権は認められているが、警察、消防には否定されているので、④は妥当である（地方公務員法52条）。（基本法務テキスト236頁以下）

＜問29＞ 3

〔正解〕②（配点15点）

〔解説〕この問題は、地方自治法の監査と住民訴訟分野からの出題である。①は、地方自治法243条の2第1項に則した記述であり、妥当である。②は、免責条例の適用によって免責する場合には、本問のような手続は不要であるので、妥当でない。③は、地方自治法243条の2第2項に則した記述であり、妥当である。④は、免責条例が定められている場合であっても、議会が長の損害賠償責任を免責することが禁止されているわけではないので、妥当である。（基本法務テキスト265

33

〜266頁）

<問30> ⑤

〔正解〕①（配点25点）

〔解説〕この問題は、刑法分野からの出題である。丙に成立する罪は、甲に成立する罪とは異なる点に着目することが必要である。まず、随意契約の契約先と金額についての具体的な依頼（請託）に応えた便宜への見返りとしての一定比率の金額の収受について、甲は自らも引き出すことのできる丙の口座に振り込ませて収受しているから、甲には受託収賄罪（刑法197条1項）が成立する。この罪は真正身分犯であるから、甲と情を通じて共同した丙にもその共犯（共同正犯）が成立する。次に公金の私的流用については、甲は業務として保管する義務と権限を有するから、業務上横領罪（刑法253条）が成立する。返還する意思であったことや後日返還された事実は、情状の問題であり成立には影響しない。横領罪は背任罪との関係では一種の特別関係であるから、業務上横領罪だけが成立する。丙の関与は、甲の犯罪成立後であり、甲の犯罪行為に心理的にも物理的にも何ら作用してはいないから、共犯とはならない。事後の関与行為が可罰的となるのは、それが新たな法益侵害として別の罪として規定されている場合だけである。したがって、②③は妥当でない。甲が資格偽装工作への協力という不正行為に関して乙に再就職を要求した行為については、甲に地方公務員法63条1号の罪〔不正再就職の罪〕が成立するが、丙はこれには何ら関与していないから共犯は成立しない。したがって、④は妥当でない。丙には受託収賄罪（刑法197条1項）の共犯が成立するという①が妥当である。（基本法務テキスト405，432，433頁）

<問31> ⑤

〔正解〕④（配点15点）

〔解説〕この問題は、刑法分野からの出題である。明確性の原則は、刑罰法規の適用の有無を判断できないような不明確な規定は違憲無効とするものであるが、不明確かどうかの判断基準について、最高裁判所大法廷は、徳島市公安条例事件において、「通常の判断能力を有する一般人の理解において、具体的場合に当該行為がその適用を受けるかどうかの判断を可能ならしめるような基準が読み取れるかどうか」であることを示した（最大判昭50・9・10刑集29巻8号489頁）。法益保護の原則については、この判決ではなく、青少年保護育成条例事件や公務員の政治的行為の禁止に関する国家公務員法違反事件で、合憲限定解釈を導く前提として論じられている。責任主義もこの判決ではなく、両罰規定（業務主処罰規定の部分）の責任を過失責任と限定解釈した判決において、判断の前提として機能している。罪刑の均衡もこの判決ではなく、尊属殺違憲判決の前提として機能している。したがって、①②③は妥当でなく、④が妥当である。（基本法務テキスト399，401〜402頁）

<問32> ③

〔正解〕③（配点15点）

〔解説〕この問題は、地方自治法の地方自治の基本原理と地方公共団体分野からの出題である。市町村の合併の特例に関する法律27条は、合併特例区を特別地方公共団体としている。したがって、①は妥当でない。地方自治法は、都道府県は市町村を「包括する」との規定を置いている。ただ

しこれは、都道府県が市町村の上位団体であることを意味するものではないと解されている。したがって、②は妥当でない。地方自治法は基礎的地方公共団体のうち市および町となるべき要件について定めているが（地方自治法 8 条 1 項、2 項）、村の要件については規定しておらず、村は市と町以外のものであると解されている。したがって、③は妥当である。④は、一部事務組合ではなく、広域連合に関する記述であるので、妥当でない。（基本法務テキスト160～161，166～167頁）

<問33> 4

〔正解〕④（配点15点）

〔解説〕この問題は、民法の債権と債務分野からの出題である。債権譲渡は原則として自由であり（民法466条 1 項本文）、債務者の同意がなくてもよい。譲受人が債務者に権利を主張するには、譲渡人から債務者に対する通知が必要である（民法467条 1 項）。AはCに譲渡したことをBに通知しているから、CはBに対して100万円の請求をすることができ、Bは履行を拒絶することはできない。したがって、①は妥当でない。債権が二重譲渡された場合、対抗要件は確定日付ある通知（民法施行法 5 条 1 項 6 号によれば、内容証明郵便はこれに該当する）であり（民法467条 2 項）、確定日付ある通知がされた譲受人が優先する。いずれの譲渡についても確定日付ある通知がなされた場合は、通知の到達日が早いほうが優先する（最判昭49・3・7民集28巻 2 号174頁）。通知が先に到着したのはDへの譲渡であるから、Dが優先することになり、BはDに対して債務の履行を拒絶することはできない。したがって、②は妥当でない。③の事例は、Bが債務を負ったままでCが債務を負うので、併存的債務引受である。併存的債務引受は、債務者と引受人との契約によってすることができるが、債権者が引受人となる者に対して承諾した時に効力を生ずる（民法470条 3 項）。したがって、債権者Aの承諾がなくてもCがBと同様の債務を負うという部分が誤りであるから、③は妥当でない。④の事例は、Bが債務を免れてCが債務を負うので、免責的債務引受である。免責的債務引受は、債権者と新たな債務者の間ですることできるが、債権者から元の債務者に対する通知がなされたときに効力が発生する（民法472条 2 項）。したがって、元の債務者Bの承諾は不要であり、④は妥当である。以上より、正解は④となる。（基本法務テキスト335～336頁）

<問34> 4

〔正解〕②（配点10点）

〔解説〕この問題は、民法の不法行為分野からの出題である。加害者に責任能力がなければ不法行為責任は成立しないため（民法712条・713条）、①は妥当でない。他人の不法行為に対して、自己又は第三者の権利を防衛するためにやむを得ず加害行為をした場合には、正当防衛として当該加害について損害賠償責任を負わない（民法720条 1 項本文）ため、②は妥当である。他人の物から生じた急迫の危難を避けるため、その物を損傷した場合、緊急避難として当該損傷行為について損害賠償責任を負わない（民法720条 2 項）のであり、当該危難が急迫している状況が必要であるから、③は妥当でない。不法行為の効果は、名誉毀損の場合に限り原状回復が認められており（民法723条）、原則は金銭賠償であるから（民法722条 1 項・417条）、④は妥当でない。よって、正解は②である。（基本法務テキスト370～371，374頁）

<問35> ②

〔正解〕② (配点25点)

〔解説〕この問題は、行政法の行政救済法分野からの出題である。最高裁判所の判例によれば、①は、機関間の権限をめぐる紛争であるから「法律上の争訟」にはあたらないが、裁判所法3条1項でいう「法律において特に定める権限」が地方自治法176条4項以下で裁判所には与えられているため、裁判所は当該紛争について審判の対象とすることができる。②の工事の続行禁止を求める民事訴訟は、市が行政権の主体として国民に対して行政上の義務の履行を求める場合であるから「法律上の争訟」(裁判所法3条1項)にあたらないため、不適法な訴えであるとされる (最判平14・7・9民集56巻6号1134頁)。③については、最高裁判所は、かつて、議会は自律的な法規範を有する団体であって、当該規範の実現を内部規律の問題として自治的措置に任せるべきであるから裁判所の審判の対象とするべきではないとしていたが (最判昭35・10・19民集14巻12号2633頁)、この判例を最大判令2・11・25民集74巻8号2229頁は変更した。④は、国は施設所有者としての固有の利益が侵害されることを理由として訴えが提起されているため法律上の争訟に該当し、適法な訴えである (最判平13・7・13判例自治223号22頁)。そうすると、①は法律上の争訟にあたらないが、適法な訴え、②は法律上の争訟にもあたらず、「不適法」な訴え、③は法律上の争訟にあたる適法な訴え、④は法律上の争訟にあたる適法な訴え、となる。したがって、法律上の争訟にもあたらず、かつ、不適法な訴えは、②である。(基本法務テキスト46、134～135、279頁)

<問36> ④

〔正解〕④ (配点25点)

〔解説〕この問題は、民法の契約分野からの出題である。消費者契約法上、「消費者」とは、個人 (事業として又は事業のために契約の当事者となる場合におけるものを除く) をいい (2条1項)、「消費者契約」とは、消費者と事業者との間で締結される契約をいう (2条3項)。したがって、不動産取引も消費者契約の対象であるから、①は妥当でない。設例において、Yの行為は、架空の再開発計画の存在による地価上昇を告げたものであり、消費者契約法上、重要事項について事実と異なることを告げられ、当該告げられた内容が事実であるとXを誤認させた不実の告知の場合にあたる (4条1項1号)。なお、設例では、Y自身も再開発計画の存在を信じているものの、不実の告知の成立に関し、Xに事実と異なることを告げることについてのYの故意や過失は不要である。したがって、Xは、消費者契約法4条1項1号に基づく取消しが可能であるため、②は妥当でない。消費者契約法4条1項2号の定める断定的判断の提供については、「絶対に」とか「必ず」といった文言が伴う必要はなく、設例において、将来における変動が不確実な土地価格について、「損はしない」と告げて断定的判断を提供している。したがって、Xは、消費者契約法4条1項2号に基づく取消しが可能であるため、③は妥当でない。設例において、Xは、自宅を訪問したYに対し、当初「興味ありません。お引き取り願います。」と返答していることから、YにXの自宅から退去すべき旨の意思を示したものと評価することができる。しかし、Yは、これにもかかわらず執拗に説明を続け、退去しなかったものであり、これによりXは困惑したものと推定される。したがって、Xは、消費者契約法4条3項1号に基づく取消しが可能であるため、④は妥当である。よって、正解は④である。(基本法務テキスト358～360、365頁)

＜問37＞ 2

〔正解〕①（配点10点）

〔解説〕この問題は、行政法の行政組織法分野からの出題である。権限の代理においては、被代理機関を明示して意思表示を行う必要があり（顕名主義）、①は妥当でない。法定代理には、法定の要件が充足された場合に被代理機関の指定により代理関係が発生する「指定代理」と、法定の要件の充足により当然に代理関係が発生する「狭義の法定代理」とがある。②が前者、③が後者であり、いずれも妥当である。代理機関の行為は、被代理機関の行為として効力を有するので、④は妥当である。（基本法務テキスト91，94頁）

＜問38＞ 2

〔正解〕②（配点15点）

〔解説〕この問題は、行政法の行政作用法分野からの出題である。行政手続法上の行政指導は、「特定の者に一定の作為又は不作為を求める」もの（行政手続法2条6号）であるから、不特定多数の者に対する呼びかけは、行政手続法上の行政指導にあたらない。したがって、①は妥当でない。処分に該当するものは行政手続法上の行政指導にあたらない（行政手続法2条6号）から、②は妥当である。行政指導は、行政機関の任務又は所掌事務の範囲を逸脱してはならない（行政手続法32条1項）から、③は妥当でない。行政指導は法律に基づかない場合もあるが、法律に基づく場合も行政手続法2条6号の定義に該当すれば行政手続法上の行政指導にあたるから、④は妥当でない。（基本法務テキスト113〜114頁）

＜問39＞ 2

〔正解〕③（配点10点）

〔解説〕この問題は、行政法の行政作用法分野からの出題である。行政手続法は、行政運営における公正の確保と透明性の向上を図るために、行政機関に手続上の義務を課し、国民に手続上の権利を保障するものであって、単なる業務効率化のための内部的な定めではないから、①は妥当でない。行政手続法は国民に手続上の権利を保障するものであり、行政手続法に定める手続によらずに行われた処分は違法となりうるから、②は妥当でない。行政手続法は、行政手続に関する一般法であるが、個別の法律で行政手続法と異なる手続を規定することは可能である（行政手続法1条2項参照）から、③は妥当である。地方公共団体の機関が行う行政処分のうち、根拠が条例又は規則に置かれているもの以外には行政手続法が適用される（行政手続法3条3項）から、④は妥当でない。（基本法務テキスト97〜98頁）

＜問40＞ 3

〔正解〕③（配点10点）

〔解説〕この問題は、地方自治法の国又は都道府県の関与分野からの出題である。自治事務の処理に係る是正の要求を受けた地方公共団体は、違反の是正・改善のために講ずるべき措置の内容について裁量を認められるが、何らかの措置は講じなければならない（地方自治法245条の5）。したがって、①は妥当である（基本法務テキスト271頁）。法定受託事務の処理に係る是正の指示を受けた地方公共団体は、違反の是正・改善のために指示された特定の措置を講じなければならな

い（地方自治法245条の7）。したがって、②は妥当である（基本法務テキスト271頁）。各大臣は、原則として都道府県を介して市町村に対する関与を行うが、緊急を要するときその他特に必要がある場合に限って、自ら市町村に対して是正の要求・是正の指示を行うことができる（地方自治法245条の5第4項・245条の7第4項）。したがって、③は妥当でなく、④は妥当である（基本法務テキスト271～272頁）。

<問41> 3

〔正解〕③（配点10点）

〔解説〕この問題は、地方自治法の住民の権利義務分野からの出題である。①は、地方自治法10条1項及び民法22条に則した記述であり、妥当である。地方自治法12条の2は、記録の整備を市町村に義務付けそれに則して住民基本台帳法が定められているが、住民基本台帳への記載がされることによって住民となるのではないため、②は妥当である。地方自治法10条1項の住民には法人も含まれるため、③は妥当ではない。④は、住民基本台帳法33条1項に関する記述であり、妥当である。（基本法務テキスト188～191頁）

<問42> 3

〔正解〕③（配点10点）

〔解説〕この問題は、地方自治法の自治立法分野からの出題である。法規としての自治立法の形式は、条例と規則であり、要綱は行政組織の内部でのみ通用する行政規則であるから、対外的に拘束力を有する法規ではない。したがって、①は妥当でない。条例違反者に対して刑事罰を適用する旨の定めを置くことはできる（地方自治法14条3項）。したがって、②は妥当でない。上乗せ条例を制定することを明文化する法律の例として、大気汚染防止法4条1項、横出し条例については水質汚濁防止法29条がある。したがって、③は妥当である。条例案の提案権は、長のほか、議員、直接請求制度における条例の制定・改廃請求を行う住民にある。したがって、④は妥当でない。（基本法務テキスト180, 182～183, 186頁）

<問43> 2

〔正解〕④（配点15点）

〔解説〕この問題は、行政法の行政救済法分野からの出題である。取消訴訟も民事訴訟と同様弁論主義の下で手続が進行するので、①は妥当でない。また、行政事件訴訟法上の職権証拠調べ（行政事件訴訟法24条）では、職権探知主義を採用する行政不服審査法の審理のように、当事者が主張しない事実まで調べることはできないと解されているので、②も妥当でない。行政事件訴訟法上の釈明処分の特則（行政事件訴訟法23条の2）により、被告に所属する行政庁だけでなく、それ以外の行政庁に対しても、（ア）処分等の内容、（イ）根拠法令、（ウ）処分等の原因となる事実、（エ）処分等の理由を明らかにする資料の提出を求めることができるので、④は妥当であるが、③は妥当でない。（基本法務テキスト146頁）

<問44>　2

〔正解〕②（配点15点）

〔解説〕本問は、行政法の行政組織法分野からの出題である。①と③は私人に行政権が委任される例であり、委任行政とよばれる。よって、妥当でない。検察庁は、国家行政組織法8条の3が予定している「特別の機関」にあたり、行政機関であるから妥当ではない。②が正解である。（基本法務テキスト87頁）

<問45>　4

〔正解〕③（配点10点）

〔解説〕この問題は、民法の契約（請負）分野からの出題である。請負人が種類又は品質に関して契約の内容に適合しない仕事の目的物を注文者に引き渡したときは、請負契約が有償契約であるから、民法559条を介して、売買における目的物の種類又は品質に関する契約不適合の担保責任の規定が準用される。その結果、注文者は、請負人に対し、追完請求権、報酬減額請求権、損害賠償請求権、及び契約解除権（民法562～564条の準用）が認められる。追完請求の内容としては、請負の場合、通常は代替物の引渡しは問題とならず、修補請求が問題となる。損害賠償請求については、民法415条1項が適用されるので、損害賠償請求が認められるためには請負人に免責事由がないことが必要とされる（請負人に帰責事由があるときのみ、損害賠償責任が認められる）。報酬減額請求については、民法563条1項により相当の期間を定めて履行の追完の催告をした後、あるいは、同条2項により履行の追完請求が不能である場合は催告をすることなく直ちに、請負人に報酬減額請求をすることができる。したがって、①②④は妥当である。これに対し、改正前の民法では、建物その他の土地の工作物については、契約解除を制限する規定が置かれていたが（旧635条ただし書き）、改正民法では、仕事の目的物が建物その他の土地の工作物であっても、契約不適合を理由とする注文者の契約解除権は制限されていない。請負人が建物としての存在価値がないような契約に適合しない建物を建築した場合には、工作物を解体しても社会経済上の損失はなく、解除を制限する理由はないからである。したがって、仕事の目的物が建物その他の土地の工作物である場合であっても、注文者は、契約を解除することができるので、③が妥当でなく正解となる。（基本法務テキスト354，365頁）

<問46>　2

〔正解〕③（配点10点）

〔解説〕この問題は、行政法の行政救済法分野からの出題である。③は、実質的当事者訴訟であって、抗告訴訟ではない（行政事件訴訟法4条後段）。抗告訴訟は、あくまで処分の是正を求める訴訟であるから、③は妥当でない。①は、行政事件訴訟法3条4項で法定されている無効等確認訴訟である。②は、行政事件訴訟法3条5項で法定されている不作為の違法確認訴訟である。④は、行政事件訴訟法3条3項が定める裁決の取消訴訟である。（基本法務テキスト134，154頁）

<問47>　2

〔正解〕③（配点15点）

〔解説〕この問題は、行政法の行政救済法分野からの出題である。差止訴訟は、その損害を避ける

ため他に適当な方法がないことが訴訟要件とされているが（行政事件訴訟法37条の4第1項・第3項）、不服申立てができるからといって、他に適当な方法があるとは解されていない。よって、①は妥当でない。差止訴訟の対象は、いわゆる処分であればよく、事実行為かどうかは訴えの許否とは関係がない。よって、②は妥当でない。差止訴訟の勝訴要件として、羈束処分と裁量処分が想定されている（行政事件訴訟法37条の4第5項）。よって、③は妥当である。差止訴訟には、行政事件訴訟法9条が準用されており、法律上の利益があれば原告適格は認められる。したがって、他者への授益的処分を差し止める訴えを提起することも可能であるから、④は妥当でない。（基本法務テキスト138〜139頁）

<問48> 4

〔正解〕④（配点15点）

〔解説〕この問題は、民法の事務管理・不当利得分野からの出題である。売買契約締結後、代金が支払われ、目的物を引き渡した後、契約が錯誤や詐欺を理由に取り消された場合、売主及び買主は相互に不当利得返還義務の性質を有する原状回復義務を負う（民法121条の2第1項）ため、①は妥当である。なお、平成29年の改正民法により、無効又は取消しによる清算関係についての規範が明文化され、民法121条の2は、民法703条の特則となる。他人の山林を自己の土地と誤信して樹木を伐採のうえ売り払った場合、当該山林の所有者に対して利得を返還する必要があるため、②は妥当である。AがBから騙取した金銭をAの債権者Cに対して弁済した場合でも、BのCに対する不当利得返還請求権の成否に関して、社会通念上Bの金銭でCの利益をはかったと認めるだけの連結がある場合には、なおBの損失とCの利得との間に因果関係があると認められる（最判昭49・9・26民集28巻6号1243号）から、③は妥当である。不当利得が問題となる場合、生活費として支出したときは、生活費の出費が節約されたものであるから利得が存在するとされ不当利得返還義務を負うので、④は妥当でない。よって、正解は④である（基本法務テキスト367〜369頁）。

<問49> 3

〔正解〕③（配点25点）

〔解説〕この問題は、地方自治法の住民の権利義務分野からの出題である。最判平7・2・28民集49巻2号639頁は、一定の外国人に対して、「法律をもって、地方公共団体の長、その議会の議員等に対する選挙権を付与する措置を講ずることは、憲法上禁止されているものではないと解するのが相当である」と判示しており、①は妥当ではない。②は、最判平20・10・3集民229号1頁とは異なる記述であり、妥当ではない。③は、最判平18・7・14民集60巻6号2369頁の判示であり、妥当である。④は、最判平15・6・26集民210号189頁とは異なる記述であり、妥当ではない。（基本法務テキスト188〜193頁）

<問50> 1

〔正解〕③（配点10点）

〔解説〕この問題は、憲法分野からの出題である。原文では、次のように記されている。「フランスやアメリカなどでは、近代の成立は、絶対主義的な公共の福祉に対するものとしての絶対的な基

本的人権の観念の確立に出発点をおいている。そこでは、経済、社会、政治、思想のすべての分野にわたって、何よりもまず、個人の基本的人権の絶対性が要求されていたのである。……財産の自由、職業選択の自由、そしてそれらの基礎をなす契約の自由こそは、近代社会のはなばなしい発展の前提である。それらの自由に、「公共の福祉」による強力な制限を加えていた警察国家から一歩を進めて自由な世界が生れ出たときに、そこには無限の発展が約束されたようにみえた。しかし現実には、このオプティミズムに限度のあることがわかって来たのである。……こうしてみると、基本権人権の絶対性に対して、公共の福祉の観念による制約が成立するのには、すこぶる時間を要したことがわかる。そして漸くにして成立した基本的人権の制約も、それは経済的社会的活動の分野に限られており、決して思想良心の分野に及ぶことはなかった。」（鵜飼信成「基本的人権と公共の福祉」社会科学研究11巻3号1頁以下、特に12頁以下〔東京大学社会科学研究所、1960年〕）この論者は、基本的人権と公共の福祉の関係を歴史的文脈のなかで把握することの重要性を説き、元来、絶対主義国家が「臣民の幸福」「公共の福祉」の名のもとに大幅な人権制約を正当化したのに対して、それらの観念の使用を封じ込めることによってはじめて、近代の立憲主義や法治主義が成立し得た、という消息を重くみている。しかし、「居住移転職業選択の自由が、現実には、橋の下に住む自由であるに過ぎない人々、契約の自由といいながら、その結果が、徹夜作業に12時間も、13時間も働いたり、人間らしい生活を営むには足りない低賃銀で雇われたりする人々を生み出した」。そこで、あらためて「公共の福祉」が、そうした「歴史的背景のもとに、社会的・経済的な領域における弱者を保護するという、具体的な目標」のために復活したのであって、「このような具体的な限定をはなれては、公共の福祉は、絶対的な基本的人権の制約原理とはなり得ない」ことを強調している。（基本法務テキスト27頁以下）

＜問51＞ **1**

〔正解〕④（配点10点）

〔解説〕この問題は憲法分野からの出題である。①については最大判昭61・6・11民集40巻4号872頁を、③については最大決昭44・11・26刑集23巻11号1490頁を、それぞれ参照のこと。表現の自由を支える価値としては、一般に、自己実現の価値と自己統治の価値が挙げられる。他方、学説で有力に唱えられている二分論とは、表現内容中立規制よりも表現内容に基づく規制の方が合憲性を厳格に審査されるというものである。したがって、正解は④である。（基本法務テキスト68～70頁）

＜問52＞ **3**

〔正解〕①（配点10点）

〔解説〕この問題は、地方自治法の執行機関及びその他組織分野からの出題である。①は、地方自治法が副知事及び副市町村長について条例で置かないことができるとし（161条1項）、その定数についても条例で定める（161条2項）としていることに照らし、妥当でない。②は妥当である（地方自治法162条）。③は妥当である（地方自治法166条1項）。④は妥当である（地方自治法169条1項）。（基本法務テキスト220頁）

<問53> 4

〔正解〕① （配点15点）

〔解説〕この問題は、民法総則の諸制度分野からの出題である。後見開始の審判を受けた場合、成年後見人又は成年被後見人は、成年被後見人が行った日用品の購入その他日常生活に関する行為について取り消すことはできないが、それ以外の法律行為については、取り消すことができる（民法9条）ため、①は妥当でない。保佐開始の審判を受けた場合、民法が列挙する一定の重要な行為については、家庭裁判所が選任した保佐人の同意がないと行うことができず、当該保佐人の同意なしに行われた被保佐人の行為は保佐人又は被保佐人が取り消すことができる（民法13条1項・4項）ため、②は妥当である。補助開始の審判を受けた場合、被補助人は原則として自由に取引行為を行うことができるが、家庭裁判所が審判で補助人の同意を要するとした行為について補助人の同意を得ずに被補助人が取引した場合、補助人又は被補助人が取り消すことができる（民法17条1項・4項）ため、③は妥当である。後見開始の審判、保佐開始の審判、補助開始の審判のいずれを受けた場合であっても、本人の戸籍に当該審判を受けた事実が記載されることはないため、④は妥当である。よって、正解は①である。（基本法務テキスト294〜295，298頁）

<問54> 3

〔正解〕② （配点15点）

〔解説〕この問題は、地方自治法の地方公共団体の協力方式分野からの出題である。「普通地方公共団体は、協議により規約を定め、共同して……第百三十八条の四第一項に規定する委員会若しくは委員……を置くことができる。ただし、政令で定める委員会については、この限りでない。」（地方自治法252条の7第1項）と定められており、その「政令で定める委員会」として、公安委員会が定められている（地方自治法施行令174条の19）。よって、①は妥当でない。「機関等を共同設置する普通地方公共団体は、その議会の議決を経て、脱退する日の二年前までに他の全ての関係普通地方公共団体に書面で予告をすることにより、共同設置から脱退することができる。」（地方自治法252条の7の2第1項）と定められているとともに、「前項の予告を受けた関係普通地方公共団体は、当該予告をした普通地方公共団体が脱退する時までに、協議して当該脱退により必要となる規約の変更を行わなければならない。」と定められている（同条2項）。よって、②は妥当である。「普通地方公共団体が共同設置する委員会の委員……で、普通地方公共団体の長が当該普通地方公共団体の議会の同意を得て選任すべきものの選任については、規約で、次の各号のいずれの方法によるかを定めるものとする。」（地方自治法252条の9第2項柱書き）と定められて、規約により定められるものであるとともに、その方法については、地方自治法上、「普通地方公共団体の長が当該地方公共団体の議会の同意を得て選任すること」（同項1号）以外の方法も認められている。よって、③は妥当でない。行政委員会の委員で、法律の定めるところにより選挙権を有する者の請求に基づき地方公共団体の議会の議決によりこれを解職することができるものの解職については、2団体で共同設置している場合は、両団体の議会において解職に同意する旨の議決がなければ、その解職は成立しない（地方自治法252条の10）。よって、④は妥当でない。（基本法務テキスト287〜288頁）

＜問55＞ 5

〔正解〕②（配点10点）

〔解説〕この問題は、刑法分野からの出題である。意思主義は、物権変動の効力は当事者の意思表示のみによって生じるとする民法上の原則であるから、①は妥当でない。裁決主義は行政法上の概念で、原処分の不服申立てに対して裁決がなされたとき、原処分に対する出訴は認めず裁決に対してだけ出訴を認める考え方で、原処分主義の対概念であるから、③は妥当でない。属地主義は、法の適用範囲を示す基準のひとつで、国際法を含め広く法一般に関わる概念であり、罪刑法定主義と直接関わるものではないから、④は妥当でない。法律主義は、国民の行動を規制する罪と刑を定めるのは規制を受ける国民を代表する議会の定める法形式即ち法律によらなければならないとするもので、罪刑法定主義の根幹をなす原理である。したがって、②が妥当である。（基本法務テキスト136，183，313，400頁）

＜問56＞ 3

〔正解〕②（配点15点）

〔解説〕この問題は、地方自治法の自治立法分野からの出題である。長の規則は、その権限に属する事務に関し制定することができ、条例を施行するためだけに制定されるわけではない。したがって、①は妥当ではない。地方自治法14条2項は、義務を課し権利を制限するには、原則として条例によらなければならない旨を定め、また、法令によって条例を制定することが義務付けられている事項もある。これらについては原則として、条例によらず規則によることはできないが、反面、義務付加・権利制限に関わらない事項や、規則の専管事項として法律に定めのある事項については、条例の根拠を必要とせずに長が単独で制定することができる。長の規則の公布・施行については、原則として条例に関する規定が準用される（地方自治法16条5項）。以上から、②は妥当である。行政委員会の規則は、長の規則に違反してはならないことが、地方自治法138条の4第2項で定められている。したがって、③は妥当ではない。長の規則は法規であるので、行政内部でのみ通用する「行政規則」ではない。したがって、④は妥当ではない。（基本法務テキスト179，184～185頁）

＜問57＞ 5

〔正解〕③（配点15点）

〔解説〕この問題は、刑法分野からの出題である。公電磁的記録不正作出罪は、権利、義務又は事実証明に関する電磁的記録で、かつ公務所又は公務員により作られるべき電磁的記録が対象であり、ホームページの記載内容は一般的には権利、義務又は事実証明に関するものではないので、これにあたらないから、②は妥当でない。電子計算機使用詐欺罪は、財産上不法の利益を得、又は他人に得させる財産犯であるから、そのような故意も結果もない本件はこれにあたらないので、④は妥当でない。電子計算機損壊等業務妨害罪は、人の業務に使用する電磁的記録を損壊するなどして業務を妨害する罪であるから、本件のように、意味不明の外国語の羅列によって電磁的に画面表示された日本語記録が損壊され、ホームページを介した公務情報の提供が妨害されれば、たとえ短時間であったとしても電子計算機損壊等業務妨害罪が成立する。したがって、③は妥当であり、①は妥当でない。（基本法務テキスト425頁）

<問58> **4**

〔正解〕① （配点10点）

〔解説〕この問題は、民法の事務管理・不当利得分野からの出題である。事務管理の成立要件は、（1）他人の事務の管理を始めたこと、（2）他人のため、すなわち他人に利益を与える意思、（3）法律上の義務がないこと、（4）本人の意思や利益に反しないことである（民法697条）ため、①は妥当であり、②及び③はいずれも妥当でない。事務管理が成立する場合、違法性が阻却され、不法行為とはならないため、④は妥当でない。よって、正解は①である。（基本法務テキスト366〜367，369頁）

<問59> **3**

〔正解〕③ （配点15点）

〔解説〕この問題は、地方自治法の議会分野からの出題である。①は、公職選挙法10条が、地方公共団体の議会の議員の被選挙権についても、衆議院議員及び参議院議員の被選挙権と同様に日本国民であることを求めていることから、妥当である。②は、かつては個人での議案提出が可能であったが、現在は認められておらず、地方自治法112条1項及び同2項の定めるところにより、妥当である。③は、「除名」のみ司法審査の対象としていた最大判昭35・10・19民集14巻12号2633頁を判例変更した最大判令2・11・25民集74巻8号2229頁の判示するところであり、妥当でない。④は、地方自治法255条の4に定めるところであり、妥当である。（基本法務テキスト210〜211頁）

<問60> **3**

〔正解〕④ （配点10点）

〔解説〕この問題は、地方自治法の監査と住民訴訟分野からの出題であり、内部統制の知識について確認する問題である。①は、地方自治法150条1項に則した記述であり、妥当である。②は、地方自治法150条3項に則した記述であり、妥当である。③は、地方自治法150条4項・5項に則した記述であり、妥当である。地方自治法150条6項によると、監査委員の意見を付した報告書を議会に提出するのは都道府県知事であり、監査委員ではないので、④は妥当でない。（基本法務テキスト266頁）

<問61> **1**

〔正解〕④ （配点15点）

〔解説〕この問題は憲法分野からの出題である。①については最大判昭41・10・26刑集20巻8号901頁を、②については最大判昭48・4・25刑集27巻4号547頁を、③については最大判昭43・12・4刑集22巻13号1425頁を、それぞれ参照のこと。他方、同じ最大判昭43・12・4刑集22巻13号1425頁は、統一候補以外の組合員で立候補しようとする者に対し「勧告または説得の域を超え、立候補を取りやめることを要求し、これに従わないことを理由に当該組合員を統制違反者として処分するがごときは、組合の統制権の限界を超えるものとして、違法といわなければならない」とする。したがって、正解は④である。（基本法務テキスト63，75〜76頁）

＜問62＞ 3

〔正解〕②（配点15点）

〔解説〕この問題は、地方自治法の財務分野からの出題である。地方自治法にいう公有財産とは、地方公共団体の所有に属する財産のうち、基金に属するものが除かれるものの、不動産及びその従物のみならず、船舶などの動産や地上権、地役権、鉱業権などの権利などが含まれる（地方自治法238条１項）。よって、①は妥当でない。地方公共団体の長は、一般に、財産を取得し、管理する権限を有し（地方自治法149条６号）、公有財産の効率的運用を図るため必要があると認めるときは、委員会若しくは委員又はこれらの管理に属する機関で権限を有するものに対し、公有財産の取得又は管理について、報告を求め、実地について調査し、又はその結果に基づいて必要な措置を講ずべきことを求めることができる（同法238条の２第１項）。よって、②は妥当である。地方自治法は、「公有財産に関する事務に従事する職員は、その取扱いに係る公有財産を譲り受け、又は自己の所有物と交換することができない。」（238条の３第１項）、「前項の規定に違反する行為は、これを無効とする。」（同条第２項）と定めており、公有財産に関する事務に従事する職員が、その取扱いに係る公有財産を譲り受け、又は自己の所有物と交換することを認めていない。よって、③は妥当でない。「行政財産の使用を許可した場合において、公用若しくは公共用に供するため必要を生じたとき、又は許可の条件に違反する行為があると認めるときは」、地方公共団体の長は、その許可を取り消すことができる（地方自治法238条の４第９項）。よって、④は妥当でない。（基本法務テキスト249～251頁）

＜問63＞ 3

〔正解〕③（配点25点）

〔解説〕この問題は、地方自治法の地方公務員分野からの出題である。措置要求の対象は勤務条件である。これには、給与、勤務時間のほか、旅費、休暇などが含まれるが、勤務条件以外の事項、例えば職員定数の増減や予算額の増減などについては、職員は措置要求をすることができない。したがって、イ・ウ・エは妥当であり、アは妥当でない（地方公務員法46条参照）。（基本法務テキスト233頁）

＜問64＞ 1

〔正解〕③（配点15点）

〔解説〕この問題は、憲法分野からの出題である。都道府県も憲法上の要請と解するなら、道州制の導入には憲法改正が必要となるので、①は妥当である。最大判昭38・３・27刑集17巻２号121頁は、住民の「共同体意識」を要求しているから、②は妥当である。同最大判は、東京都特別区は憲法上の地方公共団体には当たらないとして、区長選任制を合法と解しているから、③は最も妥当でない。日本の国土には必ず地方公共団体が設置されることが憲法上の要請であるので、日本国民は当然に少なくとも１つの地方公共団体に居住していることになるため、④は妥当である。よって、正解は③である。（基本法務テキスト51～52頁）

<問65> 4

〔正解〕③（配点15点）

〔解説〕この問題は、民法の親族・相続分野からの出題である。相続による権利の承継は、遺産の分割によるものかどうかにかかわらず、法定相続分を超えて財産を取得した場合には、法定相続分を超える部分について登記、登録その他の対抗要件を備えなければ、第三者に対抗することができない（民法899条の2第1項）。なお、法定相続分の限度では、登記なくして第三者に対抗できる。したがって、①は妥当でない。自筆証書遺言は、遺言者が、その全文、日付及び氏名を自書し、これに印を押さなければならないことから（民法968条1項）、前半部分は正しい。もっとも、以前は公的機関により保管してもらう制度がなかったため、偽造の危険性などの心配があると指摘されていたが、2018（平成30）年に「法務局における遺言書の保管等に関する法律」（平成30年法律第73号）が制定され、法務局において遺言書の保管ができるようになっており、後半部分は妥当でない。したがって、②は妥当でない。配偶者居住権は、配偶者が遺産のうち居住建物を取得することによって他の財産を受け取れなくなることを防ぎ、配偶者の居住を継続しながら他の財産も取得できるようにした制度である（民法1028条1項）。この配偶者居住権は、原則として終身の間、存続する（民法1030条）。もっとも、終身でなくなる例外として、遺産の分割の協議若しくは遺言に別段の定めがあるとき、又は家庭裁判所が遺産の分割の審判において別段の定めをしたときがある（民法1030条ただし書き）。したがって、③は妥当である。配偶者が相続開始時に被相続人の居住建物に無償で住んでいた場合、配偶者の居住利益を保護するために最低6ヶ月間は、そのまま無償で住み続けることができる（配偶者短期居住権。民法1037条1項）。したがって、転居先が決まるまでの期間は無償で住み続けることができないので、④は妥当でない。以上より、正解は③である。（基本法務テキスト380～383頁）

<問66> 3

〔正解〕①（配点15点）

〔解説〕この問題は、地方自治法の地方公務員分野からの出題である。行政手続法3条1項9号により、地方公務員の職務又は身分に関する処分については、行政手続法が適用除外とされており、①は妥当でない。地方公務員法49条1項により、懲戒処分を行う場合には、その職員に対し処分の事由を記載した説明書を交付しなければならないとされており、②は妥当である。不利益処分に対する事後手続として、処分を受けた職員は、人事委員会又は公平委員会に対してのみ、行政不服審査法による不服申立てをすることができるので、③は妥当である。人事行政の政治的中立性確保及び科学的人事管理遂行のために、人事委員会又は公平委員会という、独立の人事機関（行政委員会）が設けられており、④は妥当である（地方公務員法7条、地方自治法180条の5第1項参照）。（基本法務テキスト232頁）

<問67> 3

〔正解〕④（配点25点）

〔解説〕この問題は、地方自治法の自治立法分野からの出題である。行政代執行法1条は、「行政上の義務の履行確保に関しては、別に法律で定めるものを除いては、この法律の定めるところによる。」と定めており、行政上の義務履行確保に係る手段の創出は法律事項であることを定めてい

る。他方で、即時強制についてはそのような法律上の規定はなく、実際に、各自治体で制定されている放置自転車対策条例などは、即時強制の仕組を採用するもので、条例に根拠を置いている。したがって、Aは妥当な記述でない。「従うべき基準」については、条例で当該基準に適合する基準を定めなければならないが、当該基準に従う範囲内において、地域の実情に応じた基準を設定することは許容される。したがって、Bは妥当な記述でない。地方公共団体の事務処理にあたり、条例の制定を義務付ける法令のうち、公の施設の設置・管理（地方自治法244条の2第1項）に関する事項など、義務賦課・権利制限に係るものでないものも対象となり、当該法律規定を受け、地方公共団体は条例を制定することが義務付けられる。したがって、Cは妥当な記述でない。憲法は94条で、「地方公共団体は、……法律の範囲内で条例を制定することができる。」としているのは、条例は法律に違反しない限りにおいて制定することができることを定めたものであるとするのが通説であり、まず法律が制定されて、そのことによりはじめてその範囲の事項につき条例を制定することができることを意味するという理解は、現在ではほとんど見られない。したがって、Dは妥当な記述でない。以上から、A〜Dはすべて妥当な記述ではなく、正解は④となる。（基本法務テキスト116〜119，177〜178頁）

<問68> 1

〔正解〕③（配点10点）

〔解説〕この問題は、憲法分野からの出題である。地域に身近な問題はそれぞれの自治体に委ねたほうが効率的であることが多いので、①は妥当である。地方自治には中央政府の行き過ぎを抑制する自由主義的な側面があるので、②は妥当である。地方自治は、主権の分割を狙いとするものではないから、③は妥当でない。地方自治には個人の積極的な政治参加が期待できるという民主主義的な側面があるので、④は妥当である。よって、正解は③である。（基本法務テキスト49頁）

<問69> 1

〔正解〕②（配点25点）

〔解説〕この問題は、憲法分野からの出題である。最判平23・5・30民集65巻4号1780頁によれば、①のような職務命令は「特定の思想を持つことを強制したり、これに反する思想を持つことを禁止したりするものではなく、特定の思想の有無について告白することを強要するものということもできない」という。また、③のように述べた判例は存在せず、最判昭59・12・18刑集38巻12号3026頁における伊藤正己裁判官の補足意見も、ビラ配布に対する規制が「社会に対する明白かつ現在の危険がなければ許されないとすることは相当でない」とする。さらに、最大判昭38・5・22刑集17巻4号370頁は、大学における学生の集会について、「大学の公認した学内団体であるとか、大学の許可した学内集会であるとかいうことのみによつて、特別な自由と自治を享有するものではない。学生の集会が真に学問的な研究またはその結果の発表のためのものでなく、実社会の政治的社会的活動に当る行為をする場合には、大学の有する特別の学問の自由と自治は享有しないといわなければならない」とする。他方、最判平8・3・8民集50巻3号469頁は②のように述べる。したがって、正解は②である。（基本法務テキスト66〜71頁）

<問70> 4

〔正解〕②（配点25点）

〔解説〕この問題は、民法の親族・相続分野からの出題である。夫の精子を用いて妻の子宮及び卵子に医学的措置を施し、懐胎した場合であっても、「生殖補助医療の提供等及びこれにより出生した子の親子関係に関する民法の特例に関する法律」（以下、「生殖補助医療法」という）上は、特段、民法の特例を設けておらず、民法772条1項の適用がされるため、①は妥当でない。生殖補助医療法10条では、夫の同意を得て、夫以外の男性の精子（その精子に由来する胚を含む）を用いた生殖補助医療により懐胎した子について、夫は、民法774条の嫡出否認ができなくなるところ、第三者の精子を妻が生殖補助医療により懐胎した場合、民法774条の適用の有無は、夫の当該生殖補助医療についての同意の有無に左右されるので、②は妥当である。生殖補助医療法附則2条では、生殖補助医療法の公布の日から起算して1年を経過した日以後に生殖補助医療により出生した子について、生殖補助医療法第3章の規定が適用される。そのため、生殖補助医療法の公布後、同法第3章の規定の施行日の10日前に同法の定める生殖補助医療により出生した子は、同法第3章の適用を受けないため、③は妥当でない。生殖補助医療法9条は、女性が自己の母体において懐胎し、出産した場合を定めており、夫の精子を用いて妻以外の第三者である女性の子宮に医学的措置を施し、当該女性が妊娠、出産した場合には適用がないため、④は妥当でない。よって、正解は②である。（基本法務テキスト377～378，384頁）

第2章　自治体法務検定　政策法務（2022年度10月）

第1節　問題

問1　公共政策に関する次の記述のうち、妥当でないものを1つ選びなさい。

①　公共政策は、公共的な課題、すなわち社会の構成員の共通利益にかかわる問題であって、これを社会全体で解決する必要があると認識された課題を解決するためにつくられるものである。

②　公共政策は、課題解決のための活動の方針であり、この活動は、主として国や自治体などの公的機関が行うものに限られ、公的な団体や市民団体の活動は含まれない。

③　目的が明示されていないものは、公共政策とはいえない。

④　具体的な手段を示していない、いわゆる宣言のようなものは、公共政策とはいえない。

問2　自治体規則の類型に関する次の記述のうち、妥当でないものを1つ選びなさい。

①　長は、条例で定めなければならない事項又は議会の議決を要する事項を除き、長限りで処理しうる事務について、規則を定めることができる。

②　長の定める規則は「地方公共団体の規則」であり、当該自治体全体を対象とするものであり、行政委員会の規則に優先する。

③　条例において個別的、限定的に委任しても、本来条例により規定されるべき事項は、規則では規定することはできない。

④　法令施行細則は、法を執行するために必要とされる書式・様式や手続などを定めるものである。

問3　公法上の義務履行確保のための行政罰に関する次の記述のうち、妥当なものを1つ選びなさい。

①　行政上の秩序罰である過料には、裁判所が裁判により科す過料と、自治体の長が不利益処分の形式により科す過料とがあり、前者についてのみ、刑法総則の適用がある。

②　刑罰規定がある条例をもつ自治体の長は、検察官に対し公訴を提起すべきか否かについて意見を述べることができ、検察官はその意見に拘束される。

③　行政手続法と同様の内容の行政手続条例を定めている自治体にあっては、長による過料処分については、処分基準を設定し、公にする努力義務が生じる。

④　自治体の長が過料を科す場合について、相手方に、事前にその旨を告知し、弁明の機会を与えなければならないとする法令の定めはない。

問4　住民と自治体の関係性を述べた次の記述のうち、妥当なものの組み合わせを、①〜④の中から1つ選びなさい。

ア　最高裁判所の判例によれば、夏季のみ地域で生活する別荘利用者は、住民に準ずる地位にある者であり、むやみに住民と差別化することは許されない。

イ　最高裁判所の判例によれば、公共事業の指名競争入札において地元企業に限り指名することは、当然に許されるわけではなく、工事現場の状況に精通しているなど地元企業を優先する理由が必要である。

ウ　自治体の住民基本台帳に登録されていない人に対して当該自治体として行政サービスを提供する義務はないが、財政等に余裕のある範囲で提供することもある。

エ　無差別大量殺人を行った団体の関係者が集団で転入してきた場合、住民の生命を守るために、市区町村長は転入届の受理を拒否することができる。

① 　ア、イ

② 　ウ、エ

③ 　ア、ウ

④ 　イ、エ

問5　補助機関に関する次の記述のうち、妥当でないものを1つ選びなさい。

① 　執行機関による権限行使・職務遂行を部分的に補助する機関のことを補助機関という。

② 　都道府県又は市町村に置かれる補助機関である副知事又は副市町村長は条例により置かないことも可能である。

③ 　自治体の長による副知事・副市町村長の選任には、議会による同意が必要である。

④ 　自治体の長による会計管理者の任命には、議会による同意が必要とされている。

問6　情報公開制度に関する次の記述のうち、妥当なものを1つ選びなさい。なお、当該自治体の情報公開条例は、「行政機関の保有する情報の公開に関する法律」（以下「情報公開法」という）に準じているものとする。

① 　他の情報と照合することにより、特定の個人を識別することができることとなるものが含まれる場合には、当該情報も個人情報として不開示とされる旨が規定されている（いわゆるモザイクアプローチ）。この「他の情報」について、最高裁は幅広い一般の人が知りうる情報のみならず、特定の人に限って知りうる情報も含まれると判示している。

② 　開示請求に係る行政文書に不開示情報が記録されている場合であっても、実施機関が公益上特に必要があると認めるときは、当該行政文書を開示することができる。

③ 　審議会等の合議制機関の議事録等の情報は、公にすることにより率直な意見の交換、意思決定の中立性等が不当に損なわれるおそれがあることから、不開示情報として規定されている。

④ 　自治体の条例において開示請求に対して不開示決定等をする場合には、その理由を付記すべき旨を規定しているものがある。情報公開条例においてこのような規定がなされていない自治体においても、不開示決定等をする場合にはその理由を付記しなければならない。

問7　条例の罰則規定に関する次の記述のうち、妥当でないものを1つ選びなさい。

①　罰則規定とは、条例に規定する義務に違反した場合に、その違反者に対して刑罰や過料を科すことを予告し、条例の実効性を確保するための規定である。

②　罰則規定を設けようとする場合、どのような行為が犯罪となり処罰されるのかなど、犯罪の構成要件を明確に規定する必要がある。例えば、届出義務を課すような場合に「速やかに届け出なければならない」と規定すれば、届出義務違反の既遂時期が明確になる。

③　罰則規定を設けようとする場合、同様の違反行為に対する罰則に比して重過ぎる刑罰を定めることは比例原則違反になり、条例により地域間で取扱いに著しい差異を生じさせることは、平等原則に反しないかが問われることになるため、他の法令や条例等の規定と均衡を図った上で、規定する必要がある。

④　罰則規定を設けようとする場合、その規定は構成要件の明確性等の点から検察庁の立件の根拠規定として耐えうるものでなければならず、これをチェックするため、自治体には検察庁と協議することが実務上求められている。

問8　行政不服審査法の審査請求の審査庁に関する次の記述のうち、法令及び判例に照らして妥当なものを1つ選びなさい。

①　A市情報公開条例において実施機関とされているA市水道事業管理者が情報不開示決定をした場合に、当該不開示決定に対する審査請求の審査庁は、条例に特別の定めがない場合、水道事業管理者に指示権をもつA市長となる。

②　B市教育文化ホール（地方自治法244条の公の施設）において、ホール設置管理条例上の使用許可を、これを所管するB市教育委員会が取り消した場合において、当該使用許可取消処分の審査請求の審査庁は、B市教育委員会となる。

③　C県において、第一号法定受託事務である産業廃棄物処分場の設置許可に関する審査請求の審査庁は、廃棄物の処理及び清掃に関する法律を所管する環境大臣となる。

④　D県において、D県知事による職員の懲戒免職処分及びこれに伴う退職手当不支給処分のそれぞれについての審査請求に係る審査庁は、いずれもD県人事委員会となる。

問9　行政不服審査制度の検討課題に関する次の記述のうち、妥当でないものを1つ選びなさい。

①　手続の公正性に対する疑念が生じる可能性があるため、審査請求人からの要望があったとしても、審査請求書や反論書などの書類作成を行政機関の職員が支援することは適当ではない。

②　法務マネジメントの観点から、行政不服審査の処理方針を自治体政策として位置付けることが考えられる。

③　法務管理組織の職員のうち処分庁を支援する業務を担う者については、審理員の事務の補助や審査会の事務局を担当させることは望ましくない。

④　公正な審査を行うためには、長部局の職員ではなく監査委員や監査委員事務局の職員に審理員を担わせることも考えられる。

問10 法令用語の「及び」と「並びに」の使い方について、次の記述の空欄に入る語句の組合せとして正しいものを、①～④の中から１つ選びなさい。

○地方自治法（202条の2第1項）
　人事委員会は、別に法律の定めるところにより、人事行政に関する調査、研究、企画、立案、勧告等を行い、職員の競争試験（　ア　）選考を実施し、（　イ　）職員の勤務条件に関する措置の要求（　ウ　）職員に対する不利益処分を審査し、（　エ　）これについて必要な措置を講ずる。

① ア：及び　　　イ：並びに　　ウ：及び　　　エ：並びに
② ア：並びに　　イ：及び　　　ウ：並びに　　エ：及び
③ ア：及び　　　イ：及び　　　ウ：及び　　　エ：並びに
④ ア：並びに　　イ：並びに　　ウ：並びに　　エ：及び

問11 立法事実に関する次の記述のうち、妥当でないものを１つ選びなさい。
① 立法事実の有無は、立法の際に当然考慮されなければならないが、立法後においても、当該法律が合理的なものとして存続する上でも必要となる。
② 立法事実の判断に当たって、将来生じうる事実も視野に入れるべきであり、立法の効果などについても一定の予測が求められる。
③ 立法事実は、法律の必要性や合理性の根拠を問い、事実による裏付けを求めることで、恣意を排除するものである。
④ 立法の前提となる立法事実は、立法者によって把握・認識されるものであることから、基本的には、その主観的認識に基づいている。

問12 条例評価の枠組みに関する次の記述のうち、妥当なものを１つ選びなさい。
① 執行者である執行機関（長）が実施する条例評価は自己評価と捉えられるのに対し、議会や住民その他の機関が実施する条例評価は第三者評価といわれる。
② 条例評価の時期としては、条例が施行された後にその状況・成果をみて、見直しを図るために行われる事後評価のみである。
③ 評価の方法のうち、定性的方法とは、評価対象に対して便宜上操作を加えて、数量的なものさしによって評価する方法である。
④ 条例評価の制度設計に当たっては、評価の手続についても検討する必要がある。

問13 情報公開制度における不開示情報（個人に関する情報）に関する次の記述のうち、妥当なものを１つ選びなさい。
① 個人に関する情報を不開示とする条例の規定には、「プライバシー保護型」と「個人識別情報型」とが存するが、一般的に後者の方が前者よりも不開示の範囲が広くなる。

②　「個人識別情報型」では、個人を識別できる情報か否かという基準で判断されるため、個人の思想、信条、身分、地位、健康状態等は、個人に関する情報に含まれない。

③　「プライバシー保護型」では、一般的に通常他人に知られたくない情報であるか否かではなく、本人が知られたくないとの認識を有しているか否かを基準に判断される。

④　その情報のみでは個人情報に当たらず、他の情報と照合することにより、特定の個人を識別することができる情報であっても、個人情報として不開示となることはない。

問14　情報公開制度と個人情報保護制度に関する次の記述のうち、妥当でないものを１つ選びなさい。

①　情報公開制度では公文書の訂正請求は認められていないが、個人情報保護制度では個人情報の訂正請求が認められている。

②　存否応答拒否（請求に係る公文書又は個人情報の存否を明らかにせず、請求を拒否すること）は、情報公開請求と自己情報開示請求のいずれにおいても認められている。

③　2021年に公布された個人情報の保護に関する法律等を改正する法律の施行により、個人情報保護制度に関する国と地方公共団体の規律が一元化されることに伴い、情報公開制度も一元化されることになる。

④　裁量的開示は、一定の要件の下、情報公開請求と自己情報開示請求のいずれにおいても認められている。

問15　評価・争訟法務の意義に関する次の記述のうち、妥当なものを１つ選びなさい。

①　評価・争訟法務では、問題を解決することができたか、あるいは、問題を一部でも残していないかという視点からの検証とフィードバックが求められ、新たな問題が発生していないかという視点は不要である。

②　評価・争訟法務に取り組むことによって、条例や法執行を行政の効率化のみに資するように、絶えず改善していくことが重要である。

③　法令順守を確保し、住民の福祉を増進するためには、多元的な統制システムが有効に機能する必要があり、そのなかには、長と議会による政治統制も含まれる。

④　評価・争訟法務を通じて、自治体は国や他の自治体に対する説明責任を履行することができる。

問16　自治体法務のマネジメントに関する次の記述のうち、妥当なものを１つ選びなさい。

①　地方分権改革により、自治体は、国の見解を絶対視することは許されなくなったので、同改革で拡充された条例制定権や法解釈権を行政運営の中で生かすための法務マネジメント改革を進めていくことが肝要である。

②　分権時代に求められる自治体法務を推進していくためには、個別法や条例を主管する「原課」より、「原課」が行う課題解決を法的に支援する「政策法務組織」の役割が大きく、政策法務組織の職員の法務能力や課題解決志向の向上が不可欠である。

③　分権時代の自治体法務管理の大半は、条例の制定や改正に関するものである。

④　自治体法務管理は、団体自治の実現の視点から行われる。

問17　二元代表制に関する次の記述のうち、妥当でないものを１つ選びなさい。
①　二元代表制とは、長と議員をそれぞれ住民が直接選挙で選ぶ制度を意味する。
②　二元代表制において、議会は、住民の期待に反した長に不信任を通告し出処進退を決するよう迫ることがある。
③　議員選挙は、候補者個人に対する投票の場となり、政策をめぐる住民対話が深まらないおそれがある。
④　二元代表制では、長が独自に住民意思を調達することができるので、議会での政策論議が沈滞することが懸念される。

問18　自治体における議会の議決に関する次の記述のうち、妥当でないものを１つ選びなさい。
①　議会が議決した事項は、原則として、当該議会による議決を経なければ変更することはできないが、当該自治体の長の専決処分によって変更する余地も認められている。
②　自治体の長は、当該自治体の区域内の公共的団体等の活動の総合調整を行うためには、議会の議決を経なければならない。
③　地方自治法には議会が議決する事項を定めた規定はないため、議会は、当該自治体の事務に関する一切の事項について議決することができる。
④　要議決事項の契約について定める条例の内容については、その契約の種類及びその予定価格の金額の下限が政令で定められている。

問19　条例の立案に関する次の記述のうち、妥当でないものを１つ選びなさい。
①　条例の立案に当たっては、先に制定されている他の自治体の条例を参考にすることが多く、先行した自治体の条例ときわめて類似した条例が後続の自治体によって制定されることは珍しいことではない。
②　条例の立案について、法務体制が不十分な自治体にとっては、全国の自治体に共通するような行政課題に対応するため、他の自治体の優れた条例を忠実にコピーすることが、効率的で有効な手法である。
③　条例の立案に当たっては、行政課題を解決するために当該自治体にとって最も優れた対応をしている他の自治体の条例を探したり、先行する自治体がない場合には、時には外国の法制度等を検討の対象としたりすることが求められる。
④　条例の立案のパターンは、１つの行政手法だけで構成されるのではなく、通常、自治体の規模や財政、地域の実情・行政課題に応じて、多くの行政手法の中から、効果的で最善の行政手法を組み合わせることによって構成されている。

問20　条例の附則規定に関する次の記述のうち、妥当なものを１つ選びなさい。

①　地方自治法の規定により、条例は公布の日から起算して10日を経過した日から施行されるため、条例の附則規定には施行期日の規定は設けられていない。

②　附則規定において、条例を過去の時点まで遡って適用すること（遡及適用）について定めることがあるが、罰則についての遡及適用は絶対に許されない。

③　条例の改正に伴い、当該条例の条項等の規定を引用している他条例の改正を行う必要がある場合、このような他条例の改正を附則規定で行うことがある。しかし、他条例を廃止する必要がある場合には、附則規定ではなく、個別に他条例の廃止手続をする必要がある。

④　条例は、常に見直しが検討されるべきものであるので、条例の附則規定には、必ず施行後の一定の時期に条例を見直す規定が定められている。

問21　広域連携に関する次の記述のうち、妥当でないものを１つ選びなさい。

①　連携協約の例として、連携中枢都市圏の形成にかかわるものがある。

②　協議会の設置で、最も多いのは、消防関係である。

③　機関等の共同設置の例として、公平委員会に関する事務がある。

④　事務の代替執行の例として、住民票の写し等の交付がある。

問22　現在の都道府県条例と市町村条例の関係に関する次の記述のうち、妥当でないものを１つ選びなさい。

①　市町村は、当該都道府県の条例に違反してその事務を処理してはならない。

②　都道府県と市町村は対等協力の関係にあるが、都道府県の統制条例に違反する市町村の条例は無効になる。

③　都道府県と市町村は、その事務を処理するに当たっては、相互に競合しないようにしなければならないが、実際には双方の条例が併存する共管領域が多くある。

④　都道府県条例と市町村条例の間の競合関係を解消するため、都道府県条例に調整規定が設けられることがある。

問23　住民自治に関する次の記述のうち、妥当でないものを１つ選びなさい。

①　何をもって住民自治の実現とみるかは、その人の政治的選好や信条が反映しやすいので、自治体行政においては憲法・法令の条文に則して慎重に説明することが求められる。

②　日本国憲法の「地方自治の本旨」という言葉の中には「住民自治」の理念が込められている。

③　憲法は「法の支配」の観点からデモクラシー（民主政）の行き過ぎを警戒している。

④　住民自治とは住民が直接自治体の政治を動かすことを意味し、議会を通じての間接民主制は住民自治には含まれない。

問24 規則、委員会規則等によらない裁量基準の定立とその統制に関する次の記述のうち、妥当でないものを1つ選びなさい。

① 現行の行政手続法には、審査基準、処分基準等の裁量基準を設定する場合は長又は委員会の規則の形式によらなければならないとする定めは置かれていない。

② 裁量権の行使に係る基準は、その行政上の行為について裁量権を有する執行機関自身が設定してしまうと、客観性を確保することができないため、他の執行機関において設定することが原則である。

③ 裁量権の行使の基準は、根拠法令等の趣旨に適合するものとしなければならず、また、制定後も、その実施状況、社会経済情勢の変化などを勘案し、必要に応じ、その内容について検討を加え、その適正を確保するよう努めなければならない。

④ 行政手続法によると、自治体が同一の行政目的を達成するため一定の要件に該当する者に対して行政指導を行うに当たっては、あらかじめ指針を設けたうえ、原則として、これを公表しておくなどの適切な措置を講じることが期待されている。

問25 条例の類型に関する次の記述のうち、最も妥当なものを1つ選びなさい。

① 自治体が制定する条例は、法律が存在しない分野に定める独自事務条例と、法律が存在する分野で法律を執行するために定める法執行条例（法律リンク条例）に区分される。

② 法執行条例（法律リンク条例）のうち、法律によって定められた要件の具体的内容を条例によって定める具体化条例は、法律の委任を受けずに法律の基準を変更してしまうことになるので、違法性が強く疑われることから、ほとんど事例がなかった。

③ 上乗せ条例、横出し条例は、徳島市公安条例事件最高裁判決により導き出されたものである。同判決は自治体独自に法律の要件や基準を強化する並行条例に対して判示したものだが、法執行条例として法律の効果にかかわる法執行条例に対しても認められる。

④ 墓地、埋葬等に関する法律10条は墓地の経営許可について規定しているが、具体的基準は定められていない。したがって、本来同許可の基準は行政手続法5条に基づき行政庁（知事・市長等）が審査基準を策定することになるので、行政主体（県・市等）が法執行条例（法律リンク条例）として墓地経営許可の基準を条例化することはできない。

問26 行政手法に関する次の記述のうち、妥当なものを1つ選びなさい。

① 規制的手法を自治体が独自に実施するためには、要綱の根拠が必要である。

② 誘導的手法の一環として自治体が独自に補助金を支出するためには、要綱の根拠が必要である。

③ 契約的手法を自治体が独自に実施するためには、条例の根拠が必要である。

④ 協働促進手法の一環として自治体が独自に審議会等の附属機関を設置するためには、条例の根拠が必要である。

問27　行政手続法と同様の内容の行政手続条例を定めている自治体における行政指導の裁量統制に関する次の記述のうち、妥当なものを１つ選びなさい。

①　自治体の機関がする行政指導には、行政手続法が直接適用されるのが原則であるが、行政手続条例を定めている自治体においては、条例の定めが法律に優先して適用される。

②　「行政指導」とは、行政機関の任務又はその所掌事務の範囲にかかわらず、社会通念上、指導、勧告、助言等に当たるものとしてなされる行為全般をいう。

③　行政指導に従わない者に対して、不服従を理由として制裁措置を講じるためには、具体的な基準をあらかじめ行政指導指針に盛り込んでおき、かつ、相手方に現実に知らしめておくことが必要である。

④　口頭により行政指導を行った場合において、相手方から指導の趣旨及び責任者について文書により明らかにすることを求められたときは、その場で完了する場合などを除き、行政上特別の支障がない限り、これを交付しなければならない。

問28　行政委員会・委員に関する次の記述のうち、妥当でないものを１つ選びなさい。

①　行政運営における民主性や専門性を確保する必要から委員会や委員が設置されている。

②　普通地方公共団体の委員会の委員又は委員の勤務形態は、原則として非常勤とされている。

③　普通地方公共団体の委員会は規則を制定することができるが、委員会による規則制定については法律による授権が必要である。

④　委員会は、規則に違反した者に対して５万円以下の過料を科すことができる。

問29　法の解釈運用に関する次の記述のうち、妥当なものを１つ選びなさい。

①　法の解釈運用とは、対象の事実を正しく認定し、その事実に関して法的な効果を定める法を発見したうえで、認定した事実が発見した法の条項に規定される要件を充足するか否かを判断する、当てはめを行う作用をいう。

②　法律において用語の定義付けがされている場合、当該法律を適用する際に、当該用語の意味内容を具体的に解釈する必要はない。

③　法の解釈が必要となるのは、法を執行する場面であり、それ以外の場面で法の解釈が必要となることはない。

④　法において一定の要件が充足されたときに生じる効果が規定されている場合、その効果は一義的であるから、当該法の運用に当たり、行政機関に裁量が生じることはない。

問30　憲法における地方自治に関する次の記述のうち、妥当なものを１つ選びなさい。

①　旧憲法（大日本帝国憲法）においては、地方自治について明確に定められていた。

②　憲法92条は、「地方自治の本旨」を法律により具体化して定めるよう規定している。

③　「地方自治の本旨」とは、団体自治と住民自治の２つの要素から成る。

④　憲法93条は特に団体自治の側面にかかわり、憲法94条は特に住民自治の側面にかかわる。

問31　憲法の定める地方自治特別法の住民投票制度に関する次の記述のうち、妥当でないものを1つ選びなさい。

① 地方自治特別法の住民投票制度は、国会による法律の制定に住民意見を限定的に反映させる間接民主制の一例である。

② 地方自治特別法の住民投票制度は、本来的には、特定の自治体を名指ししての法規制の押し付けを拒否するための仕組みである。

③ 過去に実施された地方自治特別法の住民投票の多くは、地域振興（戦後の都市復興）のために議員提案されたものであった。

④ 地方自治特別法の住民投票制度は、これを団体自治の手段とみる余地もある。

問32　争訟と政策形成の関係を扱った理論に関する次の記述のうち、妥当でないものを1つ選びなさい。

① 争訟は国や自治体の政策に影響を及ぼし、既存の政策の変更や新規政策の形成を促すことがある。

② 政策志向型訴訟の特徴として、大企業が原告となり、国・自治体の政策の作為によって生じた被害について、過去の被害の賠償のみならず、将来発生しうる被害を防止するための措置をも救済策として要求することが指摘される。

③ 政策の決定それ自体よりも、どのような課題を検討するかを選択し、優先付けする「決定の前段階」が重要であるとする考え方をアジェンダ設定理論という。

④ 社会的学習とは、政府は能動的に学習し、政策を変更していくと捉え、過去の経験や新しい情報に対応して、政策の目標又は手段を修正する試みである。

問33　一般にわが国の自治体においては、違反行為を発見してもすぐに改善命令等の強制措置をとらずに、行政指導を繰り返すなど、穏当な対応に留まる傾向にあるとされる。そこで次の記述のうち、穏当な対応が行われないケースとして最も妥当なものを1つ選びなさい。

① 産業廃棄物の不法投棄に対する措置

② 食中毒の発生に対する措置

③ 農地の違反転用に対する措置

④ 森林の違反転用に対する措置

問34　実効性確保手法に関する次の記述のうち、妥当でないものを1つ選びなさい。

① 自治体は、条例中において、条例に違反した者に対し、懲役、禁錮、罰金、拘留、科料、没収の刑を科す旨の規定を設けることができる。

② 自治体は、条例中において、条例に違反した者に対し、過料を科す旨の規定を設けることができる。

③ 執行罰とは、義務違反の行為についてその都度過料を徴収するという手法を指すが、行政目的を確実に実現できるとは限らず、厳密には実効性確保手法ということはできない。

④ 即時強制とは、行政目的を達成するため直ちに相手方の身体や財産に実力行使をするという手

法を指すが、相手方の義務の存在を前提としないため、厳密には実効性確保手法ということはできない。

問35　法制担当課の役割に関する次の記述のうち、妥当でないものを１つ選びなさい。
① 原課の事務処理に対する法的な助言・情報提供
② 訴訟、不服審査等の対応又はその助言
③ 条例制定等に対する政策面の助言・情報提供
④ 条例案の提案者としての議会等に対する説明

問36　戦後の中央集権体制の功罪に関する次の記述のうち、妥当でないものを１つ選びなさい。
① 戦後も半世紀以上にわたり、事実上、国と地方を上下・主従の関係に置く中央集権体制が構築されてきた。
② 戦前までは、機関委任事務の執行の違法、怠慢があったときは、職務執行命令訴訟を経て、主務大臣による代執行に加え、内閣総理大臣（知事）による知事（市町村長）の罷免権が認められていた。
③ 機関委任事務は、自治体を国の下請的に使う、まさしく中央統制体制の象徴といえる。
④ 全国一律の機関委任事務の執行は効果を挙げる一方で、地域によっては問題を生み出すこととなった。

問37　違反者の類型と行政機関・行政職員の執行戦略の類型に関する次の記述のうち、妥当なものを１つ選びなさい。
① 強硬な対応の１つの制止戦略は、善意の違反者と悪意の違反者に対して効果がある。
② 強硬な対応の１つの制裁戦略は、異議申立者と反抗者に対して効果がある。
③ 柔軟な対応の１つの適応戦略は、悪意の違反者と反抗者に対して効果がある。
④ 柔軟な対応の１つの周知戦略は、善意の違反者と異議申立者に対して効果がある。

問38　金銭上の義務の履行確保に関する次の記述のうち、妥当なものを１つ選びなさい。
① 自治体が支払督促を行ったことに対して義務者が異議を申し立てた場合は、自治体から訴えの提起をする場合とは異なるため、議会の議決を得ることは必要ない。
② 法令の定めにより滞納処分を行うことができることとされた私人の金銭上の義務について、滞納処分と民事裁判手続のいずれの手段によって履行の確保を図るかは、自治体の裁量による。
③ 金銭上の義務のうち、民事裁判手続によるものについては、義務者が生活困窮にあるなど法定の事由に当たれば、徴収の猶予や停止をすることができる。一方、滞納処分によるものについては、同様の仕組みはない。
④ 議会が権利放棄の議決をしたとしても、著しく不合理な議決に基づく放棄は無効となることがある。

問39　市民協働に関する次の記述のうち、妥当なものの組み合わせを、①～④の中から１つ選びなさい。

　ア　市民協働により市民が自発的に地域的公益の維持・増進を担うとしても、そのことにより自治体が任務を免れることにはならない。

　イ　住民が自治体と協力して街の美化や子どもの見守り活動に従事する市民協働は、憲法が住民に対して要請する住民自治の一種である。

　ウ　市民協働においては、自治体の活動と市民の活動との間で「目的レベルの協調」が図られるべきだが、あくまで市民側の自発的・主体的な活動は尊重されなければならない。

　エ　市民協働においては、自治体が目的を設定した上で活動内容を提示して市民側に取組みを呼びかけることは、適切ではない。

①　ア、イ
②　ウ、エ
③　ア、ウ
④　イ、エ

問40　規制的手法に関する次の記述のうち、妥当なものを１つ選びなさい。
①　路上喫煙の禁止は、対象者に路上喫煙禁止を命じるものであり、命令制の具体例である。
②　飼い犬係留の義務付けは、対象者に飼い犬係留を命じるものであり、命令制の具体例である。
③　地下水採取の許可は、許可制の具体例であるとともに、許可対象者以外に地下水採取の禁止を命じるものであり、命令制の具体例でもある。
④　動物の多頭飼育の届出は、届出制の具体例であるとともに、届出者に対して届出を命じるものであり、命令制の具体例でもある。

問41　議会の権限に関する次の記述のうち、妥当なものを１つ選びなさい。
①　地方自治法は、議決事件として、権利の放棄を除外している。
②　議会は、条例で普通地方公共団体に関する事件につき議会が議決すべきものを定めることができ、法定受託事務も例外なく議決事件の対象とすることができる。
③　議会の検査権・監査請求権の対象として、自治事務では、労働委員会及び収用委員会の権限に属する事務で政令で定めるもの、法定受託事務では、国の安全を害するおそれがあることその他の事由により議会の検査の対象とすることが適当でないものとして政令で定めるものは、除外される。
④　いわゆる議会の「100条調査権」については、自治事務のすべてと法定受託事務にも及ぶが、法定受託事務では、国の安全を害するおそれがあることその他の事由により議会の調査の対象とすることが適当でないものとして政令で定めるものは、除外される。

問42　評価法務に関する次の記述のうち、妥当でないものを１つ選びなさい。

①　評価法務の対象事項は、「条例の評価・見直し」と「法執行の評価・見直し」に区別することができる。

②　条例の制定改廃は、庁内における意思決定や調整に時間と労力がかかるため、やむを得ない状況に立ち入ってから受動的に行うべきである。

③　法執行の評価・見直しを行う場合、評価基準の設定や評価対象の区別に注意することが重要である。

④　評価法務によって法的課題を全庁的にフィードバックするためには、組織的な評価体制を構築することがカギである。

問43　政策決定の主体に注目するモデルとして、妥当でないものを、①～④の中から１つ選びなさい。

①　多元主義モデル（プルーラリズム・モデル）は、政策は一部のエリートだけでなく、多様な社会集団が参加し、様々な影響を与えながら形成されるとする考え方である。

②　権力エリートモデルは、政策は、少数の政治権力者の価値観やイデオロギーによって決められるとする考え方である。

③　政策コミュニティ論は、政策分野ごとに形成されるプロフェッション（専門職）の集団や繋がりである政策コミュニティが、政策の形成、執行に重要な役割を果たすことに注目する理論である。

④　第一線職員論（ストリートレベルの官僚制論）の考え方では、教員、警察官などは法律を忠実に執行することが重要であるため、ほとんど裁量権がない。

問44　地方自治法上の地方公共団体に関する次の記述のうち、妥当なものを１つ選びなさい。

①　普通地方公共団体は、都道府県、市町村及び特別区である。

②　指定都市とは、人口70万以上の市のうち政令で指定されるものである。

③　中核市とは、人口20万以上の市のうち政令で指定されるものである。

④　特別区は、基礎的な地方公共団体ではない。

問45　解釈基準及び裁量基準に関する次の記述のうち、妥当なものを１つ選びなさい。

①　解釈基準は、行政実務の処理において法規と同様の効力を有するものであり、住民との間でも法的な拘束力をもつ。

②　国の法令に基づき行う自治事務に関し、当該法令の所管府省庁から発せられる解釈基準を内容とする通知の法的性格は、地方自治法における技術的な助言又は事務を処理するに当たりよるべき基準に当たる。

③　国の法令に基づき行う自治事務に関し、当該法令の所管府省庁から発せられる解釈基準及び裁量基準については、法的拘束力をもつものではないことから、自治体にはこれに従う法律上の義務はない。

④　国の法令に基づき行う事務に関し、当該法令の所管府省庁から発せられた通知に従って行った

ものについては、自治体の責任が問われることはない。

問46　法令以外の形式と自治体法務との関係に関する次の記述のうち、妥当でないものを１つ選びなさい。

①　行政計画が、法に根拠のある法定計画である場合、その策定過程に住民参加を図ることが望ましいのであれば、法律に特に定めがない限り、自治体は広範な市民参加を求め、多様な意見を反映させることができる。

②　行政計画に条例による根拠を付与することで、自治体の意思として当該条例に明定された施策を実施するという法的な位置付けを行ったことになるが、当該計画に対する議会による一定の統制を行うことは意味しない。

③　事業を伴う行政計画であっても、その策定自体は住民の具体的な権利義務に直接影響を与えるものではないとして、行政処分性が認められてこなかったが、最高裁は判例を変更して、一定の場合にこれを認めた。

④　法令の解釈・運用について、その所管省庁が見解を示した「行政実例」に従っただけでは、自治体は違法性を免れるとは限らないので、自治体として自ら行政実例の当否を判断すべきである。

問47　執行管理の見直しに関する次の記述のうち、妥当なものを１つ選びなさい。

①　執行管理は主に担当職員のレベルで行われる活動である。

②　執行細則の管理の適正化を図るための第一歩は、原課ごとに執行細則を把握することである。

③　法令等に定める基準をそのまま引用する「引き写し審査基準」は、住民の視点からみて分かりやすいという利点がある。

④　法執行の公平性・透明性を高めるためには、審査基準・処分基準に点数方式を採り入れることが考えられる。

問48　自治体の事務と国等の関与等に関する次の記述のうち、妥当でないものを１つ選びなさい。

①　いわゆる在ブラジル被爆者健康管理手当事件（最三小判平19・2・6民集61巻1号122頁）では、最高裁は、被爆者援護法等の解釈を誤った国の通達を違法として、これに従った自治体の活動を、自治体の事務処理に当たっての最も基本的な原則ないし指針である法令遵守義務に反するものと評価した。

②　いわゆる神奈川県臨時特例企業税条例事件（最一小判平25・3・21民集67巻3号438頁）において、最高裁は、総務大臣の同意に際しての審査結果が地方税条例の法律適合性を確定させ、裁判所による条例の審査にも一定の拘束力を有することを認めつつも、当該条例に関して地方税法に違背するとの判示を行った。

③　いわゆるふるさと納税不指定取消事件（最三小判令2・6・30民集74巻4号800頁）では、最高裁は、地方税法の委任による告示で定められた指定の基準について、関与の法定主義から、委任の範囲を逸脱する部分については無効である旨を判示した。

④　いわゆるふるさと納税不指定取消事件（同上）は、国の関与が地方自治法に基づく手続によって争われた事案であり、国地方係争処理委員会への審査の申出においても不指定について否定的な勧告がなされていた。

問49　裁量統制に関する次の記述のうち、妥当でないものを選びなさい。
①　自治体における裁量権行使が適正になされるようにするためには、その裁量権を与えられた機関ないし組織が自らを統制する必要がある。
②　自治体における裁量権行使が適正になされるようにするため、議会、監査委員、裁判所、住民、国の行政機関等、様々な人や機関が裁量を統制する役割を果たしている。
③　自治体の議会による裁量統制の方法は、条例により規律する内容を詳細に定め、裁量の範囲を狭めるという、立法による統制のみである。
④　裁量権行使の自己統制のため、自治体においては、裁量権の行使内容の基準を自ら定めることがある。

問50　訴訟で問われる自治体法務の基準に関する次の記述のうち、妥当でないものを１つ選びなさい。
①　一般的・普遍的な違憲審査基準は存在しないが、判例法理が築き上げてきた判断枠組みを学説が整理することで、一定のメルクマールが形成されている。
②　住民にとって身近な存在である自治体が、住民に対して権力を行使する場面は国より少ない。
③　自治体は、個別具体的な事案ごとに、規制の目的、必要性、内容、それによって制限される自由の性質、内容及び制限の程度を比較衡量して、政策法務的判断をすることが重要である。
④　裁判所が行政裁量の統制を行う場合は、通常、行政行為の違法性を明らかにすることが焦点となるが、行政行為が違憲である場合、その行為のみならず根拠となる法律や条例が違憲と判断される可能性があり、行政行為の違憲性より法律や条例の違憲性に焦点が移ることがある。

問51　地縁団体に関する次の記述のうち、妥当でないものを１つ選びなさい。
①　地縁団体（自治会・町内会）は、任意加入の団体であるが、加入しないとごみ処理等の行政サービスを受けるのに大きな不便が生じる場合があり、そのような場合に、本来強制できない寄附金を会費に含めて一括徴収することには、違法性が疑われる。
②　ある住民が地縁団体（自治会・町内会）と対立して、地縁団体が所有する家庭ごみ集積所（ごみステーション）を利用できなくなった場合、自治体としては、それを民間における紛争とみて距離を置くことなく、積極的に地縁団体を指導して公衆衛生の維持と住民福祉の向上を図るべきである。
③　憲法の下では、およそ地縁団体（自治会・町内会）は住民個人を構成員として民主的に運営されなければならず、世帯主のみが総会に参加できるというような古いしきたりは、自治体の指導によって是正されなければならない。
④　地縁団体（自治会・町内会）が所有している家庭ごみ集積所（ごみステーション）の扉が経年

劣化で壊れ、住民が怪我をした場合、自治体は損害賠償責任を負う可能性がある。

問52　政策法務対応に関する次の記述のうち、妥当なものを1つ選びなさい。
① 政策法務の発想を原課において浸透させるための一つの方法として、原課の法令運用を評価する仕組みを導入することが挙げられる。
② 地域の実態に基づいて条例制定の必要性を感じ、立法事実を明らかにするのは法制担当課の役割である。
③ 現存の法制度の合理的運用を考えるのは法制担当課の役割である。
④ 機関委任事務が廃止されたが、原課は、地域の特性に応じた法律の運用・解釈を行うことはできない。

問53　行政指導に関する次の記述のうち、妥当なものを1つ選びなさい。
① 行政指導は、特定の者に一定の作為や不作為を求める行政手法であり、規制的手法に該当する。
② 行政指導は、相手方の任意の協力によって行政目的を実現する行政手法であり、誘導的手法に該当する。
③ 行政指導は、一定の行政目的の実現のために行う行政手法であり、利害関係者間の調整を図る調整的手法に該当することはない。
④ 行政指導は、特定の者に一方的に働きかける行政手法であり、様々な主体との協力・連携を進める協働促進手法に該当することはない。

問54　プライバシーの権利に関する次の記述のうち、妥当なものを1つ選びなさい。
① プライバシーの権利は、行政機関や企業等が保有する自己情報を管理する自己情報コントロール権から派生し、現在では、社会において一人で居させてもらいたいという権利として定着している。
② 自己情報コントロール権は、自己情報の管理、制御という積極的な意義を有する権利であり、私生活の保護を内容とする消極的な権利であるプライバシーの権利とは異なるものと考えられている。
③ 「宴のあと」事件判決（東京地判昭39・9・28下級民集15巻9号2317頁）では、被害者が小説の出版により不快、不安の念を覚えたとして不法行為の成立を認めたが、「私生活をみだりに公開されない」というプライバシーの権利を認めるには至らなかった。
④ 憲法上、プライバシーの権利について直接明文で定めた規定はないが、包括的な意味では、憲法13条の個人の尊重・幸福追求の権利に基づくものと考えられている。

問55　規制的手法である許可制と届出制に関する次の記述のうち、妥当でないものを1つ選びなさい。
① 許可制とは、本来誰でも享受できる個人の自由を公共の福祉の観点から予め一般的に禁止して

おき、個別の申請に基づいてその禁止を特定の場合に解除する制度である。

② 許可制をとっている場合、行政は、許可のない行為は違法であるとして、違反者にペナルティを科すなどして、その実効性を確保することができる。

③ 届出は、一般的に、それが行政庁に到達するだけでは足りず、行政庁側の諾否の判断を得る必要があるという点で、許可制における申請と共通している。

④ 届出制は、その実効性を確保することが単独では困難であるため、勧告制や命令制あるいは罰則制を併用するのが一般的である。

問56　自己情報開示請求に関する次の記述のうち、最も妥当なものを1つ選びなさい。

① 死者の遺族のうち、相続人となった者については、当然に被相続人である死者に係る個人情報の開示請求をすることができる。

② 実施機関は、不開示情報が含まれる場合であっても、請求者の権利利益を保護するため特に必要があると認めるときは、その裁量で個人情報を開示することができる。

③ 自己情報の開示請求については、保有個人情報の存否を明らかにしないで、当該開示請求を拒否することはできない。

④ 未成年者又は成年被後見人の法定代理人は、本人の利益に反するか否かにかかわらず、当然に個人情報の開示請求をすることができる。

問57　国家賠償請求訴訟の検討課題に関する次の記述のうち、妥当でないものを1つ選びなさい。

① 大川小津波訴訟からは、自治体行政組織として事前の取組みが重要であるという教訓を導くことができる。

② 公の施設の利用については、公の施設の管理条例の文言を形式的に当てはめて利用を拒否することは妥当ではなく、明らかに差し迫った危険の発生が具体的に予見されるかどうかを十分に検討しなければならない。

③ 道路の陥没等の道路の瑕疵に関する事案は、数としては非常に多いものの、事前の予測は困難であり、予防のための対応をとるよう求めることは適切ではない。

④ 国家賠償請求訴訟を安易に和解により解決することには慎重であるべきであり、和解の是非、条件等について議会と住民に説明できるようにしておくことが必要である。

問58　法執行の見直しに関する次の記述のうち、妥当なものを1つ選びなさい。

① 執行管理は、適法かつ公平な執行活動を行うため、執行方針の検討、執行体制の整備、執行細則の決定、執行状況の点検を行う後方支援活動である。

② 執行管理の見直しの方向性として、審査基準、処分基準、行政指導指針を体系的に整理することが考えられるが、公開の必要はない。

③ 執行活動は、法と執行細則を個別事案に当てはめて結論を出す活動であり、主に法務管理組織の職員によって行われる。

④ 執行活動の見直しに当たっては、適法性、有効性、効率性、協働性等の指標に従って法律・条例の執行状況を事後的に検証し、改善の必要性を判断することが重要である。

問59 行政訴訟の適法性についての判例に関する次の記述のうち、妥当でないものを1つ選びなさい。
① 宝塚市パチンコ店等建築規制条例事件（最三小判平14・7・9民集56巻6号1134頁）は、市が事業者に対して条例を根拠とした建築中止命令により課した義務の履行を求める訴えを適法と判断した。
② 小田急高架化訴訟上告審判決（最大判平17・12・7民集59巻10号2645頁）は、従来の判例を変更して、周辺住民による都市計画事業認可の取消しを求める訴えを適法と判断した。
③ 浜松市土地区画整理事業事業計画処分性認定判決（最大判平20・9・10判時2020号18頁）は、従来の判例を変更して、事業計画決定の取消しを求める訴えを適法と判断した。
④ 横浜市保育所廃止条例事件最高裁判決（最一小判平21・11・26判時2063号3頁）は、市立保育所を民営化するための保育所廃止条例の取消しを求める訴えを適法と判断した。

問60 いくつかの自治体が先行して条例を制定していた分野において、後から同じ目的の法律が制定された場合に関する次の記述のうち、妥当でないものを1つ選びなさい。
① 条例の規制対象となっていたものは後から制定された法律の規制対象にもなるため、結果的に二重規制状態が発生し、これにどのように対応するか自治体の判断が求められる。
② 先行している条例の規制対象範囲が法律よりも広い場合には、条例を改正して法律対象となったものを適用除外すれば、二重規制状態は発生しなくなる。
③ 条例の規制対象が法律のそれと完全に一致する場合において、条例を存続する意義はないとしてこれを廃止すれば、二重規制状態は発生しなくなる。
④ 地方自治の本旨の団体自治を踏まえると、条例の規制対象となっていたものは、立法事実がある限り法律の規制対象にはならず、二重規制状態は発生しない。

問61 個人情報の利用・提供の制限に関する次の記述のうち、最も妥当なものを1つ選びなさい。
① 高度情報化社会の進展に伴い、個人情報の流出によるプライバシー侵害の程度が深刻化していることから、個人情報保護制度の一元化に係る個人情報の保護に関する法律等の改正により、法令等の規定又は本人の同意に基づく場合を除き、オンライン結合による個人情報の提供は禁止されている。
② 実施機関は、本人又は第三者の権利利益を不当に侵害するおそれがあると認められる場合であっても、審議会の意見を聴き、公益上必要がある場合には、個人情報の目的外利用又は提供を行うことができる。
③ 個人情報取扱事務を実施機関以外のものに委託することは、個人情報の提供に当たり、法令等の規定又は本人の同意に基づく場合のほか、審議会の意見を聴き、公益上必要がある場合のみ認められる。

④　特定個人情報は、個人情報取扱事務の目的以外の目的に利用することはできないが、個人の生命、身体又は財産の保護のために必要である場合には、本人の同意があり、又は本人の同意が困難であるときは本人又は第三者の権利利益を不当に侵害するおそれがあると認められる場合を除き、目的外利用することができる。

問62　自治体の長に関する次の記述のうち、妥当なものを1つ選びなさい。
①　長は、地方公務員法にいう地方公務員に当たる。
②　長には原則として地方公務員法が適用される。
③　都道府県知事の被選挙権については、年齢満25年以上の者とされている。
④　公職選挙法上、長は衆議院議員・参議院議員との兼職が禁止されている。

問63　自治体法務に関する次の記述のうち、妥当でないものを1つ選びなさい。
①　自治体の行政活動は、基本的に法に基づいており、法治主義に従って行われる。
②　法治主義を支え、法律による行政の中核をなすのが、法律の優位と法律の留保の原則である。
③　自治体の法務は、法律（法令）執行、条例（規則等）制定が対象となり、条例（規則等）の執行は対象とならない。
④　自治体法務の基本である法律（法令）執行等に当たっては、憲法価値の実現を常に念頭に置いて臨まなければならず、争訟においても同様である。

問64　稟議制のメリットとして妥当でないものを、①〜④の中から1つ選びなさい。
①　一般職員の提案が生かされ、参加意識を持ちやすい。
②　文書による記録になじみやすい。
③　意思決定の実質的責任の所在が明確である。
④　関係職員の間で情報を共有化しやすい。

問65　取消訴訟の要件に関する次の記述のうち、妥当なものを1つ選びなさい。
①　土地の任意買収等の民法に基づく活動であっても、行政の活動である以上、取消訴訟の対象となる。
②　規制行政に係る処分の名あて人であっても、原告適格が認められるか否か慎重に検討する必要がある。
③　原告適格が認められるか否かについては、処分により裁判上保護に値する利益が害されるか否かという観点から判断するのが判例の立場である。
④　取消訴訟の係属中にその対象である処分が職権で取り消された場合には、訴訟要件を欠くこととなり、訴えは不適法なものとして扱われる。

問66 立法事実に関する次の記述のうち、妥当でないものを1つ選びなさい。

① 条例案の立案に際しては、立法事実を的確に整理しておくことが望ましいが、立法事実の説明資料を作成しておくことまでは必要ない。

② 「公文書等の管理に関する法律」は、国の法令の立法事実に関して文書の作成を義務付けるだけでなく、自治体に対しても条例の制定等の経緯を含めて、文書管理のあり方について規定している。

③ 規制条例の制定に際しては、規制目的の合憲性・適法性を合理的に説明できる必要がある。

④ 規制条例の制定に際しては、規制手法の合憲性・適法性を合理的に説明できる必要がある。

問67 事実認定における手続の適正化の要請に関する次の記述のうち、妥当でないものを1つ選びなさい。

① 自治体は、事実認定のための手続を適正に行う必要があり、刑事手続に関する憲法31条の法定手続の保障は、一定の内容で行政の諸手続にも及ぶ。

② 不利益処分の原因となる事実について、自治体当局の事実認定が正しいかどうかを判断するため、処分の名宛人となりうる者が防御権を行使する機会として、聴聞や弁明の機会の付与の手続が設けられている。

③ 聴聞又は弁明の機会の付与のための事前通知を発出する時点では、自治体による事実認定が完了していない段階であるから、当該事前通知には、不利益処分の原因となる事実を抽象的に記載すれば足りる。

④ 聴聞や弁明の機会の付与のほか、自治体が行う法の解釈運用における事実認定にあっては、あらゆるものに、手続の適正さが求められる。

問68 次の文章は、営業停止処分取消請求事件上告審判決（最三小判平27・3・3民集69巻2号143頁）の判旨の一部抜粋である。これに関する次のア～ウの記述のうち、妥当なものの数を①～④の中から1つ選びなさい。

> 「法〔風俗営業等の規制及び業務の適正化等に関する法律〕26条1項に基づく営業停止命令等につき、A公安委員会は、行政手続法12条1項に基づく処分の量定等の処分基準として、風俗営業等の規制及び業務の適正化等に関する法律に基づく営業停止命令等の量定等の基準に関する規程……を定め、これを公にしている。
>
> ……法〔行政手続法〕12条1項に基づいて定められ公にされている処分基準は、単に行政庁の行政運営上の便宜のためにとどまらず、不利益処分に係る判断過程の公正と透明性を確保し、その相手方の権利利益の保護に資するために定められ公にされるものというべきである。したがって、行政庁が同項の規定により定めて公にしている処分基準……の定めと異なる取扱いをするならば、裁量権の行使における公正かつ平等な取扱いの要請や基準の内容に係る相手方の信頼の保護等の観点から、当該処分基準の定めと異なる取扱いをすることを相当と認めるべき特段の事情がない限り、そのような取扱いは裁量権の範囲の逸脱又はその濫用に当たることとなるものと解され、この意味において、……裁量権は当該処分基準に従って行使されるべきこ

とがき束されて」いる。

ア　A公安委員会は、処分基準の策定に係る手続的統制として、行政手続法によるパブリックコメントの手続が義務付けられているため、同法の適用によって規定を策定していた。

イ　A公安委員会が、特段の事情なく処分基準の定めと異なる取扱いを行った場合、その取扱いは裁判所によって違法と評価されることになるため、裁判所が処分の取消や国家賠償を認めることもありうる。

ウ　A公安委員会が、特段の事情があるとして処分基準の定めと異なる取扱いを行う場合、その取扱いを行う必要性・合理性を処分理由において示すことが求められ、特段の事情の存在を認めるに至った事実や考慮事項を整理・記録しておくことが必要である。

①　0

②　1

③　2

④　3

問69　条例制定権に関する次の記述のうち、妥当なものを1つ選びなさい。

①　条例制定権は、地方自治法においても保障されているが、これは、憲法によって直接保障されているものを確認的に規定しているに過ぎない。

②　条例が国の法令に違反するかどうかは、両者の対象事項と規定文言を対比して決する必要があり、法令の対象事項については条例制定権が認められない。

③　法定受託事務は、全国一律に同一内容で実施する趣旨の事務であるため、条例制定権が認められない。

④　自治事務は、地方の実情に応じて自治体が独自に実施する趣旨の事務であることから、条例制定権が無制限に認められる。

問70　法の解釈の態度に関する次の記述のうち、妥当でないものを1つ選びなさい。

①　憲法の下にある全ての法は、憲法に違反することはできないから、その法の解釈の結果も憲法に適合的なものであることが必然的に求められる。

②　法の解釈に当たり、定義規定や参照すべき最高裁判例がない場合、解釈の対象である法及び条文の趣旨目的に適合した解釈が必要となる。

③　刑事法の解釈では、憲法から導かれる罪刑法定主義や事後処罰禁止原則に反するため、類推解釈が禁止されているが、行政上の秩序罰規定は、刑事法ではないことから、必要に応じて類推解釈をすることも許容される。

④　法の文言が抽象的で、法規的解釈や文理解釈だけでは事実を当てはめて事務処理を行うことができないような場合において、最高裁判所の判例において当該条項の解釈が示されていれば、当該判例に従って事務処理を行うべきである。

第2節　解答と解説

<問1> 8

〔正解〕②（配点10点）

〔解説〕①は妥当である。なお、相隣関係など私人間の問題であれば、当事者間の話合いや民事訴訟等による解決に委ねればよく、あえて行政機関が対応する必要はないため、公共政策には該当しない。②は妥当でない。最近ではＮＰＯ（非営利団体）やボランティアなどによる公共的な活動が重要になっている。公共政策とは、こうした様々な主体の活動を全体として秩序あるものにするための方針（計画、案）を指す。③、④は妥当である。目的が明示されていないものや、目的はあってもそれを実現するための具体的な手段を示していない宣言のようなものは、単独では活動の指針として機能しないため、公共政策とはいえない。（政策法務テキスト354〜356頁）

<問2> 1

〔正解〕③（配点10点）

〔解説〕①、②は妥当である。選択肢に記載の通りである。③は妥当でない。条例において個別的、限定的に委任した場合には、本来条例により規定されるべき事項についても、規則で規定することができる。④は妥当である。機関委任事務が廃止された後は、法律に定めのない権利義務事項については条例をもって制定されることになった。（政策法務テキスト42〜43頁）

<問3> 3

〔正解〕③（配点15点）

〔解説〕①は妥当でない。刑法総則の適用を受けるのは、刑罰（講学上の分類でいうと、行政罰のうち行政刑罰）に限られる。すなわち、裁判所が科すものであっても、過料に刑法総則の適用はない。②は妥当でない。刑罰の根拠規定が特定の自治体の条例にあったとしても、公訴の提起（起訴）の判断は検察官に委ねられているから（起訴独占主義。刑事訴訟法247条）、自治体の長が事実上の意見を述べたとしても、法的拘束力は生じない。③は妥当である。過料を科す処分は、金銭の納付の義務付けを内容とする処分であり、不利益処分に該当するものであるから、選択肢の努力義務が生じる（行政手続法12条参照）。④は妥当でない。自治体が行政手続法と同様の行政手続条例を定めていることを前提としたとき、過料処分は金銭の納付を命じることを内容とするものであることから、意見陳述のための手続（聴聞、弁明の機会の付与）が不要な区分に入るが（同法13条2項4号参照）、その特則として、地方自治法255条の3は、「長が過料の処分をしようとする場合においては、過料の処分を受ける者に対し、あらかじめその旨を告知するとともに、弁明の機会を与えなければならない」との定めを置いている。（政策法務テキスト144〜147頁）

<問4> 6

〔正解〕①（配点15点）

〔解説〕アは妥当である。別荘に対する水道料金の設定が争われた事件で、地方自治法244条3項が

適用された。イは妥当である。指名における地元業者の優遇は広く行われているが、その理由付けを意識すべきである。ウは妥当でない。自治体の行政サービスの範囲は、対象者が住民であるかどうかとは独立に各法律で定められることが少なくない。エは妥当でない。住民基本台帳への登録は、居住の事実に基づいて行われるべきであり、他の住民を保護する手段とはならない。よって、妥当なものの組合せは①である。（政策法務テキスト254〜257頁）

<問5> 　5

〔正解〕④（配点10点）

〔解説〕①は妥当である。選択肢に記載の通りである。②は妥当である。地方自治法161条1項は、「都道府県に副知事を、市町村に副市町村長を置く。ただし、条例で置かないことができる」と規定している。③は妥当である。地方自治法162条は、「副知事及び副市町村長は、普通地方公共団体の長が議会の同意を得てこれを選任する」と規定している。④は妥当でない。自治体の長による会計管理者の任命には、議会の同意は必要とされていない。（政策法務テキスト230〜231頁）

<問6> 　7

〔正解〕④（配点25点）

〔解説〕①は妥当でない。この点に関する最高裁の判決はない。また、下級審の判断も分かれている。②は妥当でない。法令秘情報、国の行政機関の指示等による不開示などについては、実施機関が公益上特に必要があると認めた場合であっても、裁量的に公開することはできない。③は妥当でない。審議会等の合議制機関の議事録等の情報が全て不開示とされているわけではなく、そのような情報のうち公にすることにより率直な意見の交換、意思決定の中立性が不当に損なわれるおそれがあるものについて不開示とすることができる。④は妥当である。一般的に行政手続条例において申請を拒否する場合には、理由を付記しなければならない旨が規定されている。（政策法務テキスト278〜288頁）

<問7> 　2

〔正解〕②（配点15点）

〔解説〕①は妥当である。選択肢に記載の通りである。②は妥当でない。「速やかに」では届出義務違反が生じる時期が判然としないため、罰則規定を設けようとする場合においては、このような表現は避ける必要がある。③は妥当である。選択肢に記載の通りである。④は妥当である。検察庁協議は自治体にとって義務ではないが、罰則規定の不備により立件できなければ実効性の確保ができないため、検察庁との協議は実務上必要である。（政策法務テキスト92〜93頁）

<問8> 　4

〔正解〕③（配点25点）

〔解説〕①は妥当でない。最判令和3・1・22裁判所ウェブサイトは、地方公営企業の管理者である病院事業の管理者が実施機関となっている個人情報保護条例に基づく開示請求につき不作為の審査請求の審査庁を、当該管理者であるとした。②は妥当でない。公の施設の処分に係る審査請求の審査庁は、長以外の機関がした処分であっても、長が審査庁となる（地方自治法244条の4

第1項）。③は妥当である。第一号法定受託事務に係る処分の審査庁は、処分庁が都道府県知事の場合は当該法律の所管大臣となる（地方自治法255条の２第１項）。④は妥当でない。退職手当不支給処分は、給与その他の給付に関する処分となることから、その審査請求の審査庁は、自治体の長であるＤ県知事となる（地方自治法206条１項）。（政策法務テキスト182〜184頁）

<問9> 4

〔正解〕①（配点15点）

〔解説〕①は妥当でない。書類作成の支援を行うことは避けるべきことではなく、むしろ積極的に行うべきことである。②、③、④は妥当である。選択肢に記載の通りである。（政策法務テキスト183〜184頁）

<問10> 2

〔正解〕①（配点10点）

〔解説〕①は妥当である。②、③、④は妥当でない。「及び」と「並びに」については、一番小さい連結だけに「及び」を使い、それより大きい連結にはすべて「並びに」を使う。「競争試験」と「選考」、「職員の勤務条件に関する措置の要求」と「職員に対する不利益処分」の連結が小さい連結であることから、アとウに「及び」が入り、これら以外の連結のイとエに「並びに」が入る。（政策法務テキスト97〜98頁）

<問11> 2

〔正解〕④（配点25点）

〔解説〕①、②、③は妥当である。選択肢に記載の通りである。④は妥当でない。立法事実は、客観的に検証されるべきものであり、法律の背景となる社会的・経済的・政治的な事情や事実が踏まえられる。（政策法務テキスト59〜63頁）

<問12> 4

〔正解〕④（配点10点）

〔解説〕①は妥当でない。条例の制定者である議会が実施する評価は、自己評価に位置付けられる。②は妥当でない。条例評価には、より良い条例とするために条例が施行される前に行われる事前評価もある。③は妥当でない。選択肢の記載は、定量的方法の説明である。④は妥当である。評価テーマの設定や評価結果について説明責任を果たすとともに、法務マネジメントサイクルを機能させ、評価結果を課題設定や立案に、あるいは法執行にフィードバックさせることが重要である。（政策法務テキスト169〜172頁）

<問13> 7

〔正解〕①（配点10点）

〔解説〕①は妥当である。選択肢に記載の通りである。②は妥当でない。大阪市食糧費公開請求訴訟上告審判決（最三小判平15・11・11民集57巻10号1387号）は、「個人の思想、信条、健康状態、所得、学歴、家族構成、住所等の私事に関する情報に限定されるものではなく、個人にかかわり

のある情報であれば、原則として……「個人に関する情報」に該当する」と判断している。③は妥当でない。プライバシー保護型は、一般に知られたくないと望むことが正当であると認められるものをいい、本人の認識によって不開示情報の該当性が判断されるわけではない。④は妥当でない。モザイクアプローチと呼ばれ、選択肢に記載のように、他の情報と照合し、特定の個人を識別することができる情報は、個人情報として不開示となる。（政策法務テキスト279〜281頁）

<問14> 7

〔正解〕③（配点10点）

〔解説〕①、②は妥当である。選択肢に記載の通りである。③は妥当でない。「デジタル社会の形成を図るための関係法律の整備に関する法律」の施行により、民間部門と公的部門（国・地方公共団体等）の個人情報保護制度に関する規律が個人情報保護法に一元化されることとなったが、情報公開制度は対象となっていない。④は妥当である。選択肢に記載の通りである。（政策法務テキスト298〜299頁）

<問15> 4

〔正解〕③（配点15点）

〔解説〕①は妥当でない。新たな問題が発生していないかという視点からの検証とフィードバックも求められる。②は妥当でない。「行政の効率化」のみではなく、「住民の福祉の増進」に資するように、条例や法執行を改善していくことが重要である。③は妥当である。多元的な統制システムには、長と議会による政治統制のほか、裁判所による司法統制（行政訴訟等）、国による行政統制、自治体行政当局自身による自己統制（行政不服審査制度等）がある。④は妥当でない。自治体が説明責任を果たす対象は、主権者たる国民・住民や政策の直接的・間接的利害関係者である。（政策法務テキスト153〜154頁）

<問16> 1

〔正解〕①（配点15点）

〔解説〕①は妥当である。選択肢に記載の通りである。②は妥当でない。課題解決の中心は原課であり、その役割は重要である。③は妥当でない。自治体は国が定めた法律も執行しているので、法律との関係についても自治体法務管理の重要な対象である。④は妥当でない。団体自治に加え、住民自治の実現という視点からも行われる。（政策法務テキスト27〜29頁）

<問17> 6

〔正解〕④（配点10点）

〔解説〕①は妥当である。住民意思の取り出し方が、首長選挙と議員選挙の二系統で構成されていることを二元代表制といい、住民が議員を選挙し、議会が長を選出する一元的な制度と区別される。②は妥当である。二元代表制においては、長と議会のどちらも住民意思を背景に行動すべき立場であり、両者が対立する場合にどちらが一方的に優位する仕組みにはなっていない。③は妥当である。長の選挙と対照的であるが、政党政治が議員選挙に浸透することで変化する余地もある。④は妥当でない。議事機関として議会を設置すると明記した憲法93条１項の趣旨を尊重し、

長は議会での政策論議が活性化するように努めることが期待される。（政策法務テキスト246〜247頁）

<問18> 5

〔正解〕③（配点25点）

〔解説〕①は妥当である。議会は、自身の議決した事項を変更する場合には、原則として議決を要することとなる。ただし、地方自治法180条1項は、「普通地方公共団体の議会の権限に属する軽易な事項で、その議決により特に指定したものは、普通地方公共団体の長において、これを専決処分にすることができる」と定めており、長による専決処分も可能にしている。②は妥当である。地方自治法96条1項は、「普通地方公共団体の議会は、次に掲げる事件を議決しなければならない」と定め、14号で「普通地方公共団体の区域内の公共的団体等の活動の総合調整に関すること」を挙げている。③は妥当でない。地方自治法96条1項は、上記のように定め、また、同条2項は、「前項に定めるものを除くほか、普通地方公共団体は、条例で普通地方公共団体に関する事件（法定受託事務に係るものにあつては、国の安全に関することその他の事由により議会の議決すべきものとすることが適当でないものとして政令で定めるものを除く。）につき議会の議決すべきものを定めることができる」と定めている。④は妥当である。地方自治法96条1項は、上記のように定め、5号で「その種類及び金額について政令で定める基準に従い条例で定める契約を締結すること」を挙げている。同号を受けた地方自治法施行令121条の2第1項は、「地方自治法第96条第1項第5号に規定する政令で定める基準は、契約の種類については、別表第3上欄に定めるものとし、その金額については、その予定価格の金額が同表下欄に定める金額を下らないこととする」と定めている。（政策法務テキスト203〜204，205頁以下）

<問19> 2

〔正解〕②（配点10点）

〔解説〕①は妥当である。他の自治体の条例を参考とし、類似した条例が制定されることは珍しいことではない。なお、先行する自治体の条例を参考にする場合には、少なくとも自己の自治体仕様にカスタマイズすることが求められる。②は妥当でない。行政課題が同じであっても、自治体の規模、財政状況、地域の実情などには違いがあるものであるから、他の自治体の条例を単にコピーするのではなく、自己の自治体の立法事実を正確に分析し、自己の自治体にとって最適な条例を立案することが求められる。③は妥当である。なお、②の選択肢の解説のとおり、他の自治体の条例の単なるコピーではなく、自己の自治体にとって最適な条例を立案することが求められる。④は妥当である。選択肢に記載の通りである。（政策法務テキスト74〜75頁）

<問20> 2

〔正解〕②（配点15点）

〔解説〕①は妥当でない。条例の附則規定には施行期日の規定を設けるのが通常である。なお、施行期日の規定が定められていないときは、地方自治法16条3項「条例は、条例に特別の定があるものを除く外、公布の日から起算して10日を経過した日から、これを施行する」の規定が適用される。②は妥当である。遡及適用には不利益遡及の禁止という原則がある。特に罰則については、

憲法39条の規定により、遡って適用することはできない。③は妥当でない。条例の改正に伴い他条例を廃止する必要がある場合、他条例の廃止は附則規定で行う。④は妥当でない。近年、自治基本条例等の附則規定に、施行後の一定の時期に条例を見直す規定を定める例が増えているが、そのような規定は必ず設けられているものではない。（政策法務テキスト93〜95頁）

＜問21＞ 5

〔正解〕④（配点15点）

〔解説〕①、②、③は妥当である。選択肢に記載の通りである。④は妥当でない。事務の代替執行が行われたのは、上水道に関する事務、簡易水道に関する事務、公害防止に関する事務についてそれぞれ1件ずつにとどまっており、住民票の写し等の交付は、事務の委託の例である。（政策法務テキスト218〜221頁）

＜問22＞ 2

〔正解〕②（配点10点）

〔解説〕①は妥当である。選択肢に記載の内容が地方自治法2条16項に規定されている。②は妥当でない。2000年の地方分権改革により、都道府県と市町村の関係は対等協力の関係になり、都道府県が市町村の行政事務について条例で必要な規定を設け（これを「統制条例」という）、市町村の条例が統制条例に違反するときは無効とする地方自治法の規定は廃止された。③は妥当である。相互に競合しないようにしなければならない旨が地方自治法2条6項に規定されているが、例えば、土地利用や環境などの分野では、都道府県の広域的視点と市町村のまちづくりの視点が交錯し、都道府県と市町村がともに条例を設けることがある。そこで、こうした関係を整理するため、条例に調整規定が設けられることがある。④は妥当である。例えば、神奈川県土地利用調整条例19条、広島県環境影響評価に関する条例47条などに調整規定が設けられている。（政策法務テキスト81〜85頁）

＜問23＞ 6

〔正解〕④（配点10点）

〔解説〕①は妥当である。住民自治そのものは政治的な話題であり、行政上はそれを憲法や法令がどう具体化しているかが問われる。②は妥当である。憲法論では、地方自治の本旨を「住民自治」と「団体自治」に分けて解説することが一般的である。③は妥当である。民主政の行き過ぎが人権侵害をもたらすことに警戒が必要である。④は妥当でない。住民自治の理念が仮に直接民主制を志向するとしても、間接民主制が排除されるわけではない。（政策法務テキスト257〜259頁）

＜問24＞ 3

〔正解〕②（配点10点）

〔解説〕①は妥当である。行政手続法は、裁量基準の法形式について限定していない。したがって、個別の法令・条例が特別に指定をしていない限り、長や委員会の規則の形式によらず、例えば、○○要綱といった任意の形式により設定することができる。なお、実務上、裁量基準には「○○要綱」というタイトルが付けられることが多いが、「要綱」という言葉遣いには、基本的な事柄

又は重要な事柄をまとめたもの、という程度の意味しかない。つまり、「条例」や「規則」のように固有の法形式をいうものではないことに注意が必要である。②は妥当でない。ある行政上の行為を行うための裁量基準は、当該行為について法令が裁量権を付与した機関が設定するのが原則である。なお、法令・条例に基づき本来的に権限を有する機関がその権限を他者に委任している場合は、委任を受けた機関も、受任の範囲で裁量基準を設定できると考えられている。③は妥当である。行政手続法38条1項・2項にそれぞれ定められているところ、同法の規定は自治体の規則、規程等に直接適用されるものではないが、当然に自治体の規則等にもその趣旨が当てはまると考えられている　。④は妥当である。行政手続法は、自治体が行う行政指導や行政指導指針の定立行為を適用除外としつつ（同法3条3項）、一方で、自治体が自らの責任において同法の趣旨にのっとり適切な措置を講じるよう努めることを求めている（同法46条）。（政策法務テキスト128〜130頁）

<問25> 1

〔正解〕③（配点25点）

〔解説〕①は妥当でない。自治体が制定する自主条例には、全く法律が存在しない独自事務条例のほかに、法律の存在する分野だが法律とは別個の事務を形成する並行条例という類型がある。換言すれば、法律が存在する分野には法執行条例（法律リンク条例）と並行条例という類型がある。②は妥当でない。この選択肢は、書き換え条例の説明である。具体化条例は選択肢④に挙げている墓地経営許可基準条例などいくつか事例がある。③は最も妥当である。具体化条例が法律の趣旨に照らしつつ地域の実情を踏まえた基準等の追加（書き加え）も含まれると考えられるならば、横出し条例といえ、こうした条例の制定事例も存在する（横須賀市宅地造成に関する工事の許可の基準及び手続きに関する条例など）。徳島市公安条例事件最高裁判決が認めた上乗せ条例、横出し条例の考え方は法執行条例に及ぶものといえる。④は妥当でない。墓地、埋葬等に関する法律は政令がなく、省令にも墓地経営許可に関する具体的な規定は存在しない。他方、本来行政庁が定めることのできる審査基準だが、行政主体たる自治体が制定する条例で許可基準を定めることも可能と考えられる。また、実際に多くの自治体でこの条例を制定している。（政策法務テキスト39〜42頁）

<問26> 2

〔正解〕④（配点15点）

〔解説〕①は妥当でない。規制的手法については条例の根拠が必須であるが、要綱の根拠は必須ではない。②は妥当でない。補助金支出は公金を用いることから、要綱での対応が適切な場合もあるが、要綱の根拠は必須ではない。③は妥当でない。契約的手法については条例の根拠は必須ではない。④は妥当である。自治体が独自に附属機関を設置するには、条例の根拠が必須となる（地方自治法138条の4第3項）。（政策法務テキスト65〜72頁）

<問27> 3

〔正解〕④（配点15点）

〔解説〕①は妥当でない。行政手続法は、自治体の機関が行う行政指導については、一律に適用除

外としている（同法３条３項）。多くの自治体は、同法46条による努力義務として講じた独自の措置として、条例に行政指導に関する規定を設けており、これにより、制度が空白とならないようにしている。②は妥当でない。行政手続法２条６号は、「行政機関がその任務又は所掌事務の範囲内において一定の行政目的を実現するため特定の者に一定の作為又は不作為を求める指導、勧告、助言その他の行為であって処分に該当しないもの」に限って、同法上の「行政指導」に該当すると定めている。③は妥当でない。行政指導は相手方に任意の協力を求めるものであるから、これに従わないことを理由に不利益的な取扱いをしてはならず、制裁措置について行政指導指針に盛り込んだりすることも許されない（行政手続法32条２項参照）。④は妥当である。法令・条例や行政指導指針において方式についての定めがないのであれば、まず口頭により行政指導を行うことは問題ないが、相手方から文書を求められた場合は、行政上特別の支障がない限り、これを交付しなければならない（行政手続法35条３項・４項参照）。（政策法務テキスト132頁）

＜問28＞ 5

〔正解〕④（配点15点）

〔解説〕①は妥当である。選択肢に記載の通りである。②は妥当である。地方自治法180条の５第５項は、「普通地方公共団体の委員会の委員又は委員は、法律に特別の定があるものを除く外、非常勤とする」と規定している。③は妥当である。地方自治法138条の４第２項は、「普通地方公共団体の委員会は、法律の定めるところにより、法令又は普通地方公共団体の条例若しくは規則に違反しない限りにおいて、その権限に属する事務に関し、規則その他の規程を定めることができる」と規定している。④は妥当でない。委員会は過料を課すことはできない（地方自治法180条の６第３号）。（政策法務テキスト226～228頁）

＜問29＞ 3

〔正解〕①（配点10点）

〔解説〕①は妥当である。選択肢に記載の通りである。②は妥当でない。法律や条例で用語の定義付けがされているとしても、定義に用いられている用語が抽象的である場合には、当該用語を解釈する必要が生じることがある。③は妥当でない。例えば条例案を立案する際に、立案しようとする内容が法律に違反していないことを確認する局面においても、法を解釈する必要が生じることがある。④は妥当でない。法に規定された要件を満たす場合に生じる効果は、法の条文上一義的に決まっている場合と、行政（執行機関）に選択の幅がある場合とがある。例えば、一定の要件を充足した場合に許可をするとの効果が定められている場合であっても、「条件を付することができる」との効果が合わせて規定されているときは、行政機関は、許可に条件を付すこともあれば付さないこともあり、この部分は行政に委ねられた裁量ということになる。（政策法務テキスト108～110頁）

＜問30＞ 5

〔正解〕③（配点10点）

〔解説〕①は妥当でない。旧憲法（大日本帝国憲法）においては、地方自治について明確に定める規定は設けられていなかった。②は妥当でない。憲法92条においては、「法律で定める」のは「地

方公共団体の組織及び運営に関する事項」であり、それが「地方自治の本旨」に基づかなければならないことが規定されている。③は妥当である。選択肢に記載の通りである。④は妥当でない。憲法93条は、特に住民自治の側面にかかわり、憲法94条は特に団体自治にかかわるものである。（政策法務テキスト198〜202頁）

<問31> 6

〔正解〕①（配点10点）

〔解説〕①は妥当でない。住民が希望する法律を直接提案できるわけではないが、制定を拒否することができる直接民主制の一種である。②は妥当である。アメリカにおける地方自治保障の歴史を反映した制度であるといわれる。③は妥当である。その結果、住民投票では住民の大多数が特別法制定を支持することが通例であった。④は妥当である。国会が特定の自治体をねらい撃ちする法律により全国的多数派の利害を押し付けようとする局面において、自治体が拒否権を行使する手段とみることができる。（政策法務テキスト261〜266頁）

<問32> 4

〔正解〕②（配点15点）

〔解説〕①は妥当である。争訟を契機に条例の内容や法執行を評価・見直し、その改善を図る過程が争訟法務と呼ばれる。②は妥当でない。原告となるのは（被害者）住民の集団であり、大企業は国・自治体とともに被告であることが指摘されている。③は妥当である。アジェンダ設定理論によれば、争訟が政策形成に影響を与えるためには、首長、議会、行政幹部などが当該事件に注意を払っている必要がある。④は妥当である。社会的学習が行われる制度や政策の変更の第3段階では、政策担当部局と専門家以外にも、野党やメディアなど多様なアクターによる学習が想定されている。（政策法務テキスト163〜165頁）

<問33> 8

〔正解〕②（配点25点）

〔解説〕①、③、④は妥当でない。措置命令等が行われる前に行政指導が行われることが多い。②は妥当である。食品衛生法に基づき食中毒発生の際は食品の収去や営業停止等の命令が、弁明の機会の付与をすることなく行われるのが一般的である（食品衛生法28条、60条、行政手続法13条2項1号）。（政策法務テキスト343頁）

<問34> 2

〔正解〕③（配点15点）

〔解説〕①、②は妥当である。地方自治法14条3項に規定がある。③は妥当でない。執行罰は、行政上の強制執行と呼ばれる実効性確保手法の典型例である。④は妥当である。即時強制は、強制的に行政目的を実現するという点では実効性確保手法に類似するが、義務の存在を前提としていない点では実効性確保手法とは異なる。（政策法務テキスト68頁）

<問35> 8

〔正解〕④（配点15点）

〔解説〕①は妥当である。日常的法務支援としての役割である。②は妥当である。訴訟事務としての役割である。③は妥当である。法制執務としての役割である。④は妥当でない。条例案の提案者として長と原課が説明等の役割を担う。（政策法務テキスト358〜359頁）

<問36> 1

〔正解〕②（配点15点）

〔解説〕①は妥当である。選択肢に記載の通りである。②は妥当でない。1991年に地方自治法が改正されるまでは、このような制度であった（旧地方自治法146条）。③は妥当である。選択肢に記載の通りである。④は妥当である。地域固有の課題として深刻化した公害問題などが象徴的である。（政策法務テキスト14〜16頁）

<問37> 8

〔正解〕①（配点15点）

〔解説〕①は妥当である。選択肢に記載の通りである。②は妥当でない。制裁戦略は悪意の違反者に対して効果があるが、異議申立者と反抗者に対しては逆効果の余地がある。③は妥当でない。適応戦略は異議申立者に対して効果があるが、反抗者に対しては行政の屈伏である。④は妥当でない。周知戦略は善意の違反者に対して効果があるが、異議申立者に対しては効果がない。（政策法務テキスト343〜344頁）

<問38> 3

〔正解〕④（配点15点）

〔解説〕①は妥当でない。督促異義の申立てがあると、支払督促の申立ての時点で訴えの提起があったものとみなされ（民事訴訟法395条）、通常の訴訟手続に移行することとなる。判例は、このような場合であっても、議会の議決（地方自治法96条1項12号）が必要であるとしている（最一小判昭59・5・31民集38巻7号1021頁）。②は妥当でない。滞納処分ができる義務については、民事裁判手続を用いることはできないとするのが判例である（農業共済掛金等請求上告事件・最大判昭41・2・23民集20巻2号230頁）。③は妥当でない。滞納処分によるものであれ、民事裁判手続によるものであれ、一定の場合には徴収の猶予や停止をすることができ（地方税法15条以下、地方自治法施行令171条の5以下）、また、義務が免除されることもある（地方税法15条の7第4項、地方自治法施行令171条の7）。④は妥当である。権利放棄の議決（地方自治法96条1項10号）は、議会の自由裁量によるものではなく、判例（神戸市債権放棄議決事件・最二小判平24・4・20民集66巻6号2583頁）は、「放棄することが普通地方公共団体の民主的かつ実効的な行政運営の確保を旨とする」同法の「趣旨等に照らして不合理であって」「裁量権の範囲の逸脱又はその濫用に当たると認められるときは、その議決は違法となり、当該放棄は無効となる」としている。（政策法務テキスト140〜141頁）

<問39> 6

〔正解〕③（配点15点）

〔解説〕アは妥当である。市民協働の公益効果を注意深く見守る必要がある。イは妥当でない。憲法は基本的に国家（自治体を含む）に対して公益実現のための統治作用を授権し、かつそれに制限を加えている。憲法92条にいう「地方自治の本旨」が住民自治の理念を含んでいるとしても、個別の市民協働まで要請する趣旨ではない。ウは妥当である。目的を完全に一致させる必要はなく、調和させるための歩み寄りが求められる。エは妥当でない。とりわけ市民による公益活動が低調な状況においては、自治体が率先して枠組みを設けて利用を呼び掛けることも妨げられない。よって、妥当なものの組合せは③である。（政策法務テキスト261～266頁）

<問40> 2

〔正解〕②（配点10点）

〔解説〕①は妥当でない。路上喫煙禁止は、一定の不作為を義務付ける制度であり、禁止制の具体例である。②は妥当である。選択肢に記載の通りである。③は妥当でない。地下水採取許可は、許可制の具体例であるが、命令制の具体例ではない。④は妥当でない。動物の多頭飼育の届出は、届出制の具体例ではあるが、命令制の具体例ではない。（政策法務テキスト65～66頁）

<問41> 5

〔正解〕③（配点15点）

〔解説〕①は妥当でない。権利の放棄は議会の議決事件に含まれる（地方自治法96条１項10号）。②は妥当でない。法定受託事務については、国の安全に関することその他の事由により議会の議決すべきものとすることが適当でないものとして政令で定めるものは、議決事件として定めることができない。③は妥当である。選択肢に記載の通りである（地方自治法98条１項・２項）。④は妥当でない。自治事務であっても、労働委員会及び収用委員会の権限に属する事務で政令で定めるものは、100条調査権の対象から除外される（地方自治法100条１項）。（政策法務テキスト204～205頁）

<問42> 4

〔正解〕②（配点10点）

〔解説〕①は妥当である。「条例の評価・見直し」は自治立法である条例を評価・見直すものであるのに対し、「法執行の評価・見直し」は自治体による法律・条例の執行を見直すものである。②は妥当でない。条例の制定改廃は、行政が能動的に評価・見直しをして、適切なタイミングで行う必要がある。③は妥当である。法執行の評価対象を検討するに当たっては、法執行を「執行管理」と「執行活動」の２つに区別することが考えられる。④は妥当である。評価法務への組織的な取組みの例として、行政リーガルドック事業がある。（政策法務テキスト155～157頁）

<問43> 8

〔正解〕④（配点15点）

〔解説〕①、②、③は妥当である。政策決定の主体に関する理論として正しい説明である。④は妥

当でない。教員や警察官などの第一線職員は、政策執行の現場で広い裁量権を持つことが指摘されている。（政策法務テキスト340〜341頁）

＜問44＞ 5

〔正解〕③（配点10点）

〔解説〕①は妥当でない。特別区は普通地方公共団体ではなく、特別地方公共団体と位置付けられている（地方自治法1条の3第3項）。②は妥当でない。指定都市は地方自治法上人口50万以上の市のうち政令で指定されるものである（地方自治法252条の19第1項）。③は妥当である。選択肢に記載の通りである（地方自治法252条の22第1項）。④は妥当でない。特別区は、普通地方公共団体ではないが、「基礎的な地方公共団体として、……一般的に、第2条3項において市町村が処理するものとされている事務を処理するものとする」と定められている（地方自治法281条の2第2項）。（政策法務テキスト210〜215頁）

＜問45＞ 3

〔正解〕③（配点15点）

〔解説〕①は妥当でない。解釈基準は、行政実務の処理においては、事実上法規と同じように意識されることがあるが、その本質的な性格は行政上の内規的なもの（行政規則）であり、特に住民との間では法的な拘束力をもつものではない。②は妥当でない。特定の法令の所管府省庁から発せられる解釈基準を内容とする通知の法的性格は、当該法令に基づく事務が自治事務であれば技術的助言（地方自治法245条の4）であり、当該法令に基づく事務が第1号法定受託事務（同法2条9項1号）であれば技術的助言又は処理基準（同法245条の9）に当たると考えられる。③は妥当である。自治事務について根拠法令の所管府省庁から発せられる解釈基準や裁量基準を内容とする通知は技術的助言であり、法的拘束力を持たないことから、自治体には、これに従う法律上の義務はない。もっとも、当該通知は、少なくとも当該法令を所管する大臣等が合理的であると考えている内容であるから、当該通知を無視せよというものでもない。④は妥当でない。自治体が担う事務の法解釈の責任は、法の執行者である自治体が負うものとされている。例えば、いわゆる原爆被爆者援護法等の健康管理手当の支給認定に関し、厚生省（現厚生労働省）からの通達に従い手当の支給を打ち切った事案について、通達に従った事務処理が違法とされ、自治体がその支給打ち切りの責任を問われた事案がある（在ブラジル被爆者健康管理手当等請求訴訟上告審判決・最三小判平19・2・6民集61巻1号122頁）。（政策法務テキスト116, 119〜120頁）

＜問46＞ 1

〔正解〕②（配点10点）

〔解説〕①は妥当である。選択肢に記載の通りである。②は妥当でない。議会の議決によって成立する条例を根拠とすることで、計画に対しても議会の一定の統制は及ぶ。③は妥当である。土地区画整理事業計画について、最高裁は判例を変更し、事業計画段階での訴訟提起を認める判断をした（行政処分取消請求事件・最大判平20・9・10判時2020号18頁）。④は妥当である。選択肢に記載の通りである。（政策法務テキスト37〜39頁）

<問47> 4

〔正解〕④（配点15点）

〔解説〕①は妥当でない。執行管理は、原課では課長・係長等の役職者が、庁内では総務系部課が主に行う活動である。②は妥当でない。執行細則の把握は全庁的に行われるべきものである。③は妥当でない。「引き写し審査基準」は、住民の視点から見て分かりづらいものになりがちであることから、たとえ結果的に同じ内容を定める場合であっても、改めて関連する基準の内容を表記したり、自らの言葉で基準を表現しなおしたりする必要がある。④は妥当である。審査基準・処分基準の点数化の例として、運転免許に関する行政処分の点数制度などがある。（政策法務テキスト176〜178頁）

<問48> 3

〔正解〕②（配点25点）

〔解説〕①は妥当である。国の通達に従った事務処理を行っていたとしても、それが違法であるならば、自治体は法令遵守義務（地方自治法2条16項）に違反することになる。②は妥当でない。最高裁は判決において、総務大臣の同意についてこうした言明を一切行っていない、むしろ、金築誠志裁判官の補足意見では、同意に際しての「審査結果が、司法による条例の法律適合性の判断に対して、何らの拘束力も有するものではないことはいうまでもない」とされている。③は妥当である。関与の法定主義（地方自治法245条の2）の下に、「地方税法37条の2第2項の委任の範囲を逸脱するものである場合には、その逸脱する部分は違法なものとして効力を有しない」と判示された。④は妥当である。国地方係争処理委員会の勧告を受けた総務大臣による措置が、不指定の維持であったために、自治体側が訴えを提起するに至った。（政策法務テキスト120〜122頁）

<問49> 3

〔正解〕③（配点10点）

〔解説〕①は妥当である。選択肢に記載の通りである。②は妥当である。自治体による自己統制だけでは不十分なことがあることから、裁量統制主体は多元化しており、多様な主体が裁量統制を行っている。③は妥当でない。地方議会には、条例の制定という立法による統制のほか、調査権の行使（地方自治法100条）がある。④は妥当である。選択肢に記載の通りである。（政策法務テキスト125〜126頁）

<問50> 1

〔正解〕②（配点15点）

〔解説〕①は妥当である。選択肢に記載の通りである。②は妥当でない。住民に身近であるがゆえに、住民に対し権力を行使する場面は国より多いと考えられる。③、④は妥当である。選択肢に記載の通りである。（政策法務テキスト30〜33頁）

<問51> 6

〔正解〕③（配点25点）

〔解説〕①は妥当である。各種の募金など寄附は任意でなければならず、地縁団体がこれを会費に

含める形で（寄附のみ拒絶することを許さずに）徴収することは違法であるとした裁判がある（大阪高判平成19・8・24）。②は妥当である。必ずしも地縁団体に非があるとは限らないが、任意加入の団体に行政サービスの一部を担わせている自治体としては、住民の「加入しない自由」（憲法21条1項）を常に意識して、非加入住民に対する行政サービスの継続に責任を持たなければならない。③は妥当でない。一般論として、地縁団体は民間団体であり、独自に規約を定めて行う自主的な運営を自治体は尊重すべきである。実際上も、個人を構成単位とすると大家族の会費負担が不当に重くなり、また名簿管理や総会運営のコストが増大する可能性がある。認可地縁団体に関しては地方自治法260条の2以下で民主的な運営が求められ、個人としての加入希望を拒絶できない仕組みとなっているが、その総会運営（表決方法）はなお規約に委ねられている（地方自治法260条の18第4項）。④は妥当である。民間が所有し管理しているとしても、一般廃棄物の収集という公の用に供している施設である以上、自治体は管理の責任を分担する立場にある（国家賠償法2条1項）。設置費用を公金で補助している場合も、賠償責任を問われうる（同法3条1項）。（政策法務テキスト257～259頁）

＜問52＞ 8

〔正解〕①（配点10点）

〔解説〕①は妥当である。選択肢に記載の通りである。②は妥当でない。地域の実態に基づいて条例制定の必要性を感じ、立法事実を明らかにするのは原課の役割である。③は妥当でない。現存の法制度の合理的運用を考えるのは原課の役割である。④は妥当でない。地域特性に応じた法律の運用・解釈が求められるようになった（地方自治法2条12・13項参照）。（政策法務テキスト360～361頁）

＜問53＞ 2

〔正解〕②（配点15点）

〔解説〕①は妥当でない。行政指導は、住民の権利を制限したり義務を課したりするものではなく、規制的手法とはいえない。②は妥当である。選択肢に記載の通りである。③は妥当でない。行政指導の一部は、利害関係者間の調整を行政目的とするものであり、調整的手法に該当することもある。④は妥当でない。行政指導の一部は、行政指導を通じて様々な主体との協力・連携を進めようとするものであり、協働促進手法に該当することもある。（政策法務テキスト65～72頁）

＜問54＞ 7

〔正解〕④（配点15点）

〔解説〕①は妥当でない。情報化社会の進展に伴い、個人の私生活上の保護を図るだけでは不十分であると考えられるようになり、どのようにして自己情報を管理するかという自己情報コントロール権として捉えられるようになった。②は妥当でない。自己情報コントロール権には、「一人で居させてもらいたいという権利」という従来からのプライバシー保護の側面と「公権力等に対して自己の情報の適正化を求める権利」としての側面がある。③は妥当でない。判決では、私生活をみだりに公開されないという法的保障ないし権利としてのプライバシーの権利が承認され、不法行為の成立が認められた。④は妥当である。選択肢に記載の通りである。（政策法務テ

キスト305〜311頁）

<問55> 2

〔正解〕③（配点15点）

〔解説〕①、②、④は妥当である。選択肢に記載の通りである。③は妥当でない。届出とは、行政庁に対し一定の事項を通知する行為であるが、申請とは異なり、行政庁に諾否の応答を求めるものではない。行政手続法37条では、届出が形式上の要件に適合している場合は提出先に到達したときに当該届出をすべき手続上の義務が履行されたものとする旨が規定されている。（政策法務テキスト75頁）

<問56> 7

〔正解〕②（配点15点）

〔解説〕①は妥当でない。死者の財産に関する情報について、死亡した者の個人情報であるとともに、死亡した者を相続した者の個人情報でもあるとする判例（名古屋高裁金沢支判平成16・4・19判タ1167号126頁）もあるが、被相続人の印鑑届書にある銀行印の印影は、請求人が相続人として預金口座に係る預金契約上の地位を取得したからといって、被相続人の印影が請求人の銀行取引において使用されることとなるものではないとして、請求人の個人情報には当たらないとした判例（保有個人情報開示請求事件・最一小判平31・3・18判時2422号31頁）がある。②は妥当である。ただし、不開示情報が法令秘情報である場合等においては、この対象にならないとする条例もある。③は妥当でない。自己情報開示請求にも存否応答拒否が認められており、例えば、虐待等に関する事例で、家族間における個人情報が問題となる場合などが考えられる。④は妥当でない。条例により、本人の利益に反する場合の開示請求を認めないとする規定やその場合における情報を不開示情報としている規定を設けている自治体もある。（政策法務テキスト297〜313頁）

<問57> 4

〔正解〕③（配点10点）

〔解説〕①、②、④は妥当である。選択肢に記載の通りである。③は妥当でない。道路の陥没による転倒、側溝への転落など、長年にわたり全国で繰り返されている事案については、リスク分析を行って事件・事故の発生を予防する適切な管理体制を構築する必要があることが指摘されている。（政策法務テキスト189〜192頁）

<問58> 4

〔正解〕④（配点10点）

〔解説〕①は妥当でない。執行管理は、有効かつ効率的な執行活動を行うための後方支援活動である。②は妥当でない。体系的に整理された審査基準、処分基準、行政指導指針を公開することも、執行管理の見直しの方向性として考えられる。③は妥当でない。執行活動は主に担当職員のレベルで行われる活動である。④は妥当である。特に有効性と効率性については指標を数値化するなどの工夫が考えられる。（政策法務テキスト176〜179頁）

＜問59＞ 4

〔正解〕①（配点15点）

〔解説〕①は妥当でない。宝塚市パチンコ店等建築規制条例事件では、「国又は地方公共団体が専ら行政権の主体として国民に対して行政上の義務の履行を求める訴訟」は法律上の争訟に該当せず「不適法というべきである」としている。②、③、④は妥当である。選択肢に記載の通りである。（政策法務テキスト187～188頁）

＜問60＞ 2

〔正解〕④（配点25点）

〔解説〕①は妥当である。法律の制定によって、条例と法律の両方の対象になるものについては、原則として二重規制状態が発生する。その解消の対応は、自治体の役割となる。②は妥当である。条例改正をして適用除外をすれば、それは法律のみの規制対象となる。③は妥当である。条例の規定に独立した意義はないという判断を踏まえれば、廃止により法律規制だけの状態になるため、二重規制は解消される。④は妥当でない。条例で規制対象となっているものを法律の規制から適用除外するためには、法律の明文規定が必要である。それがない以上、条例と法律の両方の規制対象となる。（政策法務テキスト50～63頁）

＜問61＞ 7

〔正解〕④（配点15点）

〔解説〕①は妥当でない。改正後の「個人情報の保護に関する法律」においては、オンライン化や電子化を伴う個人情報の取扱いに関する特別の規定は設けられておらず、条例によりオンライン結合による個人情報の提供を制限することは許容されないと考えられている。②は妥当でない。個人情報は、条例等に定める一定の場合には目的外利用又は提供を行うことができるが、本人又は第三者の権利利益を不当に侵害するおそれがあると認められる場合には、行うことができない。③は妥当でない。実施機関は、個人情報の保護のために必要な措置を講じたうえで、実施機関以外のものに個人情報取扱事務を委託することができる。④は妥当である。選択肢に記載の通りである。（政策法務テキスト304～305頁）

＜問62＞ 5

〔正解〕①（配点10点）

〔解説〕①は妥当である。選択肢に記載の通りである。②は妥当でない。長は地方公務員法にいう地方公務員に当たるが、その中でも特別職に当たるため（地方公務員法3条3項1号）、原則として、同法は適用されない（地方公務員法4条2項）。③は妥当でない。都道府県知事の被選挙権は、年齢満30年以上の者である（公職選挙法10条1項4号）。市町村長の被選挙権は、年齢満25年以上の者である（同項6号）。④は妥当でない。長の衆議院議員・参議院議員との兼職を禁止しているのは、公職選挙法ではなく地方自治法である（地方自治法141条1項）。（政策法務テキスト223～224頁）

<問63> 1

〔正解〕③ （配点10点）

〔解説〕①は妥当である。選択肢に記載の通りである。②は妥当である。いかなる行政活動も、法律（条例）の定めに違反してはならず、また、一定の行政活動については、法律（条例）によって一定の要件のもとに一定の行為をするように授権されていなければ行い得ない。③は妥当でない。自治体の法務は条例（規則等）執行も対象となる。④は妥当である。選択肢に記載の通りである。（政策法務テキスト2～5頁）

<問64> 8

〔正解〕③ （配点10点）

〔解説〕①、②は妥当である。選択肢に記載の通りである。③は妥当でない。形式的な責任の所在は明確であるが、多くの者が関与するために実質的な責任の所在は不明確になりがちである。④は妥当である。選択肢に記載の通りである。（政策法務テキスト348頁）

<問65> 4

〔正解〕④ （配点10点）

〔解説〕①は妥当でない。土地の任意買収等の民法に基づく活動は定型的非処分と考えられている。②は妥当でない。規制的な処分の名あて人に原告適格が認められることは当然と考えられている。③は妥当でない。判例は「法律上保護された利益」説に依拠している（新潟空港訴訟・最判平成元・2・17民集43巻2号56頁）。④は妥当である。取消訴訟の係属中にその対象である処分が職権で取り消されたような場合には、狭義の訴えの利益を欠くことになり、訴訟要件を欠くものとして、訴えは不適法として却下される。（政策法務テキスト184～185頁）

<問66> 2

〔正解〕① （配点10点）

〔解説〕①は妥当でない。立法事実の説明資料を作成しておくことは、条例の法律適合性を審査する上で必要不可欠である。②は妥当である。「公文書等の管理に関する法律」第34条は、同法の趣旨にのっとった文書管理を行うよう、自治体に対しても努力義務を課している。③、④は妥当である。憲法上の人権を制約することが多い規制条例の場合には、規制目的についても、規制手法についても、合憲性・適法性の合理的な説明が求められる。（政策法務テキスト59～63頁）

<問67> 3

〔正解〕③ （配点15点）

〔解説〕①は妥当である。自治体における事実の認定手続は、執行機関やその補助機関の便宜や恣意に委ねられているものではなく、憲法31条に定める手続保障は、一定の内容で行政の諸手続にも及ぶ（成田新法に基づく工作物等使用禁止命令取消等請求事件上告審判決、最大判平4・7・1民集46巻5号437頁）。②は妥当である。選択肢に記載の通りである。③は妥当でない。聴聞や弁明の機会の付与は、処分の名宛人となる者が防御権を行使する機会として設けられているものであるとの趣旨を踏まえれば、事前の通知にも具体的な認定事実を記載する必要がある。抽象的

な記載では、名宛人となる者が防御権を十分に行使することができない可能性がある。④は妥当である。聴聞や弁明の機会の付与にあっては、法定された手続を遵守することは当然であるが、手続が法定されていないとしても、事実認定を行う手続には、適正さが求められる。（政策法務テキスト112頁）

<問68> 3

〔正解〕③（配点25点）

〔解説〕アは妥当でない。自治体の基準等の策定について行政手続法は適用されず（行政手続法3条3項）、行政手続法によるパブリックコメントの義務付けはなされていない。行政手続条例等に基づく手続的統制がなされることになる。イは妥当である。「裁量権の範囲の逸脱又はその濫用に当たることとなる」場合は、当不当の問題ではなく「違法」と判断されることになり、裁判所が取消や国家賠償を認めることがあり得る。ウは妥当である。処分基準は行政規則であり、常に処分基準通りの取扱いが求められるわけではないが、これによらない場合には、処分基準において示されることが求められ、その際の考慮過程も説明できなければならない。説明できない考慮過程に基づき処分基準によらない判断に至ることはできないはずだと考えられる。よって妥当なものの数は③である。（政策法務テキスト125，129～131頁）

<問69> 2

〔正解〕①（配点10点）

〔解説〕①は妥当である。地方自治法14条1項は、憲法94条を確認的に規定したものである。②は妥当でない。法令先占論は、現在の判例学説の採用するところではない。③は妥当でない。法定受託事務も、自治体の事務である以上、法令に違反しない限りにおいて条例制定権が認められる。④は妥当でない。自治事務であっても、法令に違反する場合には、条例制定権は認められない。（政策法務テキスト50～53頁）

<問70> 3

〔正解〕③（配点10点）

〔解説〕①は妥当である。憲法99条に規定されている自治体職員の憲法尊重擁護の義務は、法の解釈の場面にも妥当する。②は妥当である。選択肢に記載の通りである。③は妥当でない。行政上の秩序罰規定についても、刑事法と同様に類推解釈の禁止原則は採用されるべきである。なお、罰則ではないが、規制的事項に関しても、住民の権利利益に制約を課す内容を類推解釈で創設することは、法治主義の原則に照らし、妥当でない。④は妥当である。選択肢に記載の通りである。（政策法務テキスト112～115頁）

第1節　問題

問1　担保物権に関する次の記述のうち、妥当なものを1つ選びなさい。

①　留置権は、法律上の要件を満たせば当然に成立する権利であり、当事者間の契約によって成立するものではない。

②　先取特権とは、法律が定める一定の債権を有する者が、債務者の財産から優先的に弁済を受けることができる民法上の法定担保物権であり、他の法律には存在しない特別な規定である。

③　質権は、債権の担保のために債務者又は第三者から受け取った物を占有し、債権の弁済がない場合に、その物から優先的に弁済を受ける権利であるから、動産についてのみ成立する担保物権である。

④　抵当権は、抵当権者と抵当権設定者の間で結ばれる抵当権設定契約に基づく約定担保物権であり、抵当権設定者は、被担保債権の債務者に限られる。

問2　法律行為に関する次の記述のうち、妥当なものを1つ選びなさい。

①　法律行為とは、当事者の意思に従った法律効果を認める法律要件のことで、意思表示を構成要素としている。法律行為の例として、契約、単独行為を挙げることができるが、合同行為は含まれない。

②　表示行為に対応する内心の効果意思が存在しない場合、意思表示の効果は無効となる。無効になる例として、心裡留保、虚偽表示、錯誤を挙げることができる。

③　意思表示に対応する内心的効果意思は存在していても、内心的効果意思を形成する際の動機に詐欺や強迫が作用しており、意思決定が自由に行われない場合、意思表示を取り消すことができる。

④　法律行為が、強行規定に反するような内容の適法性を欠く場合や、公序良俗に反するような内容の社会的妥当性を欠く場合であれば、取り消すことができる。

問3　物及び物権に関する次の記述のうち、妥当なものを1つ選びなさい。

①　民法上、物権の客体となる「物」には、有体物と無体物とがある。

②　土地は不動産であるが、自動車も登録できるので不動産である。

③　一物一権主義の観点から、一つの物を複数の人が共同で所有することはできない。

④　建設中の建物は、未完成の状態であっても屋根や周壁ができあがれば、不動産として登記をすることができる。

問4　国家公務員たる職員の「政治的行為」を禁止する国家公務員法102条1項に関する次の記述のうち、最高裁判所の判例に照らして最も妥当でないものを1つ選びなさい。

① 本項にいう「政治的行為」とは、公務員の職務の遂行の政治的中立性を損なうおそれが観念的に認められるものを指す。

② 本項の目的は、公務員の職務の遂行の政治的中立性を保持することによって行政の中立的運営を確保し、これに対する国民の信頼を維持することにある。

③ 管理職的地位の公務員が政党機関紙の配布という特定の政党を積極的に支援する行動を行うことは、本項の「政治的行為」に該当する。

④ 本項による「政治的行為」の禁止は、それに内包される意見表明そのものの制約をねらいとしたものではなく、行動のもたらす弊害の防止をねらいとしたものである。

（参考）　国家公務員法（昭和二二年法律第一二〇号）

第百二条　職員は、政党又は政治的目的のために、寄附金その他の利益を求め、若しくは受領し、又は何らの方法を以てするを問わず、これらの行為に関与し、あるいは選挙権の行使を除く外、人事院規則で定める政治的行為をしてはならない。

2・3（略）

問5　次の記述のうち、行政手続法に定義規定が置かれていないものを、①～④の中から1つ選びなさい。

① 申請

② 届出

③ 行政計画

④ 行政指導

問6　次の記述のうち、普通地方公共団体に対する国又は都道府県の関与等の手続ルールとして地方自治法に定められていないものを、①～④の中から1つ選びなさい。

① 基準の設定・公表

② 標準処理期間の設定・公表

③ 弁明の機会の付与

④ 理由付記

問7　行政事件訴訟法上の取消訴訟の原告適格に関する次の記述のうち、妥当なものを1つ選びなさい。

① 処分に不満をもつ者は、当該処分により何らかの不利益を受けていれば、その取消訴訟を提起することができる。

② 最高裁判所の判例は、処分の相手方以外の第三者であっても、保護に値する利益を有する者には原告適格を認めるべきであるという見解をとっている。

③ 営業許可の根拠法律で適正配置規制がとられている場合、既存業者には、新規参入業者に対する許可の取消訴訟を提起する原告適格が認められることがある。

④ 不利益処分の名宛人であれば、出訴期間を超えても当該処分の取消訴訟を提起することができる。

問8 次の文章は、ある最高裁判所の判決文の一部である。空欄に当てはまる語句の組合せとして正しいものを、①～④の中から1つ選びなさい。

> 　国又は公共団体の（　ア　）の行使に当たる複数の公務員が、その職務を行うについて、共同して（　イ　）によって違法に他人に加えた損害につき、国又は公共団体がこれを賠償した場合においては、当該公務員らは、国又は公共団体に対し、（　ウ　）して国家賠償法1条2項による（　エ　）債務を負うものと解すべきである。なぜならば、上記の場合には、当該公務員らは、国又は公共団体に対する関係においても一体を成すものというべきであり、当該他人に対して支払われた損害賠償金に係る（　エ　）債務につき、当該公務員らのうち一部の者が無資力等により弁済することができないとしても、国又は公共団体と当該公務員らとの間では、当該公務員らにおいてその危険を負担すべきものとすることが公平の見地から相当であると解されるからである。

① ア：行政権　イ：過失　ウ：分割　エ：保証
② ア：公権力　イ：故意　ウ：分割　エ：求償
③ ア：行政権　イ：過失　ウ：連帯　エ：保証
④ ア：公権力　イ：故意　ウ：連帯　エ：求償

問9 次の文章は、最高裁判所の判決（最判昭63・6・17判時1289号39頁）の一部である。この判決の理解に関する①～④の記述のうち、最も妥当でないものを1つ選びなさい。

> 　上告人が行つた実子あつせん行為のもつ法的問題点について考察するに、実子あつせん行為は、医師の作成する出生証明書の信用を損ない、戸籍制度の秩序を乱し、実子の親子関係の形成により、子の法的地位を不安定にし、……子の福祉に対する配慮を欠くものといわなければならない。したがつて、実子あつせん行為を行うことは、中絶施術を求める女性にそれを断念させる目的でなされるものであつても、法律上許されないのみならず、医師の職業倫理にも反する……。しかも、上告人は、右のような実子あつせん行為に伴う犯罪性、それによる弊害、その社会的影響を不当に軽視し、これを反復継続したものであつて、その動機、目的が嬰児等の生命を守ろうとするにあつたこと等を考慮しても、上告人の行つた実子あつせん行為に対する少なからぬ非難は免れないものといわなければならない。
> 　そうすると、被上告人医師会が昭和五一年一一月一日付の指定医師の指定をしたのちに、上告人が法秩序遵守等の面において指定医師としての適格性を欠くことが明らかとなり、上告人に対する指定を存続させることが公益に適合しない状態が生じたというべきところ、実子あつせん行為のもつ右のような法的問題点、指定医師の指定の性質等に照らすと、指定医師の指定の撤回によつて上告人の被る不利益を考慮しても、なおそれを撤回すべき公益上の必要性が高いと認められるから、法令上その撤回について直接明文の規定がなくとも、指定医師の指定の権限を付与されている被上告人医師会は、その権限において上告人に対する右指定を撤回することができるものというべきである。

① この判決は、指定医師の指定の撤回について、違法行為を行ったことに対する制裁として科されるものと捉えた上で、その可否を判断している。

② この判決は、指定医師の指定の撤回について、もともとの行政処分の根拠規定によって行政庁に授けられた権限の中に、当該処分を撤回する権限も含まれていると解釈している。

③ この判決は、指定医師の指定の撤回について、法令上直接明文の規定がなくても可能であるとしつつ、相手方に与える不利益と撤回の公益上の必要性との比較考量により、その限界を画するものである。

④ この判決は、指定医師の指定の性質を考慮に入れて、当該処分の撤回の可否を判断している。

問10　地方公共団体の支出に関する次の記述の空欄に入る語句の組合せとして正しいものを、①〜④の中から1つ選びなさい。

　地方公共団体の支出の原因となるべき契約その他の行為（これを（　ア　）という。）は、法令又は（　イ　）の定めるところに従い、これをしなければならない。

① ア：債務負担行為　　　イ：条例
② ア：支出負担行為　　　イ：条例
③ ア：債務負担行為　　　イ：予算
④ ア：支出負担行為　　　イ：予算

問11　愛媛玉串料訴訟判決（最大判平9・4・2民集51巻4号1673頁）に関する次の記述のうち、同判決の多数意見の趣旨として妥当でないものを1つ選びなさい。

① 政教分離規定はいわゆる制度的保障の規定であって、信教の自由そのものを直接保障するものではなく、国家と宗教との分離を制度として保障することにより間接的に信教の自由の保障を確保しようとするものである。

② 政教分離規定の基礎となる政教分離原則は、国家と宗教との関わり合いが日本の社会的・文化的諸条件に照らし相当とされる限度を超えるものと認められる場合に、これを許さないとするものである。

③ 憲法89条は、政教分離原則の意義に照らして国家と宗教との関わり合いが相当とされる限度を超える公金支出行為等を禁止しており、これに該当するかどうかはいわゆる目的効果基準によって判断しなければならない。

④ 神社の恒例の祭祀に際し、招かれて玉串料を捧げることは、奉納先が神社である以上、宗教に関わるものであることは否定できないが、それが慣習化した社会的儀礼としての側面を有することは否定し難いところである。

問12　法令の制定は、成立→公布→施行というプロセスで行われる。このことに関する次の記述のうち、妥当なものを1つ選びなさい。

91

① 国の法律は、官報への掲載により成立する。

② 国の法律は、官報への掲載により施行される。

③ 地方公共団体の条例は、公報への掲載により公布される。

④ 地方公共団体の条例は、公報への掲載により施行される。

問13 政教分離に関する次の文章を読み、空欄を補充するのに妥当な語句の組合せを①～④の中から
　　　1つ選びなさい。

　　国又は地方公共団体が、国公有地上にある施設の敷地の使用料の免除をする場合においては、
　当該施設の性格や当該免除をすることとした経緯等には様々なものがあり得ることが容易に想
　定されるところであり、例えば、一般的には宗教的施設としての性格を有する施設であっても、
　同時に歴史的、文化財的な建造物として保護の対象となるものであったり、観光資源、国際親善、
　地域の親睦の場などといった他の意義を有していたりすることも少なくなく、それらの文化的
　あるいは社会的な価値や意義に着目して当該免除がされる場合もあり得る。これらの事情のい
　かんは、当該免除が、（　ア　）の目から見て特定の宗教に対する（　イ　）等と評価されるか
　否かに影響するものと考えられるから、政教分離原則との関係を考えるに当たっても、重要な
　考慮要素とされるべきものといえる。そうすると、当該免除が、前記諸条件に照らし、（　ウ　）
　の保障の確保という制度の根本目的との関係で相当とされる限度を超えて、政教分離規定に違
　反するか否かを判断するに当たっては、当該施設の性格、当該免除をすることとした経緯、当
　該免除に伴う当該国公有地の無償提供の態様、これらに対する（　ア　）の評価等、諸般の事
　情を考慮し、（　エ　）に照らして総合的に判断すべきものと解するのが相当である。

---

① ア：関係者　　イ：差別　　　ウ：国家と宗教の分離　　エ：社会観念

② ア：一般人　　イ：差別　　　ウ：国家と宗教の分離　　エ：社会通念

③ ア：関係者　　イ：援助　　　ウ：信教の自由　　　　　エ：社会観念

④ ア：一般人　　イ：援助　　　ウ：信教の自由　　　　　エ：社会通念

問14 次の設例に関する①～④の記述のうち、最も妥当でないものを1つ選びなさい。ただし、①～
　　　④の記述は、いずれも独立した肢であり、相互に無関係である。

　（設例）
　　土地Aについて、Xが土地Aの所有者Yから賃借していたところ、Xは、土地Aにブロック
　塀を設置していた。ある日、当該ブロック塀が崩壊し、当該ブロック塀前の路上を通行してい
　たVが巻き込まれ、Vが全治3ヶ月の重傷を負う事故が発生した（以下、「本件事故」という）。
　ブロック塀は、5年前に、業者Zにより設置されたものであり、当該ブロック塀を構成する各
　ブロックの製造業者はWである。

---

① 本件事故において、ブロック塀の設置又は保存に瑕疵がない場合、XだけでなくYも責任を負
　わない。

②　本件事故において、ブロック塀の崩壊の原因は、業者Ｚの設置不良及びブロック製造業者Ｗの製品不良の要因が重なって生じたものであり、設置の不備及びブロック製品の不良についてＺもＷも認識していた場合、Ｚの過失割合が60％、Ｗの過失割合が40％であっても、いずれも連帯してＶに対し、全額の損害賠償義務を負う。

③　本件事故において、ブロック塀が崩壊した原因として、Ｚの設置不良の可能性、Ｗによる製造製品の不良の可能性、Ｘのブロック塀の定期点検懈怠の可能性、その他の原因による発生の可能性が存在し、崩壊原因を確定できない場合、Ｚ、Ｗ、Ｘは、いずれも連帯してＶに対し、全額の損害賠償義務を負う。

④　本件事故において、不法行為に基づくＶの損害賠償請求権が成立する場合、当該損害賠償請求権は、損害及び加害者を知った時から５年間行使しない場合は時効によって消滅する。

問15　行政裁量に関する次の記述のうち、最も妥当でないものを１つ選びなさい。

①　行政処分につき裁判所が判断代置による審査をすることは、当該処分につき行政裁量を認めないことを意味する。

②　事実認定については裁判所の審理・判断の対象であり、原則として行政裁量は認められない。

③　法律が行政処分の要件につき「公益に反する」のような不確定概念を用いている場合であっても、法の解釈は裁判所の専権であるから、要件の認定について行政裁量は認められない。

④　一定の要件を満たす場合に行うべき行政処分について法律が具体的基準を示さずに複数の選択肢を規定している場合、処分の選択について行政裁量が認められる。

問16　被相続人が死亡して法定相続される財産の相続分に関する記述として妥当なものを、①～④の中から１つ選びなさい。

①　被相続人に配偶者と子が２人いたときは、各人が財産の３分の１の割合で相続する。

②　被相続人に配偶者と両親がいたときは、配偶者が２分の１、父、母が各４分の１の割合で相続する。

③　被相続人に配偶者と弟が１人いたときは、配偶者が３分の２、弟は３分の１の割合で相続する。

④　被相続人に子１人と親が１人いたときは、子が財産全部を相続し、親は相続しない。

問17　地方公共団体の執行機関等に関する次の記述のうち、妥当なものを１つ選びなさい。

①　自治紛争処理委員会は、普通地方公共団体に対する国又は都道府県の関与のうち国の行政機関が行う者に関する審査の申出につき、地方自治法の規定によりその権限に属させられた事項を処理するものとされ、５人の委員で組織され、総務省に置かれる。

②　自治紛争処理委員は、調停による解決の見込みがないと認めるときは、直ちに調停を打ち切り、事件の要点及び調停の経過を公表することができるものとされ、調停の打切りにあたって、総務大臣又は都道府県知事の同意を得ることを要しない。

③　自治紛争処理委員は、国の関与に関する審査の申出があった場合において、相当であると認め

るときは、職権により、調停案を作成して、これを双方に示し、その受諾を勧告するとともに、理由を付してその要旨を公表することができる。

④　総務大臣は、市町村長その他の市町村の執行機関が、その担任する事務に関する都道府県の関与のうち是正の要求、許可の拒否その他の処分その他公権力の行使にあたるものに不服があり、文書により、自治紛争処理委員の審査に付することを求める旨の申出をしたときは、速やかに、審査に付さなければならない。

問18　国地方係争処理制度に関する次の記述のうち、妥当でないものを1つ選びなさい。

①　地方公共団体の処分に対する不服申立てについて国の機関が審査庁として裁決を行った場合、この裁決は地方自治法上の国の関与にはあたらない。

②　地方公共団体による国地方係争処理委員会への審査の申出は、国の関与の効力に影響を及ぼすものではない。

③　国地方係争処理委員会は、審査の申出があった日から90日以内に審査及び勧告を行わなければならない。

④　地方公共団体が是正の要求を受けた場合に、これに対する審査の申出をせず是正の要求にも応じないときには、国は、国地方係争処理委員会への審査の申出を行った上で、不作為違法確認訴訟を提起することができる。

問19　地方自治の基本原理と地方公共団体に関する次の記述のうち、妥当なものを1つ選びなさい。

①　憲法は、地方公共団体の種類として、普通地方公共団体と特別地方公共団体を規定している。

②　都道府県は法人格を有するが、市町村は法人格を有しない。

③　特別区は、指定都市の区のことを指し、議会は設置されない。

④　広域連合は、地方自治法が定める地方公共団体の組合の一つである。

問20　地方自治法の定める役割分担原則に関する次の記述のうち、妥当なものを1つ選びなさい。

①　役割分担原則は、地方自治法制定当初から基本理念のひとつとして定められている。

②　役割分担原則は、国と地方公共団体との関係と並んで、都道府県と市町村との関係についても規律する原則である。

③　役割分担原則は、行政機関のみならず、立法機関に対する指針としての機能をも有している。

④　役割分担原則は、権限配分に関する原則として機能し、これに基づいて地方自治法において地方公共団体の事務が例示されている。

問21　地方公共団体の権限に関する次の記述のうち、妥当なものを1つ選びなさい。

①　租税徴収権限は中央政府にのみ認められており、地方公共団体が課税権の主体となることは、憲法上認められない。

② 条例は地方公共団体の自主法としての性格を有することから、条例の執行の適否に関しては、地方公共団体の司法権の対象となる。

③ 特定の地方公共団体のみに適用される特別法であっても、当該地方公共団体の住民投票において過半数の同意を得れば、国会が制定することができる。

④ 住民投票に法的拘束力を認める制度を、一地方公共団体の条例限りで設けることは、憲法上認められるとするのが通説である。

問22 財産権法定主義と条例による財産権の制限の可否に関し、直接関係のある見解を○、直接関係のない見解を×とした場合、その組合せとして妥当なものを、①〜④の中から1つ選びなさい。

> ア 条例は、住民の選挙で選出された議員で構成される地方議会にて制定される、民主的立法であって、実質的に法律に準じるものである。
> イ 地方公共団体は行政事務に関する条例を制定し、表現の自由や営業の自由などの自由権を制限できるとされている。
> ウ 財産権が全国的取引の対象となるものである場合には、その内容を条例で規制することはできない。
> エ 財産権の内容に関する制限と財産権の行使に関する制限は、区別して考えるべきである。
> オ 事柄によっては、特定又は若干の地方公共団体の特殊な事情により、国において法律で一律に定めることが困難又は不適当なことがあり、その地方公共団体ごとに、その条例で定めることが、容易且つ適切なことがある。

① ア：○　イ：○　ウ：○　エ：○　オ：○
② ア：○　イ：×　ウ：○　エ：○　オ：○
③ ア：○　イ：○　ウ：○　エ：○　オ：×
④ ア：×　イ：×　ウ：×　エ：×　オ：×

問23 地方自治法上の監査に関する次の記述のうち、妥当でないものを1つ選びなさい。

① 監査委員は、必要があると認めるときは、地方公共団体の事務の執行について監査をすることができるが、自治事務に限られており、法定受託事務については、このような監査の対象から除かれている。

② 都道府県と指定都市、中核市は、毎会計年度、当該会計年度に係る包括外部監査契約を、一定の者と締結しなければならない。

③ 地方公共団体が外部監査契約を締結できる者は、地方公共団体の財務管理、事業の経営管理その他行政運営に関し優れた識見を有する者であって、さらに、弁護士や公認会計士等の資格を有する者、あるいは国の行政機関や地方公共団体において監査等の事務に従事した者でなければならない。

④ 監査委員は、毎会計年度少なくとも1回以上期日を定めて、地方公共団体の財務に関する事務の執行及びその経営に係る事業の管理の監査をしなければならない。

問24 地方公共団体の協力方式のひとつである協議会に関する次の記述のうち、妥当なものを1つ選びなさい。

① 協議会は、関係地方公共団体との協議により規約を定めることによって設けられるため、当該協議については、関係地方公共団体の各議会の議決を経ていることが必須である。

② 協議会を設けた場合の総務大臣又は都道府県知事への届出の義務付けは、法令等による自治事務等に係る義務付け等の撤廃・緩和等を行う一連の地方分権一括法によって撤廃されている。

③ 総務大臣又は都道府県知事には、公益上必要のある場合に、関係のある地方公共団体に対してその協議会を設けるべきことを勧告する権限が認められている。

④ 協議会は会長及び委員をもってこれを組織するとされ、会長は関係地方公共団体の長から選任され、委員は学識経験を有する者のうちから協議会の会長が指名するものとされている。

問25 選挙運動に関する次の記述のうち、妥当なものを1つ選びなさい。

① 候補者が、SNSを用いて選挙期日の当日に選挙運動を行うことは許されている。

② 候補者が、後援会入会申込書への記入を依頼することは手段・方法を問わず許されている。

③ 候補者が、電子メールを用いて自らの選挙運動を行うことは許されている。

④ 候補者が、個人演説会の開催を告知するために住居を訪問することは許されている。

問26 地方公共団体の決算に関する次の記述のうち、妥当なものを1つ選びなさい。

① 地方公共団体の監査委員は、毎会計年度、その合議により、決算を調製し、出納の閉鎖後3ヶ月以内に、証書類その他政令で定める書類と合わせて、会計管理者の検査に付さなければならない。

② 地方公共団体の長は、決算を議会の認定に付さなければならず、仮にその認定が得られなかった場合、当該決算に係る支出が違法とみなされ、当該地方公共団体に対するその賠償責任を負わなければならない。

③ 地方公共団体の議会は、決算を認定した場合、長より提出された当該決算に係る会計年度における主要な施策の成果を説明する書類その他政令で定める書類と合わせて、当該決算の要領を住民に公表しなければならない。

④ 地方公共団体の長は、毎年度、前年度の決算の提出を受けた後、速やかに、実質赤字比率等の健全化判断比率及びその算定の基礎となる事項を記載した書類を監査委員の審査に付し、また当該健全化判断比率を公表しなければならない。

問27 民法上の事務管理に関する次の記述のうち、妥当なものを1つ選びなさい。

① 義務なく意思無能力者に代わって相続税を納付した場合、当該納付者の行為は事務管理にあたる。

② 事務管理を始めた場合、当該事務管理者は本人に相当額の報酬を請求することができる。

③ 事務管理者が自己の名義で法律行為をした場合、本人に法的効果が帰属する。

④ 事務管理を開始したとしても、当該事務管理者は一度始めた管理を継続すべき法的義務はない。

問28　当事者訴訟に関する次の記述のうち、妥当なものを1つ選びなさい。
①　実質的当事者訴訟とは、当事者間の法律関係を確認し又は形成する処分又は裁決に関する訴訟で法令の規定によりその法律関係の当事者の一方を被告とするものをいう。
②　形式的当事者訴訟とは、公法上の法律関係に関する確認の訴えその他の公法上の法律関係に関する訴訟をいう。
③　実質的当事者訴訟は、抗告訴訟の対象となる違法な処分の是正を求めるものである。
④　形式的当事者訴訟は、主観訴訟である。

問29　職務執行に対して犯される罪に関する次の記述のうち、妥当なものを1つ選びなさい。
①　地方公共団体のホームページを改ざんして、住民が受けようとする地方公共団体のサービスへのアクセスを不能にした場合、偽計業務妨害罪（刑法233条）と電子計算機損壊等業務妨害罪（刑法234条の2）が成立し、両罪により処罰される。
②　地方公共団体のサーバーにウイルスを送り込んだが、当日業務終了後翌日業務開始前にサーバーの切替えが行われたタイミングであったため、地方公共団体の業務に具体的な支障は生じなかった場合、未遂にとどまり、処罰されない。
③　保健所職員による食品衛生法28条の立入検査を妨害するため、事業者が検査期日に対象事業所を施錠し検査を不能にした場合、暴行・脅迫、威力、偽計のいずれの手段も用いていないため、犯罪は成立しない。
④　聞込みに訪れた交番の警察官1名に対し、夫婦で「帰れ、帰れ。」と怒鳴って、聞込みを不可能にした場合、公務執行妨害罪は成立しない。

問30　取消訴訟に関する次の記述のうち、妥当なものを1つ選びなさい。
①　行政不服審査法上の裁決の取消しを求める訴訟は、行政事件訴訟法に基づき提起することができない。
②　事実行為であっても公権力の行使にあたれば、当該事実行為について取消訴訟を提起することができる。
③　申請に対する不作為についても、取消訴訟の対象とすることができる。
④　出訴期間を過ぎても、処分に重大かつ明白な瑕疵があれば取消訴訟を提起することができる。

問31　債権に関する次の記述のうち、妥当なものを1つ選びなさい。
①　債権は、物に対する直接の権利である。
②　物権と異なり、同じ内容の債権は複数成立する。
③　債権の内容は、公序良俗に反するとしても、当事者が自由に定めることができる。
④　利息債権の法定利率は、固定利率として5％と定められている。

問32　内閣に関する次の記述のうち、妥当なものを１つ選びなさい。

① 政府見解によれば、国の唯一の立法機関は国会であるから、内閣が法律案を提出することはできない。

② 政府見解によれば、予算作成権は内閣にのみ認められているため、内閣が提出した予算を国会が修正することはできない。

③ 最高裁判所の判例によれば、閣議にかけて決定した方針が存在しない限り、内閣総理大臣が行政各部に対しその所掌事務について指導、助言等の指示を与えることはできない。

④ 最高裁判所の判例によれば、衆議院の解散は極めて政治性の高い国家統治の基本に関する行為であるから、裁判所がその有効性を審査することはできない。

問33　地方公共団体の執行機関に関する次の記述のうち、妥当でないものを１つ選びなさい。

① 地方公共団体の長は、衆議院議員又は参議院議員との兼職を禁止されている。

② 地方公共団体の長は、地方公共団体の議会の議員との兼職を禁止されている。

③ 地方公共団体の長は、当該地方公共団体に対し請負をする者及びその支配人又は主として同一の行為をする法人の取締役となることを禁止されている。

④ 地方公共団体の長は、当該地方公共団体が資本金、基本金その他これらに準ずるものの２分の１以上を出資している法人の取締役となることを禁止されている。

問34　請負と委任に関する次の記述のうち、妥当でないものを１つ選びなさい。

① 請負は、当事者の一方がある仕事を完成することを約し、相手方がその仕事の結果に対してその報酬を支払うことを約することによって、その効力を生ずる。

② 請負が仕事の完成前に解除された場合、請負人が既にした仕事の結果のうち可分な部分の給付によって注文者が利益を受けるときは、その部分を仕事の完成とみなし、請負人は、注文者が受ける利益の割合に応じて、報酬を請求することができる。

③ 委任契約は継続的な契約であるので、委任契約を解除することは原則として認められない。

④ 委任は、当事者の一方が法律行為をすることを相手方に委託し、相手方がこれを承諾することによって、その効力を生ずる。

問35　地方公務員（地方公営企業等の労働関係に関する法律が適用されないものに限る）の義務に関する次の記述のうち、妥当でないものを１つ選びなさい。

① 地方公務員は、職務上知り得た秘密を守る義務がある。

② 地方公務員は、政治的行為が制限されているが、それを行っても罰則の適用はない。

③ 地方公務員は、職員団体を組織する団結権は認められていない。

④ 地方公務員は、法令及び上司の命令に従う義務がある。

問36　新型インフルエンザ等対策特別措置法（以下、「法」という）74条は、「この法律の規定により地方公共団体が処理することとされている事務（都道府県警察が処理することとされているものを除く。）は、地方自治法第二条第九項第一号に規定する第一号法定受託事務とする。」と定めている。この規定に関する次の記述のうち、最も妥当でないものを１つ選びなさい。

① 法74条は、法定受託事務を過剰に広げるものであって、地方自治法の定める役割分担原則に適合的ではない。

② 法74条による第一号法定受託事務への振分けにあたっては、地方自治法の定める当該事務の定義規定が立法指針となっている。

③ 法の定める事務については、法定受託事務であることが原則となっているが、それは地方自治法の別表に掲げられる必要がある。

④ 法24条７項は「都道府県対策本部長は、当該都道府県警察及び当該都道府県の教育委員会に対し、当該都道府県の区域に係る新型インフルエンザ等対策を実施するため必要な限度において、必要な措置を講ずるよう求めることができる。」と定めており、この規定に基づいて都道府県警察が講ずる措置は自治事務である。

問37　不当利得に関する次の記述のうち、判例の趣旨や民法の規定に照らし妥当でないものを１つ選びなさい。

① 不法原因給付制度の趣旨は、賭博や婚姻外性関係などの公序良俗に反する行為に基づいて給付を行った者に対して、裁判所は救済しないというクリーンハンズの原則にある。

② 不当利得返還請求の対象物が不動産である場合、当該不動産が不法な原因に基づき引き渡されたのみで、未だ移転登記がされていないときは、受領者は、不法原因給付であることを理由として給付者の不当利得返還請求を拒むことができない。

③ 給付者と受領者の両方に不法な原因がある場合、両者の不法性を比較して、受領者の不法の度合いが大きい場合には、民法708条ただし書きの適用により、不法原因給付を理由として不当利得返還請求を拒むことができない。

④ 不法原因給付が成立し、給付者の受領者に対する不当利得返還請求ができない場合、物権と債権は異なるものであるから、給付者は、なお所有権に基づき、受領者に対して返還請求をすることができる。

　（参考）　民法（明治二九年法律第八九号）
　（不法原因給付）
　第七百八条　不法な原因のために給付をした者は、その給付したものの返還を請求することができない。ただし、不法な原因が受益者についてのみ存したときは、この限りでない。

問38　職務命令に関する次の記述のうち、妥当なものを１つ選びなさい。
　① 旅行命令など公務員個人の勤務条件に関する職務命令は、訓令権の行使による職務命令である。
　② 最高裁判所の判例によれば、上司の職務命令に重大かつ明白な瑕疵がない限り、地方公務員は、

これに従う義務を負う。

③ 職務命令は、もっぱら行政組織の意思決定の統一性を確保するために下級機関としての職員に発せられる。

④ 国の行政機関は、法定受託事務に関して、県知事に対し職務命令を発することができる。

問39 「外国人の人権」に関する次の記述のうち、最高裁判所の判例に照らして妥当でないものを1つ選びなさい。

① 憲法による基本的人権の保障は、権利の性質上日本国民のみをその対象としていると解されるものを除き、在留外国人にも等しく及ぶ。

② 憲法は外国人の入国については何ら規定しておらず、外国人の入国の許否は国家の自由裁量によって決定することができる。

③ 憲法は「国民」が納税の義務を負うと定めていることから、法律によっても在留外国人に納税の義務を負わせることはできない。

④ 国家は限られた財源の下で福祉的給付を行うにあたり、自国民を在留外国人より優先的に扱うことも許される。

問40 行政の実効性確保と条例についての行政代執行法の立場に関する次の記述のうち、妥当でないものを1つ選びなさい。

① 条例によって執行罰の手段を定めることはできない。

② 条例によって直接強制の手段を定めることはできない。

③ 条例によって即時強制の手段を定めることはできない。

④ 条例によって代執行についての特則を定めることはできない。

問41 地方自治法上の外部監査と内部統制等に関する次の記述のうち、妥当でないものを1つ選びなさい。

① 指定都市の市長を除く市町村長には、内部統制の方針を定め、これに基づき必要な体制を整備する努力義務のみが課せられている。

② 都道府県知事が、内部統制の方針を定め、又はこれを変更したときは、遅滞なく、これを公表しなければならない。

③ 地方公共団体が外部監査契約を締結できる者は、地方公共団体の財務管理、事業の経営管理その他行政運営に関し優れた識見を有する者であって、弁護士や公認会計士等の一定の資格を有するものである。

④ 都道府県は、毎会計年度、当該会計年度に係る包括外部監査契約を一定の者と締結しなければならないが、市町村にはこのような義務は課せられていない。

問42　地方公共団体の事務に関する次の記述のうち、妥当なものを1つ選びなさい。

①　第一次地方分権改革は、国から地方公共団体への権限移譲を主眼としたものである。

②　自治事務は、「地域における事務」と同義である。

③　法定受託事務は、その公権力性ゆえに、法律又はこれに基づく政令に特に定められる事務である。

④　自治事務と法定受託事務はいずれも、条例制定権の対象となる。

問43　刑罰に関する次の記述のうち、妥当なものを1つ選びなさい。

①　主刑は死刑に限られる。

②　付加刑は没収に限られる。

③　自由刑は懲役に限られる。

④　財産刑は罰金に限られる。

問44　組織規範に関する次の記述のうち、妥当なものを1つ選びなさい。

①　大臣間の権限をめぐる紛争は、内閣総理大臣が調整する努力義務を負う。

②　地方公共団体の執行機関間の権限をめぐる紛争は、当該地方公共団体の議会の裁定によって決着が図られる。

③　国の行政機関の所掌事務の範囲をめぐる紛争は、最終的に裁判所によって決着が図られる制度が国家行政組織法で設けられている。

④　地方公共団体の執行機関間の所掌事務の範囲をめぐる紛争については、自治紛争処理委員の調停の制度が法定されている。

問45　地方公共団体の財産の1つである公有財産に関する次の記述の空欄に入る語句の組合せとして正しいものを、①〜④の中から1つ選びなさい。

> 公有財産は、地方公共団体において公用又は公共用に供し、又は供することと決定した（　ア　）財産と、これ以外の（　イ　）財産とに分類される。

①　ア：特別　　イ：普通

②　ア：行政　　イ：一般

③　ア：行政　　イ：普通

④　ア：特別　　イ：一般

問46　故意・過失に関する次の記述のうち、妥当なものを1つ選びなさい。

①　結果発生の意図がなくても故意が認められる場合がある。

②　結果発生の予見可能性がなくても過失が認められる場合がある。

③　故意犯には実行行為はない。

④ 過失犯には実行行為はない。

問47 地方公共団体の執行機関に関する次の記述のうち、妥当でないものを1つ選びなさい。
① 長は、当該地方公共団体の事務を管理し及びこれを執行する。
② 副知事及び副市町村長は、地方公共団体の長が議会の同意を得てこれを選任する。
③ 副知事及び副市町村長の定数は、条例で定めることとされている。
④ 副知事及び副市町村長は、必置の機関とされている。

問48 行政指導についての行政手続法の規定内容に関する次の記述のうち、妥当でないものを1つ選びなさい。
① 行政指導に携わる者は、当該行政指導をする際に、行政機関が許認可等をする権限又は許認可等に基づく処分をする権限を行使しうる旨を示すときは、その相手方に対して、当該権限を行使しうる根拠となる法令の条項、上記条項に規定する要件、及び、当該権限の行使が上記要件に適合する理由を示さなければならない。
② 許認可等をする権限又は許認可等に基づく処分をする権限を有する行政機関が、当該権限を行使することができない場合又は行使する意思がない場合においてする行政指導にあっては、行政指導に携わる者は、当該権限を行使しうる旨を殊更に示すことにより相手方に当該行政指導に従うことを余儀なくさせるようなことをしてはならない。
③ 同一の行政目的を実現するため一定の条件に該当する複数の者に対し行政指導をしようとするときは、行政機関は、あらかじめ、事案に応じ、行政指導指針を定め、かつ、行政上特別の支障がない限り、これを公表しなければならない。
④ 法令に違反する行為の是正を求める行政指導は、緊急に行政指導を行う必要があるため書面を作成することができない場合を除き、当該行政指導の趣旨及び内容並びに責任者を記載した書面を交付して行わなければならない。

問49 次の記述のうち、犯罪の成立を阻却する事由として妥当でないものを、①〜④の中から1つ選びなさい。
① 原因において自由な行為
② 正当行為
③ 正当防衛
④ 誤想防衛行為

問50 時効制度に関する次の記述のうち、妥当なものを1つ選びなさい。
① 支払督促がなされた場合には、それが終了するまでの間は、時効は完成しない。
② 裁判上の請求があると、直ちにそれまで進んでいた時効期間がすべて意味を失い、新しい時効

が進行する。

③　所有権や画家に対して肖像画を描いてもらう契約をした場合の画家に対する権利などの金銭債権以外の債権は、時効で消滅することはない。

④　時効期間が満了すると、裁判所は債務者の意思にかかわらず、時効を理由として裁判をすることができる。

問51　地方公共団体の議会に関する次の記述のうち、妥当でないものを1つ選びなさい。

①　議会は、予算について、増額してこれを議決することはできない。

②　予算を定めることは、議会の必要的議決事項とされている。

③　町村は、条例で、議会を置かず、選挙権を有する者の総会を設けることができる。

④　条例を設け又は改廃することは、議会の必要的議決事項とされている。

問52　次の記述のうち、刑法の機能にあたらないものを、①〜④の中から1つ選びなさい。

①　法益保護機能

②　自由保障機能

③　秩序維持機能

④　損害賠償機能

問53　地方公共団体の住民の権利に関する次の記述のうち、妥当でないものを1つ選びなさい。

①　市町村長は、住民の住所の認定について、2以上の都道府県の区域内にある市町村の市町村長の間で意見が分かれ、その協議が調わないときは、主務大臣に対し、その決定を求める旨を申し出なければならない。

②　判例によると、公園内にホームレスがキャンプ用テントを張って起居の場所とし、日常生活を送っているというだけでは、社会通念上、客観的に生活の本拠としての実体を有しておらず、当該テントの所在地に住所を有するものということはできないとされる。

③　市町村長は、転入届が提出された場合、その者が新たに当該市町村の区域内に住所を定めたことが事実であれば、法定の届出事項の内容に合致しているか否か以外の事実を理由として、転入届を不受理とすることは許されないとするのが判例の立場である。

④　地方公共団体の住民ではないが、当該地方公共団体の区域内に事務所や事業所、家屋敷を有するなどして、住民に準ずる地位にある者に対して、公の施設の利用について差別的取扱いをしたとしても、地方自治法に違反することはないとするのが判例の立場である。

問54　地方公務員の身分保障に関する記述として妥当でないものを、①〜④の中から1つ選びなさい。

①　職員は、地方公務員法で定める事由による場合以外は、職員本人の意に反して、免職されることはない。

② 職員は、地方公務員法又は条例で定める事由による場合以外は、職員本人の意に反して、休職されることはない。

③ 職員は、地方公務員法又は条例で定める事由による場合以外は、職員本人の意に反して、降任されることはない。

④ 職員は、条例で定める事由による場合以外は、職員本人の意に反して、降給されることはない。

問55 行政手続における特定の個人を識別するための番号の利用等に関する法律（以下、「番号法」という）に関する次の記述のうち、妥当でないものを1つ選びなさい。

① 市町村長は、番号法に基づく個人番号を指定したときは、当該個人番号を通知カード（氏名、住所、生年月日、性別、個人番号等が記載されたカード）により通知しなければならない。

② 番号法によると、「個人番号カード」とは、氏名、住所、生年月日、性別、個人番号その他政令で定める事項が記載され、本人の写真が表示され、かつ、これらの事項やその他の事項が電磁的方法によって記録されたカードである。

③ 地方公共団体の長その他の執行機関は、社会保障、地方税又は防災に関する事務その他これらに類する事務であって条例で定めるものの処理に関して個人番号を利用することができる。

④ 番号法により住民には個人番号が付番されているが、同法には、法人に対する付番は定められていない。

問56 次の記述のうち、地方公共団体の首長（都道府県知事・市町村長）の多選制限が憲法上許されないとする理由とはいえないものを、①〜④の中から1つ選びなさい。

① 多選を望む住民の選挙権に対する制限となる。

② 立候補者の被選挙権の自由と職業選択の自由の制限となる。

③ 議会と長の相互間における抑制均衡が働かず権力分立を害する。

④ 長の職に就いた者とそうでない者との間での差別的取扱いとなる。

問57　次の電波法の条文を読んで、①〜④の中から最も妥当なものを1つ選びなさい。

電波法（昭和二五年法律第一三一号）
（審査請求の方式）
第八十三条　この法律又はこの法律に基づく命令の規定による総務大臣の処分についての審査請求は、審査請求書正副二通を提出してしなければならない。
（電波監理審議会への付議）
第八十五条　第八十三条の審査請求があつたときは、総務大臣は、その審査請求を却下する場合を除き、遅滞なく、これを電波監理審議会の議に付さなければならない。
（調書及び意見書）
第九十三条　審理官は、審理に際しては、調書を作成しなければならない。
2　審理官は、前項の調書に基き意見書を作成し、同項の調書とともに、電波監理審議会に提出しなければならない。
3　（略）
（議決）
第九十三条の四　電波監理審議会は、第九十三条の調書及び意見書に基づき、事案についての裁決案を議決しなければならない。
（裁決）
第九十四条　総務大臣は、第九十三条の四の議決があつたときは、その議決の日から七日以内に、その議決により審査請求についての裁決をする。
2　裁決書には、審理を経て電波監理審議会が認定した事実を示さなければならない。
3　（略）

①　電波監理審議会は、行政不服審査法上の審査庁である。
②　電波法93条の4に基づく電波監理審議会の議決は、総務大臣を拘束する。
③　電波監理審議会は、補助機関である。
④　電波監理審議会の議決は行政処分であるから、電波監理審議会は行政庁である。

問58　法治主義に関する次の記述のうち、妥当でないものを1つ選びなさい。
①　内閣が政令で元号を定めることは、法治主義に反しない。
②　法律と命令の内容が抵触する場合に命令を優先することは、法治主義に反する。
③　実行時に適法な行為を、事後の法令によって遡って処罰することは、法治主義に反する。
④　議会が制定した法律を最高裁判所が無効とすることは、法治主義に反する。

問59 共犯と錯誤についての次の事例に関する①～④の記述のうち、妥当なものを1つ選びなさい。

（事例）
　XとYは、Aへの暴行を計画し、多少のけがを負わせてもかまわないと考えて、Yが見張りを担当し、XがAの背後から襲撃することとした。薄暗くなった頃、XはやってきたBをAと取り違えて背後から頭部を腕で強打した。すると、思いがけずBから反撃されて劣勢となったため、当初の計画とは異なり、ナイフを出して、死なせてしまうことも覚悟したうえで、Aと思い込んでいたBの胸部を刺突し、死亡させた。

① 具体的符合説に従えば、共謀内容がXのAと認識する者への暴行であったと理解しても、Bの殺害を認識していなかったYにとっては、Bへの襲撃とその死亡は、方法の錯誤と抽象的事実の錯誤の組合せである。

② 法定的符合説に従えば、Xにとっては、方法の錯誤であるから、Bに対する殺人罪が成立する。

③ 判例に従えば、XにはAに対する殺人未遂罪とBに対する殺人罪が成立し、Yには傷害罪が成立する。

④ 具体的符合説、法定的符合説のいずれに従っても、Xの錯誤は具体的事実の錯誤であり、Yの錯誤は抽象的事実の錯誤である。

問60 民事上の強制履行に関する次の記述のうち、妥当なものを1つ選びなさい。

① 金銭債権の直接強制は、債権者の申し出に基づき、裁判所の執行官が債務者のところに出向いて、直接に金銭の支払いをさせるという方法によって行う。

② 代替執行は、債務者でなくても履行できる債務について、第三者に履行させてその費用を債務者に請求することによって債権を実現するという方法によって行う。

③ 間接強制は、債務の履行が不完全な場合にのみ用いる方法で、完全に履行しなければ一定の金銭支払いを課すことにより債務を完全に履行させるという方法によって行う。

④ 債務の内容が不作為債務である場合は、何もしないことが履行であるから、強制的に履行させることができない。

問61 国家賠償法に関する次の記述のうち、妥当なものを1つ選びなさい。

① 国家賠償法によれば、地方公共団体の活動に起因して生じた被害について、損害賠償を求めることはできない。

② 公の営造物の設置管理の瑕疵に起因して生じた被害については、民法上の損害賠償を求めることができるが、国家賠償法上の損害賠償を求めることはできない。

③ 国家賠償法によれば、公権力の行使にあたる事実行為に起因して生じた被害について、損害賠償を求めることができる。

④ 国家賠償法1条1項によれば、違法な行政処分により生じた損害については、当該処分の取消訴訟をあらかじめ提起しておけば、損害賠償を求めることができる。

問62　地方自治の本旨に関する次の記述のうち、最も妥当でないものを 1 つ選びなさい。

①　地方公共団体の権限は、住民の意思に基づいて行使されなければならない。

②　地方公共団体の権限は、国から独立して行使されなければならない。

③　地方公共団体の長は、国の意思決定に関与しなければならない。

④　国と地方公共団体との間では、適切に役割分担をしなければならない。

問63　請負に関する次の記述のうち、判例の趣旨や民法に照らして妥当でないものを 1 つ選びなさい。

①　建物建築請負契約において、完成建物の所有権の帰属に関し特約がなければ、請負人が材料の全部又は主要部分を提供した場合、完成建物の所有権は請負人に帰属し、引渡しによって注文者に所有権が移転すると解されている。

②　仕事の目的が建物を完成させる請負契約の場合であっても、請負人が建物としての存在価値がないような契約に適合しない建物を建築した場合には、契約不適合を理由とする注文者の契約解除権は肯定される。

③　請負契約において、仕事の目的物の種類・品質に関する契約不適合が注文者の供した材料の性質又は注文者の与えた指図によって生じた場合には、請負人がその材料又は指図が不適当であることを知りながら告げなかったときであっても、注文者が契約不適合の原因を与えているので、注文者は担保責任を請負人に行使できない。

④　請負人が種類・品質に関して契約の内容に適合しない仕事の目的物を注文者に引き渡した場合、注文者がその不適合を知った時から 1 年以内にその旨を請負人に通知しないときは、注文者は、その不適合を理由として担保責任を請負人に行使できない。

問64　不法行為に関する次の記述のうち、妥当でないものを 1 つ選びなさい。

①　不法行為による損害賠償請求権は、損害及び加害者を知った時から 3 年で時効消滅する。

②　不法行為による損害賠償請求権は、不法行為の時から20年で時効消滅する。

③　不法行為による損害賠償請求権は、人の生命又は身体への侵害の場合は、損害及び加害者を知った時から 5 年で時効消滅する。

④　不法行為による損害賠償請求権は、人の生命又は身体への侵害の場合は、不法行為の時から10年で時効消滅する。

問65　民法上の代理に関する次の記述のうち、妥当なものを 1 つ選びなさい。

①　Aが甲土地をCに売却する代理権をBに与えていたところ、Bが代金を自己の個人的な借金の返済に充てる意図で、Aの代理人として甲土地をCに売却し、このようなBの意図についてCが知らなかったが、知らないことについて過失があった場合、Bの代理行為は、無権代理行為となる。

②　Aが甲土地をCに売却する代理権をBに与えていないにもかかわらず、AがCに対してBに代理権を与えた旨を表示した場合、Cがこれによって Bに代理権が授与されたことにつき、善意で信頼してＡＣ間の売買契約を締結すれば、Cに過失があったとしても表見代理が成立する。

③ Aが甲土地をCに賃貸する代理権をBに与えていたところ、BがAの代理人として甲土地をCに売却した。この場合、CがAC間の売買契約締結時に、Bに売買契約を締結する代理権があると信じ、信じたことについて正当な理由があったとしても、与えた権限を越えた代理行為であることから、本人保護のために表見代理は成立しない。

④ BはAから甲土地を売却する代理権を授与されていたが、当該代理権の消滅後、Aの代理人と称して甲土地をCに売却した。AC間の売買契約締結時にCがBの代理権が消滅した事実を知らなかったが、知らないことに過失があったに過ぎない場合には、表見代理が成立する。

問66 行政上の義務履行確保と条例に関する次の記述のうち、妥当でないものを1つ選びなさい。

① 条例違反に対する過料は、地方公共団体の長の処分によって科される。

② 条例に罰金刑を規定することはできるが、懲役刑を規定することはできない。

③ 最高裁判所の判例によれば、法律に特別の規定がない限り、地方公共団体は、条例に基づく建築中止命令に相手方が従わない場合、民事訴訟により履行を強制することはできない。

④ 行政代執行法に規定されている代執行の要件を、条例の規定により緩和することはできない。

問67 地方公共団体の議会に関する次の記述のうち、妥当でないものを1つ選びなさい。

① 常任委員会、議会運営委員会及び特別委員会は、地方自治法により、必置の機関とされている。

② 議会は公開が原則であるが、議長又は議員3人以上の発議により、出席議員の3分の2以上の多数で議決したときは、秘密会を開くことができる。

③ 会期中に議決に至らなかった事件は、後会に継続しない。

④ 議長は、議会運営委員会の議決を経て、当該地方公共団体の長に対し、会議に付議すべき事件を示して臨時会の招集を請求することができる。

問68 条例に関する次の記述のうち、妥当なものを1つ選びなさい。

① 条例は、地方公共団体の自治立法であるから、事務の処理に関して条例を制定すべきことを法律が定めることはない。

② 法定受託事務とは、国が本来果たすべき役割に係るものであるから、法定受託事務を処理するために条例を制定することはできない。

③ 条例の効力は、当該区域に居住する住民・事業者のみならず、在学者・在勤者その他旅行者等、当該区域内にいる者に対しても及ぶ。

④ 条例は、個別法律に基づいて制定される行政委員会の規則に違反することは許されない。

問69 「鳥獣の捕獲を禁止する。」という法律の条文があるとする。この条文の解釈に関する①～④の記述のうち、類推解釈にあたるものを1つ選びなさい。

① 鳥獣の捕獲を禁止するのは鳥獣を保護することが目的であるから、「捕獲」には「殺傷」も含

まれる。

② 「殺傷」は「捕獲」には含まれないが、鳥獣の捕獲を禁止するのは鳥獣を保護することが目的
であるから、法の趣旨により同様に禁止される。

③ 法が禁止するのは「捕獲」だけであり、したがって「殺傷」は禁止されていない。

④ 鳥獣の捕獲を禁止するのは鳥獣を保護することが目的であるから、怪我をした鳥獣を治療する
ために獣医が占有下に置くことは、法の禁止する「捕獲」にはあたらない。

問70 失踪宣告に関する次の記述のうち、妥当でないものを1つ選びなさい。

① 不在者の生死が一定期間分明でない場合、家庭裁判所が利害関係人の請求により失踪宣告をす
ることができる。

② 失踪宣告には、普通失踪と特別失踪の2つの種類がある。

③ 失踪宣告がなされると、当該不在者について死亡したものとみなされる。

④ 失踪宣告が取り消された場合であっても、失踪宣告を直接の原因として財産を取得した相続人
は、家庭裁判所の失踪宣告に基づく財産取得である以上、何ら返還を要しない。

第2節　解答と解説

<問1> ④

〔正解〕①（配点15点）

〔解説〕この問題は、民法の物権分野からの出題である。留置権は、当事者間の公平を図るため、一定の要件が存在すれば、当事者の意思に基づかないで法律上当然に成立する法定担保物権であり、当事者間の契約によって成立することはない（民法295条1項）。したがって、①は妥当である。先取特権には様々な種類があり、民法上も数多く規定されている（民法306条以下参照）。もっとも、民法特有の制度ではなく、国税や地方税でも先取特権は認められている（国税徴収法8条、地方税法14条）。したがって、②は妥当でない。質権とは、債権の担保のために債務者又は第三者から受け取った物を占有し、債権の弁済がない場合には、その物から優先的に弁済を受けることができる権利である。質権の目的は、動産（民法352条）の他、不動産（民法356条）、債権等の権利（民法362条1項）もなりうる。したがって、③は妥当でない。抵当権は、抵当権者と抵当権設定者との間で結ばれる抵当権設定契約に基づく約定担保物権であるが、抵当権設定者は、被担保債権の債務者に限られず、第三者であってもなることができる。したがって、④は妥当でない。よって、妥当なものは①であり、正解となる。（基本法務テキスト321～323頁）

<問2> ④

〔正解〕③（配点10点）

〔解説〕この問題は、民法総則の諸制度分野からの出題である。合同行為とは、社団設立行為のように、相対立しない複数当事者の内容と方向を同じくする意思表示の合致によって成立するものをいう。合同行為も意思表示を構成要素とするものであり、法律行為に含まれる。したがって、①は妥当でない。表示行為に対応する内心の効果意思（内心的効果意思）が存在しない場合を意思の不存在とよび、その効果は、無効である。意思の不存在の例としては、心裡留保（民法93条）、虚偽表示（民法94条）を挙げることができ、その効果は無効である。これに対して、錯誤（民法95条）は、「意思表示に対応する意思を欠く錯誤」（同条1項1号）のみならず、「表意者が法律行為の基礎とした事情についてのその認識が真実に反する錯誤」（同項2号）も含むことから、その効果は無効ではなく、取消しである。したがって、②は妥当でない。意思表示に対応する内心的効果意思は存在していても、内心的効果意思を形成する際の動機に詐欺や強迫が作用しており、意思決定が自由に行われない場合を瑕疵ある意思表示とよび、意思表示を取り消すことができる（民法96条3項）。したがって、③は妥当である。法律行為が、強行規定に反するような内容の適法性を欠く場合（民法91条）や、公序良俗に反するような内容の社会的妥当性を欠く場合（民法90条）であれば、無効とされる。したがって、④は妥当でない。よって、正解は③である。（基本法務テキスト299～301，310頁）

<問3> ④

〔正解〕④（配点10点）

〔解説〕この問題は、民法の物権分野からの出題である。民法上、「物」とは、有体物をいうと規定

されており（民法85条）、無体物は、民法上の「物」にはあたらない。したがって、①は妥当でない。民法は、「土地及びその定着物は、不動産とする」（民法86条1項）と規定しており、土地は不動産であるが、自動車は土地の定着物でないので動産である。したがって、②は妥当でない。民法は、249条以下に、複数の人が共同で物を所有する「共有」制度を認めている。したがって、③は妥当でない。不動産として登記をするためには、完成した建物でなくてもよく、まだ床・天井を備えなくても、屋根があり荒壁を塗り終えた建物であれば足りる（大判昭10・10・1民集14巻1671頁）。したがって、④は妥当であり、正解となる。（基本法務テキスト312，318，328頁）

<問4> 1

〔正解〕①（配点15点）

〔解説〕この問題は、憲法分野からの出題である。②については、社保庁事件判決（最判平24・12・7刑集66巻12号1337頁）及び世田谷事件判決（最判平24・12・7刑集66巻12号1722頁）を、③については世田谷事件判決を、④については猿払事件判決（最大判昭49・11・6刑集28巻9号393頁）を、それぞれ参照のこと。他方、社保庁事件判決及び世田谷事件判決によれば、「政治的行為」とは「公務員の職務の遂行の政治的中立性を損なうおそれが、観念的なものにとどまらず、現実的に起こり得るものとして実質的に認められるもの」を指すとされている。したがって、正解は①である。（基本法務テキスト63頁）

<問5> 2

〔正解〕③（配点10点）

〔解説〕この問題は、行政法の行政作用法分野からの出題である。申請は行政手続法2条2号に、届出は同条7号に、行政指導は同条6号に、それぞれ定義規定が置かれているが、行政計画の定義規定は、行政手続法に置かれていない。（基本法務テキスト97，107頁）

<問6> 3

〔正解〕③（配点10点）

〔解説〕この問題は、地方自治法の国又は都道府県の関与分野からの出題である。関与等の手続ルールとして、地方自治法は、書面主義・理由付記（249条・250条の4）、書面交付請求制度（247条・248条・250条）、基準の設定・公表（250条の2第1項・2項）、標準処理期間の設定・公表（250条の3第1項）、到達主義（250条の3第2項・250条の5）を定めている。弁明の機会の付与は、国地方関係の手続ルールとしては定められていない。したがって、正解は③である。（基本法務テキスト273〜275頁）

<問7> 2

〔正解〕③（配点15点）

〔解説〕この問題は、行政法の行政救済法分野からの出題である。最高裁判所は、処分の根拠法規が第三者の利益を一般公益とは区別して個別的に保護する趣旨を含む場合に原告適格を認めており、いわゆる法律上保護された利益説の立場をとる。したがって、①②は妥当でない。不利益処分の名宛人であろうが、処分の相手方以外の第三者であろうが、出訴期間を過ぎた場合には取消

訴訟を提起できないのが原則であるから、④も妥当でない。公衆浴場法に基づく営業許可について、最判昭37・1・19民集16巻1号57頁は、適正配置規制から既存業者の原告適格を認めているので、③は妥当である。（基本法務テキスト140～144頁）

<問8> ②

〔正解〕 ④（配点25点）

〔解説〕この問題は、行政法の行政救済法分野からの出題である。国家賠償法1条2項は、国又は公共団体が同条1項の賠償責任を負う場合において、「公務員に故意又は重大な過失があつたときは、国又は公共団体は、その公務員に対して求償権を有する。」と定めている。したがって、アには「公権力」、イには「故意」、エには「求償」が入る。加害者たる複数の公務員が、求償権者との関係で一体をなすとされているから、ウには連帯が入る。なお、本設問の最高裁判決は、最判令2・7・14民集74巻4号1305頁である。以上により、④が正しい。（基本法務テキスト150頁）

<問9> ②

〔正解〕 ①（配点25点）

〔解説〕この問題は、行政法の行政作用法分野からの出題である。この判決は、授益的行政処分の撤回について、処分の相手方が適格性を欠くことが明らかとなり、当該処分を存続させることが公益に適合しない状態が生じたために行われるものと捉えており、違法行為を行ったことに対する制裁として科されるものとは捉えていないので、①は妥当でない。この判決は、「法令上その撤回について直接明文の規定がなくとも、指定医師の指定の権限を付与されている被上告人医師会は、その権限において上告人に対する右指定を撤回することができる」としており、もともとの行政処分の根拠規定によって行政庁に授けられた権限の中に、当該処分を撤回する権限も含まれていると解釈していると考えられるから、②は妥当である。この判決は、「指定医師の指定の撤回によつて上告人の被る不利益を考慮しても、なおそれを撤回すべき公益上の必要性が高いと認められるから、法令上その撤回について直接明文の規定がなくとも……撤回することができる」としており、授益的行政処分の撤回について、法令上直接明文の規定がなくても可能であるとしつつ、比例原則によりその限界を画するものと考えられるから、③は妥当である。この判決は、「指定医師の指定の性質等に照らすと、……右指定を撤回することができる」としており、授益的行政処分の撤回について、当該処分の性質を考慮に入れて、その可否を判断していると考えられるから、④は妥当である。（基本法務テキスト112頁）

<問10> ③

〔正解〕 ④（配点10点）

〔解説〕この問題は、地方自治法の財務分野からの出題である。地方自治法には、「普通地方公共団体の支出の原因となるべき契約その他の行為（これを支出負担行為という。）は、法令又は予算の定めるところに従い、これをしなければならない。」（地方自治法232条の3）と定められている。よって、④が正しい。（基本法務テキスト240頁）

<問11> **1**

〔正解〕④（配点25点）

〔解説〕この問題は憲法分野からの出題である。①②③は、多数意見が述べるとおりである。他方、④は、愛媛県知事が県の公金から靖国神社等に対して玉串料等を支出した行為を合憲と判断した可部裁判官の反対意見である。なお、多数意見も「本件の玉串料等の奉納に儀礼的な意味合いがあることも否定できない」ことは認めているが、それが「慣習化した社会的儀礼にすぎないものになっているとまでは到底いうことができない」と述べている。したがって、正解は④である。（基本法務テキスト43～44，67～68頁）

<問12> **序**

〔正解〕③（配点10点）

〔解説〕この問題は、序章からの出題である。公布は、国の法令の場合官報への掲載、地方公共団体の条例・規則の場合公報への掲載により行われる。法律、条例はそれぞれ国会、地方議会の議決により成立する。どちらも、予め定められた施行日の到来により施行される。（基本法務テキスト9頁）

<問13> **1**

〔正解〕④（配点15点）

〔解説〕この問題は、憲法分野からの出題である（基本法務テキスト43頁以下）。最近の判決で、最高裁は、「国又は地方公共団体が、国公有地上にある施設の敷地の使用料の免除をする場合においては、当該施設の性格や当該免除をすることとした経緯等には様々なものがあり得ることが容易に想定されるところであり、例えば、一般的には宗教的施設としての性格を有する施設であっても、同時に歴史的、文化財的な建造物として保護の対象となるものであったり、観光資源、国際親善、地域の親睦の場などといった他の意義を有していたりすることも少なくなく、それらの文化的あるいは社会的な価値や意義に着目して当該免除がされる場合もあり得る。これらの事情のいかんは、当該免除が、一般人の目から見て特定の宗教に対する援助等と評価されるか否かに影響するものと考えられるから、政教分離原則との関係を考えるに当たっても、重要な考慮要素とされるべきものといえる。そうすると、当該免除が、前記諸条件に照らし、信教の自由の保障の確保という制度の根本目的との関係で相当とされる限度を超えて、政教分離規定に違反するか否かを判断するに当たっては、当該施設の性格、当該免除をすることとした経緯、当該免除に伴う当該国公有地の無償提供の態様、これらに対する一般人の評価等、諸般の事情を考慮し、社会通念に照らして総合的に判断すべきものと解するのが相当である。」と述べるとともに、久米崇聖会が那覇市松山公園に建設した孔子廟につき市が土地使用料を全額免除していた事件について、「本件免除は、市と宗教との関わり合いが、我が国の社会的、文化的諸条件に照らし、信教の自由の保障の確保という制度の根本目的との関係で相当とされる限度を超えるものとして、憲法20条3項の禁止する宗教的活動に該当すると解する」と判示した（最大判令3・2・24判例地方自治454号26頁）。

<問14> 4

〔正解〕③（配点25点）

〔解説〕この問題は、民法の不法行為分野からの出題である。設例のブロック塀は土地の工作物（民法717条1項）に該当するところ、土地の工作物の設置又は保存に瑕疵がない場合には、占有者のみならず所有者にも民法717条1項に定める土地工作物責任は発生しないので、①は妥当である。共同不法行為（民法719条1項前段）が成立するためには、共同行為者各自の行為が客観的に関連していることが要件となるところ、肢の②の場合、ブロック塀の崩壊の原因は、ZとWの不法行為が重なって生じたものであり、ZもWも互いの設置の不備又は製品の不良について認識していたものであるから、ZとWの行為は客観的に関連しているといえ、Zの過失割合が60％、Wの過失割合が40％であったとしても、いずれも連帯してVに対し全額の賠償義務を負う。したがって、②は妥当である。肢の③の場合、ブロック塀が崩壊した原因について、ZWXの過失が存在する可能性に加えて、その他の原因による発生の可能性が存在し、崩壊原因を確定することができない以上、ZWXの共同行為者のいずれの者が加害したか不明な場合（民法719条1項後段）とはいえず、共同不法行為責任は生じない。したがって、③は妥当でない。設例においてVに不法行為に基づく損害賠償請求権が成立する場合、Vは全治3ヶ月の重傷を負い、人の身体を害する不法行為であるため消滅時効期間は、損害及び加害者を知った時から、3年（民法724条1号）ではなく、5年となる（民法724条の2）。よって、④は妥当である。したがって、正解は③である。（基本法務テキスト373～375頁）

<問15> 2

〔正解〕③（配点15点）

〔解説〕この問題は、行政法の行政作用法分野からの出題である。裁判所が判断代置による審査をすることは行政裁量を認めないことを意味するから、①は妥当である。事実認定については裁判所の審理・判断の対象であり、原則として行政裁量は認められないから、②は妥当である。法律が行政処分の要件につき「公益に反する」のように一義的に明確でない概念を用いている場合、要件裁量が認められる場合があるから、③は妥当でない。法律が行政処分につき基準を示さずに複数の選択肢を規定している場合、処分の選択について行政裁量（効果裁量）が認められると解されるから、④は妥当である。（基本法務テキスト107～112頁）

<問16> 4

〔正解〕④（配点10点）

〔解説〕この問題は、民法の親族・相続分野からの出題である。まず、配偶者は常に相続人となる（民法890条）。次に、血族は、（1）子（同法887条1項）、（2）直系尊属（同法889条1項1号）、（3）兄弟姉妹（同項2号）の順に相続人となる。被相続人に配偶者と子が2人いたときは、まず配偶者が2分の1、子が2分の1の割合となり（民法900条1号）、子が2人なので各4分の1の割合で相続する（同条4号）。したがって、①は妥当でない。被相続人に配偶者と直系尊属である親が2人いたときは、まず、配偶者3分の2、親3分の1の割合となり（民法900条2号）、親が2人なので各6分の1の割合で相続する（同条4号）。したがって、②は妥当でない。被相続人に配偶者と弟がいたときは、配偶者が4分の3、弟が4分の1の割合で相続する（民法900条3号）。

したがって、③は妥当でない。被相続人に子と親がいたときは、子だけが相続する（民法887条1項・889条1項1号）。したがって、④は妥当である。以上から、正解は④となる。（基本法務テキスト379頁）

＜問17＞ 3

〔正解〕④（配点25点）

〔解説〕この問題は、地方自治法の執行機関分野からの出題である。①は、地方自治法250条の7及び同250条の8に規定された国地方係争処理委員会についての定めであり、妥当でない。②は、自治紛争処理委員は調停の打切りにあたって、総務大臣又は都道府県知事の同意を得ることとされており（地方自治法251条の2第5項）、妥当でない。③は、国地方係争処理委員会の調停に関する定めであり（地方自治法250条の19第1項）、妥当でない。④は、妥当である（地方自治法251条の3第1項）。（基本法務テキスト219〜222頁）

＜問18＞ 3

〔正解〕④（配点15点）

〔解説〕この問題は、地方自治法の国又は都道府県の関与分野からの出題である。地方公共団体の処分に対する不服申立てについて国の機関が審査庁として裁決を行った場合、この裁決は裁定的関与とよばれることがあるが、3号関与（地方自治法245条3号）からは除かれており、地方自治法上の関与にはあたらない。したがって、①は妥当である（基本法務テキスト269頁）。地方公共団体による国地方係争処理委員会への審査の申出は、国の関与の効力に影響を及ぼさず、執行停止効等を持つわけではない。したがって、②は妥当である（基本法務テキスト277頁）。国地方係争処理委員会は、審査の申出があった日から90日以内に審査及び勧告を行わなければならない（地方自治法250条の14第5項）。したがって、③は妥当である（基本法務テキスト277頁）。地方公共団体が審査の申出をせず是正の要求にも応じない場合には、国は、国地方係争処理委員会に対する審査申出を前置することなく、不作為違法確認訴訟を提起することができる（地方自治法251条の7）。したがって、④は妥当でない。（基本法務テキスト280頁）

＜問19＞ 2

〔正解〕④（配点10点）

〔解説〕この問題は、地方自治法の地方自治の基本原理と地方公共団体分野からの出題である。憲法は92条以下で、「地方公共団体」と規定するのみで、その種別は地方自治法が定めている（地方自治法1条の3）ので、①は妥当でない。地方自治法は2条1項にて「地方公共団体は、法人とする。」と規定していることからも、市町村は都道府県と同様、法人格を有しているので、②は妥当でない。都の区である特別区は、大都市の事務分掌のために設置される指定都市の区とは異なり、地方公共団体であって議会が設置される。したがって、③は妥当でない。地方自治法は地方公共団体の組合として、一部事務組合と広域連合を定めている（284条1項）ので、④は妥当である。（基本法務テキスト160，164頁）

<問20> 3

〔正解〕③（配点15点）

〔解説〕この問題は、地方自治法の地方公共団体の事務分野からの出題である。役割分担原則は、2000年施行の地方自治法改正において基本理念として定められたものである。したがって、①は妥当でない（基本法務テキスト174〜175頁）。役割分担原則は、国の役割を限定することによって、地方公共団体の総合行政主体としての役割を打ち出したものである。したがって、②は妥当でない（基本法務テキスト174頁）。役割分担原則は、地方公共団体に関する法令の規定の解釈・運用指針としての性格のみならず（地方自治法2条12項等）、国が地方公共団体に関する立法を行う際の立法指針としての性格を有している（同条11項・13項等）。したがって、③は妥当である（基本法務テキスト174〜175頁）。役割分担原則は、事務配分に関する原則としても機能するが、地方公共団体の事務の例示規定は2000年施行の地方自治法改正によって削除された。したがって、④は妥当でない。（基本法務テキスト174頁）

<問21> 1

〔正解〕③（配点15点）

〔解説〕この問題は、憲法分野からの出題である。最判平25・3・21民集67巻3号438頁は、地方公共団体が課税権の主体となることは憲法上予定されていると述べているから、①は妥当でない。地方公共団体には司法権の行使は一般に認められないと解されているから、②も妥当でない。拘束的住民投票制度を条例限りで設けることは認められないと一般には解されるから、④は妥当でない。他方、憲法95条によれば③は認められるから、③は妥当である。（基本法務テキスト55〜58頁）

<問22> 3

〔正解〕①（配点25点）

〔解説〕この問題は、地方自治法の自治立法分野からの出題である。財産権法定主義と条例による財産権の制限に関する議論としては、憲法29条2項「財産権の内容は、公共の福祉に適合するやうに、法律でこれを定める。」の「法律」は、議会制定法である条例を含むという理解があり、また、権利制限・義務賦課を伴う行政事務については条例を制定して執行してきたのであるから、財産権を条例で制限できないとなるとバランスを失するという見解もある。さらに、財産権の内容については法律事項で、その行使については内容の規制と区別し、条例で制限することは可能とするもの、ないしは全国的取引の対象となる財産権の内容については、条例で制限できないとするものもある。選択肢オは、条例による財産権規制を合憲と判断した最高裁判決（最大判昭38・6・26刑集17巻5号521頁（奈良県ため池条例事件判決））の判示内容である。したがって、ア〜オの記述はすべて直接関係のある記述といえ、正解は①となる。（基本法務テキスト179〜180頁）

<問23> 3

〔正解〕①（配点10点）

〔解説〕この問題は、地方自治法の監査と住民訴訟分野からの出題であり、監査について基本的な

知識を確認する問題である。地方自治法199条2項括弧書きによると、監査の対象とすることできないのは、「法定受託事務にあつては国の安全を害するおそれがあることその他の事由により監査委員の監査の対象とすることが適当でないものとして政令で定めるもの」であり、法定受託事務が監査の対象から除かれているわけではないので、①は妥当でない。②は、地方自治法252条の27第2項、地方自治法施行令174条の49の26に関する記述であり、妥当である。③は、地方自治法252条の28第1項に関する内容であり、妥当である。④は、地方自治法199条1項・4項に関する内容であり、妥当である。（基本法務テキスト258～266頁）

＜問24＞ ③

〔正解〕③（配点15点）

〔解説〕この問題は、地方自治法の地方公共団体の協力方式分野からの出題である。協議会のうち、いわゆる連絡調整協議会を設置する場合には、協議に係る関係地方公共団体の議会の議決を経ていることは必要とされていない（地方自治法252条の2の2第3項ただし書き）。よって、①は妥当でない。地方公共団体に対する自治事務等の執行のいわゆる義務付け・枠付けの撤廃・緩和等を行うために、2011年から2019年にかけていわゆる地方分権一括法が9度制定されてきたが、協議会を設けた場合の総務大臣又は都道府県知事への届出の義務付けはなお残っている（地方自治法252条の2の2第2項）。よって、②は妥当でない。都道府県の加入する協議会については総務大臣、その他のものについては都道府県知事は、関係のある地方公共団体に対し、地方公共団体の協議会を設けるべきことを勧告することができる（地方自治法252条の2の2第4項）。よって、③は妥当である。地方公共団体の協議会は会長及び委員をもってこれを組織する（地方自治法252条の2の3第1項）が、当該会長及び委員は、関係地方公共団体の職員のうちから、これを選任するものとされている（地方自治法252条の2の3第2項）。よって、④は妥当でない。（基本法務テキスト282頁）

＜問25＞ ③

〔正解〕③（配点15点）

〔解説〕この問題は、地方自治法の選挙分野からの出題である。選挙運動ができるのは、立候補の届出のあった日から選挙期日の前日までであり、当該期間外の運動は事前運動として禁止される（公職選挙法129条）。よって、①は妥当でない。後援会入会者の募集に名を借りた事前運動や公務員の地位を利用した名簿収集は禁止されている（公職選挙法136条の2第1項）。よって、②は妥当でない。候補者や政党等は、電子メールを使用した選挙運動を行うことができる。よって、③は妥当である。演説会開催を告知する行為は戸別訪問とみなされ、禁止されている（公職選挙法138条2項）。よって、④は妥当でない。（基本法務テキスト195頁）

＜問26＞ ③

〔正解〕④（配点15点）

〔解説〕この問題は、地方自治法の財務分野からの出題である。決算の調製権者は、地方公共団体の監査委員ではなく、会計管理者であり、しかも、会計管理者から決算の提出を受けた長がそれを監査委員の審査に付すものとされている（地方自治法233条1項・2項）。したがって、①は妥

当でない。地方公共団体の長は、決算を監査委員の意見を付けて次の通常予算を議する会議まで
に議会の認定に付さなければならず（地方自治法233条3項）、当該認定の議案が否決されたとき
は、長には当該議決を踏まえて必要な措置を講じることが求められる（同法233条7項）が、当
該決算に係る支出が違法とみなされて当該地方公共団体に対する長の賠償責任義務が生じるわけ
ではない。したがって、②は妥当でない。議会の認定に付した決算の要領を住民に公表するのは
地方公共団体の長であり、かつ、その際、長が決算認定にあたり議会に提出した当該決算に係る
会計年度における主要な施策の成果を説明する書類その他政令で定める書類を合わせて公表する
ことまでは要求されていない（地方自治法233条6項）。したがって、③は妥当でない。地方公共
団体の長は、毎年度、前年度の決算の提出を受けた後、速やかに、健全化判断比率（実質赤字比
率、連結実質赤字比率、実質公債費比率及び将来負担比率）及びその算定の基礎となる事項を記
載した書類を監査委員の審査に付し、その意見を付けて当該健全化判断比率を議会に報告し、か
つ、当該健全化判断比率を公表しなければならない（地方公共団体の財政の健全化に関する法律
3条1項）。したがって、④は妥当である。（基本法務テキスト240〜241頁）

＜問27＞ **4**

〔正解〕①（配点15点）

〔解説〕この問題は、民法の事務管理・不当利得分野からの出題である。判例によれば、義務なく
意思無能力者に代わって相続税を納付したことが事務管理にあたるため（最判平18・7・14裁判
集民220号855頁）、①は妥当である。管理者は原則として報酬を請求することはできないので、
②は妥当でない。管理者が自己の名において法律行為をしたときは、その効果は管理者に帰属す
るものであって、本人には効果帰属しないので、③は妥当でない。事務管理を開始した場合、管
理者は、本人又はその相続人若しくは法定代理人が管理をすることができるに至るまで、事務管
理を継続しなければならない（民法700条本文）ので、④は妥当でない。したがって、正解は①
である。（基本法務テキスト366〜367頁）

＜問28＞ **2**

〔正解〕④（配点10点）

〔解説〕この問題は、行政法の行政救済法分野からの出題である。行政事件訴訟（行政事件訴訟法
2条）のうち、抗告訴訟と当事者訴訟が主観訴訟である。したがって、④は妥当である。①と②
は、説明が逆である。違法な処分の是正を求める訴訟は抗告訴訟であるから、③は妥当でない。
（基本法務テキスト134〜135，139頁）

＜問29＞ **5**

〔正解〕④（配点15点）

〔解説〕この問題は、刑法分野からの出題である。偽計業務妨害罪（刑法233条）と電子計算機損壊
等業務妨害罪（刑法234条の2）の関係は、後者が前者の加重特別規定であり、後者が成立すれ
ば前者は成立しない。したがって、①は妥当でない。サーバーにウイルスを送り込んだが、業務
に具体的な支障は生じなかった場合、未遂にとどまるが、電子計算機損壊等業務妨害罪には2項
に未遂犯処罰規定がわざわざ置かれており、それに該当するため処罰される。したがって、②は

妥当でない。立入検査という業務を妨害する行為は、暴行・脅迫、威力、偽計を用いれば、それ
ぞれ、公務執行妨害罪（刑法95条）、威力業務妨害罪（刑法234条）、偽計業務妨害罪（刑法233条）
が成立するが、そのような手段を用いなくても、食品衛生法のような個別法の中で、検査忌避罪
として定められていることが多く、③の事案はこれに該当する。したがって、③は妥当でない。
公務執行中の地方公務員たる警察官1名に、夫婦2名で「帰れ、帰れ。」と気勢を示す行為は、
暴行・脅迫にはあたらないから、公務執行妨害罪は成立しない。したがって、④は妥当である。
（基本法務テキスト419〜420頁）

<問30> ②

〔正解〕②（配点10点）

〔解説〕この問題は、行政法の行政救済法分野からの出題である。行政事件訴訟法3条3項は、裁
決の取消訴訟について定めているので、①は妥当でない。権力的事実行為は処分にあたるので、
取消訴訟の対象となる。したがって、②は妥当である。申請に対する不作為は、行政事件訴訟法
3条5項に基づき不作為の違法確認の訴えの対象となるが、取消訴訟の対象とはならない。した
がって、③は妥当でない。出訴期間を過ぎると無効等確認訴訟を提起することはできるが、取消
訴訟は提起できない。したがって、④は妥当でない。（基本法務テキスト134〜135，152頁）

<問31> ④

〔正解〕②（配点10点）

〔解説〕この問題は、民法の債権と債務分野からの出題である。物に対する直接の権利は物権であ
り、債権は人に対する権利である。したがって、①は妥当でない。物権は1つの物について1つ
しか成立しない（一物一権主義）が、債権は、同じ内容でも複数成立する。したがって、②は妥
当である。債権の内容は、原則として当事者が自由に定めることができるが、公序良俗に反する
場合は無効となることがある（民法90条）ので、「公序良俗に反するとしても」の部分が誤りで
ある。したがって、③は妥当でない。利息債権の利率の定めがない場合は、法定利率によるが、
法定利率は、現在3％であり、しかも、利率は変動する（民法404条2項・3項）。したがって、
④は妥当でない。以上から、正解は②となる。（基本法務テキスト330頁）

<問32> ①

〔正解〕④（配点10点）

〔解説〕この問題は、憲法分野からの出題である。内閣法5条は内閣に法律案提出権を認めており、
実際そのように運用されているので、①は妥当でない。政府見解によれば、内閣の予算提案権を
損なわない限り国会による予算修正も可能とされているので、②は妥当でない。ロッキード事件
丸紅ルート判決（最大判平7・2・22刑集49巻2号1頁）は「閣議にかけて決定した方針が存在
しない場合においても、……内閣総理大臣は、少なくとも、内閣の明示の意思に反しない限り、
行政各部に対し、随時、その所掌事務について一定の方向で処理するよう指導、助言等の指示を
与える権限を有する」としているので、③は妥当でない。他方、④は苫米地事件判決（最大判昭
35・6・8民集14巻7号1206頁）に照らして妥当である。したがって、正解は④である。（基本
法務テキスト42，44〜46頁）

<問33> ③

〔正解〕④（配点15点）

〔解説〕この問題は、地方自治法の執行機関分野からの出題である。地方自治法によれば、長は、衆議院議員又は参議院議員、地方公共団体の議会の議員並びに常勤の職員及び短時間勤務職員との兼職を禁止され（地方自治法141条）、当該地方公共団体に対し請負をする者及びその支配人又は主として同一の行為をする法人の取締役となることを禁止されている（同法142条）。したがって、①②③は妥当である。なお、長は、当該地方公共団体が資本金等の２分の１以上を出資している法人の取締役を兼ねることを禁止されていない（地方自治法142条、地方自治法施行令122条）。これは、地方公共団体が主体となって設立し、本来その地方公共団体が直接行うことも考えられる事業を代わりに行うという性格を持つ法人については、当該法人に対して地方公共団体の意思をよりよく反映させる観点からのものである。したがって、④は妥当でない。（基本法務テキスト211頁）

<問34> ④

〔正解〕③（配点10点）

〔解説〕この問題は、民法の契約（請負及び委任）分野からの出題である。民法632条は、請負は、当事者の一方がある仕事を完成することを約し、相手方がその仕事の結果に対してその報酬を支払うことを約することによって、その効力を生ずると規定しているので、①は妥当である。民法634条は、（１）注文者の責めに帰することができない事由によって仕事を完成することができなくなった場合、又は、（２）請負が仕事の完成前に解除された場合に、請負人が既にした仕事の結果のうち可分な部分の給付によって注文者が利益を受けるときは、その部分を仕事の完成とみなし、請負人は、注文者が受ける利益の割合に応じて、報酬を請求することができると規定しているので、②は妥当である。委任は、個人的な信頼関係を基礎とし、相手方を信頼できなくなれば、委任者からも受任者からも、いつでも委任契約を解除できるので（民法651条１項）、③は妥当でない。なお、相手方に不利な時期に委任契約を解除したり、あるいは、委任者が受任者の利益をも目的とする委任契約を解除したりしたときは、やむを得ない事由がなければ、相手方の損害を賠償しなければならないとされる（民法651条２項）。民法643条は、委任は、当事者の一方が法律行為をすることを相手方に委託し、相手方がこれを承諾することによって、その効力を生ずると規定しているので、④は妥当である。以上より、正解は③となる。（基本法務テキスト354～355，364～365頁）

<問35> ③

〔正解〕③（配点10点）

〔解説〕この問題は、地方自治法の地方公務員分野からの出題である。地方公務員法34条１項は、「職員は、職務上知り得た秘密を漏らしてはならない。その職を退いた後も、また、同様とする。」と規定しているので、①は妥当である。政治的行為の制約違反は、国家公務員法では懲戒処分及び刑事罰の対象となるが（国家公務員法102条１項・110条１項19号）、地方公務員にあっては刑事罰は科されない（地方公務員法36条）ので、②は妥当である。職員は憲法上の勤労者にあたり、警察・消防を除けば、一般の地方公務員は職員団体を組織するという形での団結権は認められて

いるので、③は妥当でない。「職員は、その職務を遂行するに当つて、法令、条例、地方公共団体の規則及び地方公共団体の機関の定める規程に従い、且つ、上司の職務上の命令に忠実に従わなければならない。」（地方公務員法32条）ので、④は妥当である。（基本法務テキスト232〜235頁）

<問36> 3

〔正解〕①（配点25点）

〔解説〕この問題は、地方自治法の地方公共団体の事務分野からの出題である。役割分担原則は、基本的に国地方関係を規律する原則であり、法定受託事務と自治事務との振分けを直接規律するわけではない。したがって、①は妥当でない。地方自治法2条9項1号は、第一号法定受託事務の定義を行うことによって、法定受託事務への振分けにあたっての立法指針としても機能している。したがって、②は妥当である。法律に定める法定受託事務は、地方自治法の別表に掲げられ、その一覧性が確保されている。したがって、③は妥当である。法24条7項に基づいて都道府県警察が講ずる措置は、法74条において第一号法定受託事務から除外されており、自治事務として性格付けられている。したがって、④は妥当である。

<問37> 4

〔正解〕④（配点15点）

〔解説〕この問題は、民法の不当利得分野からの出題である。不法原因給付制度の趣旨は、道徳的にも清い存在であるはずの裁判所に救済を求めるのであれば、その者に後ろめたいことがあってはならないという法諺に由来するクリーンハンズの原則にあるため、①は妥当である。判例上、不法原因給付が成立するための「給付」として、不当利得返還請求の対象物が登記された不動産である場合、給付者が受領者に引き渡しただけでは足りず、移転登記されたことが必要であるとされているため（最判昭46・10・28民集25巻7号1069頁）、②は妥当である。給付者のみならず受領者にも不法な原因がある場合、両者の不法性を比較して受領者の不法性が大きい場合には、民法708条ただし書きを適用して、給付者の不当利得返還請求を認めるのが判例（最判昭29・8・31民集8巻8号1557頁）・学説であるため、③は妥当である。不法原因給付が成立する場合、判例（最大判昭45・10・21民集24巻11号1560頁）上、不当利得返還請求ができなくなることの反射的効果として、所有権が受領者に帰属することになるため、所有権に基づく返還請求もできなくなる。したがって、④は妥当でない。よって、正解は④である。（基本法務テキスト368〜369頁）

<問38> 2

〔正解〕②（配点15点）

〔解説〕この問題は、行政法の行政組織法分野からの出題である。訓令は、上級機関の指揮権に基づき、行政組織の一体性を確保するために下級機関に発せられるのに対し（国家行政組織法14条2項、地方自治法138条7項・154条など）、職務命令は、個々の公務員個人に対して発せられ、また、訓令と直接関係なく勤務条件等に関して発せられるものもある。したがって、①と③は妥当でない。また、職務命令は上司により発せられるが（国家公務員法98条1項、地方公務員法32条）、国と地方公共団体とは別個の法主体であり、国の行政機関が県知事の上司として職務命令を発することはできないから④も妥当でない。最判平15・1・17民集57巻1号1頁によれば、②

121

は妥当である。（基本法務テキスト87～88頁）

<問39> **1**

〔正解〕③（配点10点）

〔解説〕この問題は憲法分野からの出題である。②は最大判昭32・6・19刑集11巻6号1663頁、④は最判平元・3・2判時1363号68頁のとおりである。外国人に保障される権利の判定基準について、判例は①のとおり性質説を採用しており（最大判昭53・10・4民集32巻7号1223頁）、憲法の各規定において「何人も」と「国民」のどちらの文言が用いられているかによって判断するという文言説は採用していない。学説においても、「国民は、法律の定めるところにより、納税の義務を負ふ」と定める憲法30条は納税義務者の範囲を国民に限定する趣旨ではないと一般に解されている。したがって、妥当でないものは③である。（基本法務テキスト61頁）

<問40> **2**

〔正解〕③（配点10点）

〔解説〕この問題は、行政法の行政作用法分野からの出題である。行政代執行法1条は、「行政上の義務の履行確保に関しては、別に法律で定めるものを除いては、この法律の定めるところによる」と規定しており、ここにいう「法律」には、同法2条との対比から、条例は含まれないと解されているので、個別の法律の委任がない限り、条例によって執行罰、直接強制等の行政上の義務履行確保手段を定めたり、代執行についての特則を定めたりすることはできない。したがって、①②④は妥当である。即時強制は、義務を課さずに実力を行使するものであり、行政上の義務の履行確保の手段ではないから、行政代執行法1条の適用はなく、条例によって定めることはできる。したがって、③は妥当でない。（基本法務テキスト116～117，119頁）

<問41> **3**

〔正解〕④（配点10点）

〔解説〕この問題は、地方自治法の監査と住民訴訟分野からの出題であり、監査や住民訴訟について基本的な知識を確認する問題である。①は、地方自治法150条2項に則した記述であり、妥当である。②は、地方自治法150条3項に則した記述であり、妥当である。③は、地方自治法252条の28第1項に則した記述であり、妥当である。④は、地方自治法252条の36第1項の規定であるが、包括外部監査契約を締結しなければならないのは、都道府県と指定都市及び中核市であるので、妥当ではない。（基本法務テキスト258～266頁）

<問42> **3**

〔正解〕④（配点10点）

〔解説〕この問題は、地方自治法の地方公共団体の事務分野からの出題である。第一次地方分権改革は、国から地方公共団体への権限移譲すなわち地方自治の量的拡充ではなく、機関委任事務制度の廃止による関与の縮減すなわち地方公共団体の自主性・自立性の拡大を主眼としたものである。したがって、①は妥当でない（基本法務テキスト172頁）。「地域における事務」は、自治事務と法定受託事務に区分される。したがって、②は妥当でない（基本法務テキスト172頁）。法定

受託事務は、国の役割との本来的な関連性及びそれゆえの国にとっての適正な処理の確保の必要性という、特別の性質に着目して特に指定される例外的事務である。したがって、③は妥当でない（基本法務テキスト173頁）。自治事務のみならず、法定受託事務も（従前の機関委任事務とは異なり）条例制定権の対象となる。したがって、④は妥当である。（基本法務テキスト172頁）

<問43> 5

〔正解〕②（配点15点）

〔解説〕この問題は、刑法分野からの出題である。死刑、自由刑の懲役・禁錮・拘留、財産刑の罰金・科料は、有罪のときには必ず、そのうちのひとつは言い渡さなければならない刑で、主刑と呼ばれる。懲役と禁錮は令和4年改正で拘禁刑に一元化され6月17日に公布されたが、施行日は公布の日から起算して3年を超えない範囲内において政令で定める日とされ、令和5年3月1日現在未施行である。付加刑は、主刑に付加して科される刑で、没収だけが規定されている。したがって、①③④は妥当でなく、②が妥当である。（基本法務テキスト392頁）

<問44> 2

〔正解〕④（配点15点）

〔解説〕この問題は、行政法の行政組織法分野からの出題である。内閣法7条によれば、主任の大臣間の権限をめぐる疑義については、内閣総理大臣が閣議にかけて裁定することとされている。一方、地方自治法138条の3第3項によれば、首長が、執行機関相互間の権限をめぐる疑義について裁定する権限はないものの、調整する努力義務を負う。したがって、①②は妥当でない。組織規範をめぐる紛争は、行政主体内部にとどまる場合、機関訴訟として特別の規定がない限りは裁判所に訴えて解決することはできない。国家行政組織法にそのような規定はないので、③は妥当でない。地方自治法251条の2第1項により、④が妥当である。（基本法務テキスト93頁）

<問45> 3

〔正解〕③（配点10点）

〔解説〕この問題は、地方自治法の財務分野からの出題である。地方自治法は、「公有財産は、これを行政財産と普通財産とに分類する」（238条3項）と定めるとともに、「行政財産とは、普通地方公共団体において公用又は公共用に供し、又は供することと決定した財産をいい、普通財産とは、行政財産以外の一切の公有財産をいう」（同条4項）と定める。したがって、③が正しい。（基本法務テキスト249頁）

<問46> 5

〔正解〕①（配点10点）

〔解説〕この問題は、刑法分野からの出題である。結果発生の意図がなくても、認識があれば、確定的故意や未必の故意が認められる場合があるので、①は妥当である。過失犯の構造をどう捉えようと、過失には何らかの意味で結果発生の予見可能性は必要であるから、②は妥当でない。故意犯でも過失犯でも、構成要件に規定された行為としての実行行為は認められるから、③④は妥当でない。（基本法務テキスト403，407，409頁）

<問47> ③

〔正解〕④（配点10点）

〔解説〕この問題は、地方自治法の執行機関分野からの出題である。①②③は妥当である（地方自治法148条・162条・161条2項）。副知事及び副市町村長は条例で置かないことができるとされており（地方自治法161条1項）、④は妥当でない。（基本法務テキスト211〜213頁）

<問48> ②

〔正解〕④（配点15点）

〔解説〕この問題は、行政法の行政作用法分野からの出題である。①は行政手続法35条2項により、②は同法34条により、③は同法36条により、それぞれ妥当である。行政指導は口頭で行うこともでき、相手方から書面の交付を求められたときに、行政上特別の支障がない限り、これを交付しなければならないとされているにとどまる（行政手続法35条3項）から、④は妥当でない。（基本法務テキスト113〜114頁）

<問49> ⑤

〔正解〕①（配点10点）

〔解説〕この問題は、刑法分野からの出題である。原因において自由な行為は、直接結果を引き起こした行為（結果行為）を行う時には責任能力を失っていたが、責任能力を失う原因となった行為（原因行為）には自由な意思決定に基づく責任があることを根拠に刑事責任を認める概念で、この行為は、犯罪の成立を認める事由である。したがって、①は妥当でない。正当行為、正当防衛は、刑法35条と36条に規定されている違法性阻却事由であるから、②、③は妥当である。誤想防衛は、故意又は違法性の意識の可能性がなくなる場合であり、判例・通説では常に、少数説でも誤想に相当の理由のある場合に、責任が阻却される事由であるから、④は妥当である。（基本法務テキスト421〜423頁）

<問50> ④

〔正解〕①（配点15点）

〔解説〕この問題は、民法総則の諸制度分野からの出題である。権利者の権利行使が継続的に行われている一定期間の最中は時効が完成しないことを時効の完成猶予という。支払督促（民法147条1項2号）の事由がある場合には、その事由が終了するまでの間、時効は完成しない。したがって、①は妥当である。「裁判上の請求」があると、進行していた時効について、「完成猶予」がされる（民法147条1項1号）。時効の完成が猶予される場合、時効はそのまま進行するが、裁判中に、本来の時効期間の5年又は10年が到来しても、時効は「完成しない」という扱いを受ける。それまで進んでいた時効期間がすべて意味を失い、新しい時効が進行する（これを「更新」という）のは、確定判決によって権利が確定し、裁判上の請求が終了した時である。したがって、②は妥当でない。所有権は、いくら長期間にわたって放置されていても、時効で消滅することはない（民法166条1項と2項を対比）。これに対して、金銭債権以外の債権、例えば、画家に対して肖像画を描いてもらう契約をした場合の画家に対する権利は、5年又は10年の消滅時効にかかる（民法166条1項）。したがって、③は妥当でない。時効期間が経過し、時効によって債権が消滅

しても、債務者が時効を援用しないと、裁判所は、時効を理由に債権が消滅したという扱いをすることができない（民法145条）。したがって、④は妥当でない。（基本法務テキスト305〜307頁）

<問51> 3

〔正解〕①（配点10点）

〔解説〕この問題は、地方自治法の議会分野からの出題である。議会は、予算について増額して議決することが認められており（地方自治法97条2項）、①は妥当でない。②及び④は、地方自治法96条1項に定めるところであり、妥当である。③は、地方自治法94条に定めるところであり、妥当である。（基本法務テキスト209，213頁）

<問52> 5

〔正解〕④（配点10点）

〔解説〕この問題は、刑法分野からの出題である。法益保護機能と自由保障機能は、刑法の最も重要な2つの基本機能である。法益の保護を通して秩序が維持されることなどから、秩序維持機能が刑法の目的のひとつとして挙げられることも多い。これに対して、損害賠償は民事法の機能のひとつであり、刑法の機能ではない。したがって、刑法の機能でないものは④である。（基本法務テキスト396〜397頁）

<問53> 3

〔正解〕④（配点15点）

〔解説〕この問題は、地方自治法の住民の権利義務分野からの出題である。①は、住民基本台帳法33条1項の定めるところであり、妥当である。②は、最判平20・10・3判時2026号11頁の判示であり、妥当である。③は、最判平15・6・26判時1831号94頁の判示であり、妥当である。④は、最判平18・7・14民集60巻6号2369頁の判示とは異なる内容であり、妥当ではない。（基本法務テキスト188〜192，242頁）

<問54> 3

〔正解〕③（配点15点）

〔解説〕この問題は、地方自治法の地方公務員分野からの出題である。職員の意に反する処分について、地方公務員法27条2項は、同法で定める事由による場合以外は降任又は免職されず、同法又は条例で定める事由による場合以外は休職されず、また、条例で定める事由による場合以外は降給されない旨を定めている（①②④は正しいが、③は誤り）。（基本法務テキスト228頁）

<問55> 3

〔正解〕④（配点15点）

〔解説〕この問題は、地方自治法の住民の権利義務分野からの出題であり、特に番号法についての基本的な知識を問う問題である。①は、番号法7条1項の記述であり、妥当である。②は、番号法2条7項の記述であり、妥当である。③は、番号法9条2項に則した内容であり妥当である。④は、番号法は法人番号についても定めている（番号法39条）ので妥当でない。（基本法務テキ

スト190〜191頁）

<問56> **1**

〔正解〕③（配点15点）

〔解説〕この問題は、憲法分野からの出題である。多選制限は住民の選挙権、立候補者の被選挙権・職業選択の自由を制約するため、①②は多選制限が憲法上許される理由として妥当である。また多選制限は、以前長の職に就いたことがあるという理由で被選挙権を制限するものであるから、平等権違背のおそれがあり、④も妥当である。これに対して、多選制限は権力の集中肥大を防止する点で権力分立を推し進めるものであるから、③は理由として妥当でない。よって、③が正解である。（基本法務テキスト51〜52頁）

<問57> **2**

〔正解〕②（配点25点）

〔解説〕この問題は、行政法の行政組織法分野からの出題である。専門的知見の活用、行政過程の公正中立性の確保、利害調整等を目的として、行政庁の諮問を受けて答申を行う権限を有する機関を諮問機関という。電波監理審議会は、諮問機関として権限を行使することもあるが、電波法94条1項によれば、総務大臣は、「その議決により審査請求についての裁決をする」とあることから、当該議決は総務大臣を拘束する。この限りで電波監理審議会は参与機関ということになる。したがって、②が妥当である。また、裁決をするのは総務大臣であるから、総務大臣が審査庁である。以上により、他の選択肢は妥当でない。（基本法務テキスト88〜89頁）

<問58> **1**

〔正解〕④（配点10点）

〔解説〕この問題は、憲法分野からの出題である。元号法はその1条で「元号は、政令で定める」としていること、元号は国民の権利義務に直接関わる事項ではないことから、①は妥当である。法律と命令が衝突する場合には必ず法律が優先するから、②は妥当である。法の不遡及は法治主義の要請であるから、③は妥当である。他方、違憲審査権の行使は最高法規である憲法に基づくものであるから、法治主義には反しないので、④は妥当でない。よって、④が正解である。（基本法務テキスト32〜34頁）

<問59> **5**

〔正解〕④（配点25点）

〔解説〕この問題は、刑法分野からの出題である。事例は、Xにとっては、客体の錯誤と具体的事実の錯誤の組合せであり、Yにとっては、一般的に理解する限り、方法の錯誤と抽象的事実の錯誤の組合せである。この場合、判例、法定的符合説では、XにはBに対する殺人罪が成立し、YにはBに対する傷害致死罪が成立する。これに対し、具体的符合説では、YにはBに対する罪は成立せず、Aに対しても罪は成立しないという、法感覚に沿わない結論になる。しかし、Aへの暴行という共謀内容を、XがAと認識する者への暴行と理解しなおすことも可能で、そうすると、Yにとっては客体の錯誤と抽象的事実の錯誤の組合せとなる。そして、具体的符合説でも構成要

件の重なりを認める限り、Bに対する傷害致死罪が成立する。したがって、①は、共謀内容がX
の認識するAへの暴行であったと理解しても、方法の錯誤と抽象的事実の錯誤の組合せであると
する点で妥当でない。②は、Xにとっては方法の錯誤であるとする点で妥当でない。③について
は、XにAに対する殺人未遂罪の成否について明言した判例はないが、Yに傷害罪が成立すると
して、致死の責任を問わないのは、判例と異なる。④については、Xの錯誤はAに対する殺人罪
とBに対する殺人罪という同一構成要件内の錯誤つまり具体的事実の錯誤であり、Yの錯誤は傷
害（致死）罪と殺人罪という異なる構成要件間の錯誤つまり抽象的事実の錯誤であり、この点、
具体的符合説、法定的符合説で異ならない。したがって④が妥当である。（基本法務テキスト407
～411頁）

＜問60＞ 4

〔正解〕②（配点15点）

〔解説〕この問題は、民法の債権と債務分野からの出題である。直接強制は、国家機関が直接に債
務の内容を実現させることであるが、金銭債権の場合、債務者の財産を強制的に差し押さえて競
売にかけ、その売却金から回収するという方法による強制履行である。債務者に直接に支払いを
させるというわけではない。したがって、①は妥当でない。代替執行は、債務者でなくても履行
できる債務を第三者に履行させてその費用を債務者に請求するという方法による強制履行であ
る。したがって、②は妥当である。間接強制は、債務を履行するまで一定の金銭支払いを課する
ことで間接的に履行させることであるが、債務の履行が不完全な場合に限らず、債務がまったく
履行されない場合にも用いることができる。したがって、③は妥当でない。不作為債務であって
も、何らかの方法で強制履行させることはありうるから、④は妥当でない。間接強制の例として
は、夜10時以降ピアノを弾かないという債務について、債務を履行するまで一定の金銭の支払い
を課する（違反した場合に１万円を支払わせるなど）という方法が考えられる。さらに、不作為
債務の不履行の結果が残る場合、その除去なども請求できる（民事執行法171条１項２号）。以上
から、正解は②となる。（基本法務テキスト332頁）

＜問61＞ 1

〔正解〕③（配点10点）

〔解説〕この問題は、行政法の行政救済法分野からの出題である。国家賠償法１条１項にいう「公
共団体」には地方公共団体が含まれると解されているので、①は妥当でない。国家賠償法２条１
項によれば、公の営造物の設置管理の瑕疵に起因して生じた被害については損害賠償請求が可能
であるから、②も妥当でない。国家賠償法１条１項にいう「公権力の行使」は、権力性のある事
実行為も含まれると解されているので、③は妥当である。発生した損害の金銭賠償を求めること
は、その原因である行政処分の効力を覆滅させることにはならないので、国家賠償訴訟を提起す
る前に取消訴訟をあらかじめ提起する必要はない。したがって、④は妥当でない。（基本法務テ
キスト147、150、152頁）

<問62> ①

〔正解〕③（配点10点）

〔解説〕この問題は、憲法分野からの出題である。地方自治の本旨は住民自治と団体自治の２つを意味すると理解されており、①は住民自治、②は団体自治を意味している。また、④の国と地方自治の適切な役割分担が「地方自治の本旨」に含まれるとする見解も有力である（小早川光郎「地方分権改革」公法研究62号170頁）。他方、③は連邦制にはあてはまるが、地方自治には当てはまらないから妥当でない。したがって、③が正解である。（基本法務テキスト49〜50頁）

<問63> ④

〔正解〕③（配点15点）

〔解説〕この問題は、民法の契約（請負）分野からの出題である。建物建築請負契約において、完成建物の所有権の帰属に関し、特約があれば特約が優先する。判例は、特約がない場合に、材料の全部又は主要部分を提供する者が誰かによって所有権の帰属を区別していて（材料主義）、注文者が材料の全部又は主要部分を提供する場合には、原始的に注文者に所有権が帰属するとする一方、請負人が材料の全部又は主要部分を提供する場合には、原始的に請負人に所有権が帰属し引渡しによって注文者に所有権が移転すると解する見解に立っている（大判大３・12・26民録20輯1208頁、大判昭７・５・９民集11巻824頁など）。したがって、①は妥当である。改正前の民法では、建物その他の土地の工作物については、契約解除を制限する規定が置かれていたが（改正前民法635条ただし書き）、改正民法では、仕事の目的物が建物その他の土地の工作物であっても、契約不適合を理由とする注文者の契約解除権は制限されていない。請負人が建物としての存在価値がないような契約に適合しない建物を建築した場合には、解除を制限する理由はないからである。したがって、②は妥当である。請負契約において、仕事の目的物の種類・品質に関する契約不適合が注文者の供した材料の性質又は注文者の与えた指図によって生じた場合には、注文者は契約不適合を理由とする担保責任を行使できないが、請負人がその材料又は指図が不適当であることを知りながら告げなかったときには、注文者は担保責任を請負人に行使できるとされている（民法636条）。したがって、③は妥当でない。請負人が種類・品質に関して契約の内容に適合しない仕事の目的物を注文者に引き渡した場合、注文者がその不適合を知った時から１年以内にその旨を請負人に通知しないときは、注文者は、その不適合を理由として、担保責任を請負人に行使できないとされる（民法637条１項）。したがって、④は妥当である。なお、仕事の目的物を注文者に引き渡した時において、請負人が仕事の目的物の契約不適合を知り又は重大な過失によって知らなかった場合には、注文者は、その不適合を理由として担保責任を請負人に行使できる（民法637条２項）。以上より、正解は③となる。（基本法務テキスト354〜355頁）

<問64> ④

〔正解〕④（配点10点）

〔解説〕この問題は、民法の不法行為分野からの出題である。不法行為による損害賠償請求権は、損害及び加害者を知った時から３年で時効消滅するから（民法724条１号）、①は妥当である。不法行為の時点から20年経過したときも時効消滅する（民法724条２号）から、②は妥当である。人の生命又は身体を害する不法行為による損害賠償請求権の消滅時効については、損害及び加害

者を知った時から３年ではなく損害及び加害者を知った時から５年に伸長される（民法724条の２）から、③は妥当である。人の生命又は身体への侵害の場合であっても、不法行為の時点から20年経過したときに時効消滅する（民法724条２号）ので、④は妥当でない。したがって、正解は④である。（基本法務テキスト373, 375頁）

<問65> 4

〔正解〕①（配点25点）

〔解説〕この問題は、民法総則の諸制度分野からの出題である。①代理人が自己又は第三者の利益を図る目的で代理権の範囲内の行為をした場合（代理人の権限濫用行為）、相手方が代理人の権限濫用の意図を知り、又は知ることができたときは、その行為は、代理権を有しない者がした行為（無権代理）とみなす（民法107条）。したがって、①は妥当である。②代理権を与えていないにもかかわらず、本人が第三者（代理行為の相手方）に対して代理権を与えた旨を表示した場合に、相手方がこれによって代理権が授与されたと善意無過失で信頼して取引を行ったときには、表見代理が成立する（民法109条１項）。すなわち、代理権授与の表示による表見代理が成立するためには、第三者は、他人に代理権を与えられていないことにつき、善意無過失であることが必要である（同項ただし書き）。したがって、②は妥当でない。③本人が代理人に何らかの代理権（基本代理権）を与えたところ、代理人が与えられた権限を超えて代理行為をした場合、第三者が基本代理権を超えた部分についても代理権があると正当な理由をもって信じた（善意無過失）ときにも、表見代理が成立する（民法110条）。したがって、③は妥当でない。④他人に代理権を与えた者は、代理権の消滅後にその代理権の範囲内においてその他人が第三者との間でした行為について、代理権の消滅の事実につき善意無過失の第三者に対してその責任を負う（民法112条１項）。したがって、④は妥当でない。（基本法務テキスト302頁）

<問66> 2

〔正解〕②（配点15点）

〔解説〕この問題は、行政法の行政作用法分野からの出題である。条例違反に対する過料（地方自治法14条３項）は、長の行政処分によって科される（同法255条の３）から、①は妥当である。地方自治法14条３項により、条例に「二年以下の懲役若しくは禁錮、百万円以下の罰金、拘留、科料若しくは没収の刑」を科す旨の規定を設けることができるから、②は妥当でない。③は、最判平14・7・9民集56巻6号1134頁により、妥当である。行政代執行法１条にいう「法律」には、同法２条で「法律（法律の委任に基く……条例を含む。以下同じ。）」とされていることとの対比から、条例は含まないと解されているので、行政代執行法に規定されている代執行の手続を、条例の規定により緩和することはできない。したがって、④は妥当である。（基本法務テキスト116〜119頁）

<問67> 3

〔正解〕①（配点15点）

〔解説〕この問題は、地方自治法の議会分野からの出題である。地方自治法109条１項は、常任委員会、議会運営委員会及び特別委員会について、条例で置くことができるとしており、必置の機関

とはされていない。したがって、①は妥当でない。②は、地方自治法115条１項の定めるところであり、妥当である。③は、地方自治法119条の定めるところであり、妥当である。④は、地方自治法101条２項の定めるところであり、妥当である。（基本法務テキスト215～216頁）

<問68> 3

〔正解〕③（配点15点）

〔解説〕この問題は、地方自治法の自治立法分野からの出題である。条例は地方公共団体の自治立法であることは間違いないが、法律で条例をもって定めるべきことを規定する場合があり、その例として、公の施設の設置・管理に関する事項（地方自治法244条の２第１項）、風俗営業の規制に関する事項（風俗営業等の規制及び業務の適正化等に関する法律13条）等がある。法定受託事務は、国が本来果たすべき役割に係る事務であるが、あくまでも自治体の事務なので、当該事務を処理するために条例を定めることは可能である。条例の効力の及ぶ範囲は、③の通りである。行政委員会の規則は、法令、条例、長の規則に違反することができない（地方自治法138条の４第２項）。したがって、妥当なものは③である。（基本法務テキスト178，183，185頁）

<問69> 序

〔正解〕②（配点15点）

〔解説〕この問題は、序章からの出題である。①は「捕獲」に「殺傷」が含まれるとしているので拡張解釈、②は「捕獲」に「殺傷」は含まれないとしつつも類似しているものとして同じように法により禁止されるという解釈なので類推解釈、③は法が「捕獲」のみ禁止していることの反面として「殺傷」は禁じられないという解釈なので反対解釈、④は「捕獲」を通常よりも狭い意味で解しているので「縮小解釈」である。したがって、②が正解である。（基本法務テキスト12頁）

<問70> 4

〔正解〕④（配点10点）

〔解説〕この問題は、民法総則の諸制度分野からの出題である。失踪宣告は、不在者の生死が一定期間分明でない場合に、家庭裁判所が利害関係人の請求により失踪宣告をして、不在者を死亡したものとみなす制度であるから（民法30条）、①は妥当である。失踪宣告には、失踪期間の経過として、最後の音信があった時から７年間を要する普通失踪と、危難が去った時から１年間を要する特別失踪の２種類があるため（民法30条）、②は妥当である。失踪宣告がなされると、普通失踪及び特別失踪のいずれの場合も、当該不在者について死亡したものとみなされるため（民法31条）、③は妥当である。なお、普通失踪の場合は、失踪期間が満了した時に、特別失踪の場合は危難が去った時に死亡したものとみなされる。失踪宣告が取り消された場合、失踪宣告を直接の原因として財産を取得した相続人などはその財産を返還する必要があるため（民法32条２項）、④は妥当でない。なお、当該財産の返還義務の範囲について、通説は、失踪者が生存していることを知らなかった場合などの善意の場合、民法32条２項により現に利益を受けている限度とし、悪意であれば民法704条により返還の範囲が拡張されるとしている。したがって、正解は④である。（基本法務テキスト296～298頁）

第4章　自治体法務検定　政策法務（2022年度2月）

第1節　問題

問1　稟議制に関する次の記述のうち、妥当なものを1つ選びなさい。

①　稟議制は、首長が決裁する制度であるため、部長や課長などが決裁することはない。

②　稟議制は、決裁の過程で起案した内容が修正されることなく、担当者の意見が尊重される。

③　稟議制は階統型の組織構造に適合しているため、民間組織でもこの方式が採用されることがある。

④　稟議制は、担当者が起案し決定権者の決裁によって意思決定に至るため、会議により決定された内容を回議することはない。

問2　地方分権改革の理念と戦略に関する次の記述のうち、妥当でないものを1つ選びなさい。

①　地方分権改革の目標は、国民がゆとりと豊かさを実感できる社会の実現である。

②　地方分権改革の目的は、地方分権改革の目標を実現するために個性豊かで活力に満ちた地域社会の実現である。

③　地方分権改革の手段は、国と地方の関係を「上下・主従」から「対等・協力」へ改めることが必要であるというものである。

④　中央集権体制の制度を維持しつつ、本来の地方自治の姿も実現するための取組みが地方分権改革である。

問3　行政手法に関する次の記述のうち、妥当でないものを1つ選びなさい。

①　計画的手法とは、規制的手法や誘導的手法の目指すべき目標を行政計画として定めるものであるが、計画内容が抽象的すぎると計画策定が無意味になり、成果を期待できないというデメリットがある。

②　計画的手法の典型として、地方自治法は、まちづくりの基本方針を示す「基本構想」の策定義務を市町村に課している。

③　契約的手法とは、関係者の合意によって契約を交わし、一定の行政目的を達成しようとするものであるが、契約当事者以外には効果が出にくいといったデメリットがある。

④　NPO等との連携・協力による行政目的の実現は、民間活力活用手法にも、協働促進手法にも分類可能である。

問4　以下の文章は、新型インフルエンザ等対策特別措置法（令和3年法律第36号による改正後のもの・本問において「法」という）の抜粋である。これに関する次の①～④の記述のうち、妥当なものを1つ選びなさい。

○ 新型インフルエンザ等対策特別措置法（平成二四年法律第三一号）

（感染を防止するための協力要請等）

第四十五条（略）

2　特定都道府県知事は、新型インフルエンザ等緊急事態において、新型インフルエンザ等の
まん延を防止し、国民の生命及び健康を保護し、並びに国民生活及び国民経済の混乱を回避
するため必要があると認めるときは、……興行場……その他の政令で定める多数の者が利用
する施設を管理する者又は当該施設を使用して催物を開催する者〔施設管理者等〕に対し、
当該施設の使用の制限若しくは停止又は催物の開催の制限若しくは停止その他政令で定める
措置を講ずるよう要請することができる。

3　施設管理者等が正当な理由がないのに前項の規定による要請に応じないときは、特定都道
府県知事は、新型インフルエンザ等のまん延を防止し、国民の生命及び健康を保護し、並び
に国民生活及び国民経済の混乱を回避するため特に必要があると認めるときに限り、当該施
設管理者等に対し、当該要請に係る措置を講ずべきことを命ずることができる。

（略）

5　特定都道府県知事は、第二項の規定による要請又は第三項の規定による命令をしたときは、
その旨を公表することができる。

第七十九条　第四十五条第三項の規定による命令に違反した場合には、当該違反行為をした者
は、三十万円以下の過料に処する。

① 法45条3項に基づき、当該施設の使用の停止を命じたにもかかわらず相手方がこれに従わない
場合、都道府県知事は行政代執行法により代執行を行うことができる。

② 法45条5項は、いわゆる違反事実の制裁的な公表を行う規定であって、違反者が要請や命令に
従うことを期待して行われるものであるという解釈も可能である。

③ 法79条の過料は、命令の違反者に対して当該特定都道府県知事が過料処分の形式で科し、相手
方に対しては弁明の機会を与えなければならないことが地方自治法で規定されている。

④ 法79条の過料は、一定の期限を定めて過料処分を行うことを予告し、期限までに措置義務の履
行がない場合にこれを強制徴収するもので、履行があるまで反復的に科すことができる。

問5　評価・争訟法務に関する次の記述のうち、妥当なものを1つ選びなさい。

① 評価・争訟法務とは、立法事実の変化や争訟の発生を契機に、自治体が法律・条例の内容や法
執行の状況を評価・見直し、その結果を法執行の改善や条例の制定改廃などにつなげていく取組
みである。

② ヘイトスピーチの規制を目的とする条例を制定したにもかかわらず、当初の制定目標がほとん
ど達成されなかった場合に、条例の抜本的見直しを検討することは、争訟法務に該当する。

③ 不当な差別的言動を繰り返したために罰金を科された相手方から提起された争訟に適切に対応
するとともに、争訟を契機に条例の内容や法執行を評価・見直し、その改善を図ることは、評価
法務に該当する。

④ 評価・争訟法務は、法務マネジメントサイクルの「Plan」の段階に相当する。

問6　自治体の長の多選制限に関する次の記述のうち、妥当でないものを1つ選びなさい。

①　都道府県レベルで長の多選自粛条例が最初に制定された例として、「埼玉県知事の在任期間に関する条例」がある。

②　自治体において長の多選制限が試みられることの背景・理由には、長の権限行使に一定の制約をかけることで、自治体の健全性を確保しようとする点があげられる。

③　国においても、長の多選制限を内容とする公職選挙法や地方自治法の改正が試みられてきたが、法制度上の実現には至っていない。

④　長に対する不利益な取扱いの是非など、長の多選制限に関わる憲法上の論点は、住民自治を確保するといった多選制限の目的をもってしてもクリアすることが難しい。

問7　地方自治特別法に関する次の記述のうち、妥当でないものを1つ選びなさい。

①　首都建設法（昭和25年制定、現在廃止）は地方自治特別法として扱われ、住民投票が実施されたが、同法の後を引き継いだ首都圏整備法（昭和31年制定）は地方自治特別法に該当しないという扱いであった。

②　北海道開発法は、適用地域を指定するが、自治体を指定することなく国が（北海道開発庁を設置して）自ら実施する法律であり、地方自治特別法としては扱われなかった。

③　地方自治特別法として住民投票が行われた例のひとつとして「明日香村における歴史的風土の保存及び生活環境の整備等に関する特別措置法」を挙げることができる。

④　法律本体で適用対象自治体を特定せず、政令に委任して特定する場合は、地方自治特別法として扱われていない。

問8　「行政機関の保有する情報の公開に関する法律」における行政文書に関する次の記述のうち、妥当なものを1つ選びなさい。

①　行政文書は、実施機関の職員が作成したものに限られ、市民や事業者などの私人が作成した文書を取得したものは私文書に当たる。

②　組織的に用いる文書であっても、官報、新聞等や広報資料など、容易に入手することができるものについては、行政文書には当たらない。

③　行政機関の職員が送受信した電子メールは、一対一でのやりとりを基本とする電子メールの性質上、収受や起案など組織内部の事務処理を経て保存されているものに限り、行政文書に当たる。

④　公立の博物館、大学等において、歴史的・文化的な資料又は学術研究用の資料として特別の管理がなされているものも、行政文書に当たる。

問9　政策の過程（プロセス）に関する次の記述のうち、「政策の窓」理論の説明として妥当なものを1つ選びなさい。

①　この理論は、政策過程をいくつかの段階に区分して説明しようとするモデルであり、その中でも標準的なのは、課題設定、立案、決定、執行、評価という5段階モデルである。

② この理論は、政策課題の設定に注目するものであり、既存の政策から利益を得ている者は、問題があっても隠ぺいし、政策課題に乗らないようにするかもしれないといった非決定権力の存在などの現実に焦点を当てるものである。

③ この理論は、政策決定のプロセスには、問題の認識、政策案の形成、政治の3つの流れがあり、これらがある時期に合流すると、政策が決定にいたるというモデルである。

④ この理論は、政策決定に当たって、他の主体が採用した政策を参照して政策をつくる結果、内容の類似した政策が次第に広がっていくという考え方である。

問10 人権と条例に関する次の記述のうち、妥当なものを1つ選びなさい。

① 法律より条例の方が住民ニーズを的確に反映することができ、人権への配慮も十分にできる。

② 条例に罰則を定める場合、いろいろな事案にも対応できるよう、その対象が抽象的になることはやむを得ない。

③ ラブホテル規制条例などのゾーニング条例は、財産権を制約する内容を含むことが多く、過度な制約に陥らないよう比例原則を踏まえた検討が必要である。

④ 条例制定に当たっては、必要性や公益性などの実質的内容のチェックが果たされていれば十分である。

問11 委任条例に関する次の記述のうち、妥当なものを1つ選びなさい。

① 必ず条例で定めなければならない必置事項を委任元の法律が規定していても、当該法律の趣旨に反しなければ、自治体は、必置事項に関する条例制定を例外的に免除される。

② 補助金交付は、法律や条例の根拠なしに行うことが可能であるが、その交付要件を条例で定めるように法律が規定している場合には、自治体は条例を整備しなければならない。

③ 条例で定めるか否かが自治体の判断に委ねられる任意事項について、条例が設けられない場合には、当該事項についての事務は、執行されないことになる。

④ 罰則については、法令に特別の定めがある場合を除き、自治体が条例で規定を設けることは認められない。

問12 自治体による法の解釈運用に関する次の記述のうち、妥当なものを1つ選びなさい。

① 法を執行するに当たってはその法の解釈を適切に行うことが必要となるのに対して、条例案を立案するなどの立法法務の場面においては、オリジナリティが重要な価値をもつとされているため、既存の関係法の解釈が必要となることはない。

② 法の解釈運用においては、事実を正しく認定し（事実認定）、その事実に関して法的な効果を定める法を発見し（法の検認）、その事実が問題となっている規定の要件を充足しているかどうかを考える（法の当てはめ）という作業を行うことが通常である。

③ 国の法令の解釈についての最終的な判断権者が裁判所であるのに対し、条例の解釈についての最終的な判断権は、その条例を定めた自治体自身が有する。

④　裁判所は法令の解釈に関して広い判断権を有しているため、自治体は、具体的な紛争が発生するよりも前に裁判所に相談して、法令の解釈に関する疑義を事前に解消しておくことが望ましい。

問13　組織的な評価法務の取組みに関する次の記述のうち、妥当でないものを1つ選びなさい。

①　神奈川県は、一元的なルールを定めて、定期的に条例全体の見直しを行う仕組みを、全国で初めて導入した。

②　神奈川県における条例の見直しシステムでは、必要性、有効性、効率性、基本方針適合性、適法性の5つの視点から見直しが行われている。

③　行政リーガルドック事業とは、自治体が行う事務を丸ごとドックに入れて、法務担当課が法的検討を加え、その結果を原課にフィードバックすることで、事業の適法性・妥当性を確保しようとするものである。

④　行政リーガルドック事業は、組織的・計画的な方法で、条例や法執行の見直しを行うという点で、法務担当課・顧問弁護士への法律相談がもつ、個別的・対処療法的という弱点を補うシステムといえる。

問14　自治体の機構に関する次の記述のうち、妥当なものを1つ選びなさい。

①　憲法は、議事機関としての議会の設置を義務付けている。

②　長の職務の代理は可能であるが、長の権限に属する事務の一部を委任することは認められない。

③　自治体における議会と長の二元代表制には、議院内閣制的な側面はみてとることはできない。

④　執行機関は、法律又は条例の定めるところにより設置することができる。

問15　市民参加と市民協働の制度化に関する次の記述のうち、妥当なものの組み合わせを、①～④の中から1つ選びなさい。

- ア　市民参加制度において、過去に委員経験があり「安定感」のある市民を続けて審議会等の委員に選任することは、通常、市民委員枠を設ける趣旨に合致する。
- イ　市民参加制度において、自治体から業務を受託している企業・NPOの関係者を審議会等の委員に選任することは、通常、市民委員枠を設ける趣旨には合致しない。
- ウ　市民協働の制度は、行政手続条例において、自治体運営のひとつの柱として明記されることがある。
- エ　市民協働の推進を条例により制度化することは必須ではないが、現代的な生活スタイルや権利意識に合わせた新しい協働の手続や手法を導入する上で、条例は有効である。

①　ア、イ

②　ウ、エ

③　ア、ウ

④　イ、エ

問16　情報公開制度における不開示情報に関する次の記述のうち、妥当でないものを1つ選びなさい。

① 法令等の規定により公にすることが禁止されている不開示情報であっても、実施機関は公益上特に必要があると認めるときは、これを開示することができる。

② 法人その他の団体に関する情報であって、公にすることにより当該法人等の権利、競争上の地位その他正当な利益を害するおそれがあるものは不開示となるが、ここでいう法人等に地方公共団体や地方独立行政法人は含まれない。

③ 犯罪の捜査等に関する活動を阻害するおそれが生じる情報は、公共の安全に関する情報として不開示となり、例えば、捜査費又は捜査報酬費に係る個人名義の領収書であって、実名でない名義で作成されたものも不開示となるとされた判例がある。

④ 行政機関が行う監査・検査や行政機関の契約・争訟に係る事務に関する情報であって、当該事務の適正な遂行に支障を及ぼすおそれがある情報は不開示となるが、ここでいう支障を及ぼすおそれの程度は、名目的なものではなく、実質的なものが求められる。

問17　マニフェストに関する次の記述のうち、妥当でないものを1つ選びなさい。

① 政治家の政策責任が明確になり、政策中心の自治体運営が期待できる。

② 数値目標や実現方法が強調されすぎる問題がある。

③ 当選後の状況変化に対応しやすい。

④ マニフェストに掲げられた政策が優先されるため職員の自発性が生かされにくい。

問18　自治体法務に必要な諸原則に関する次の記述のうち、妥当なものを1つ選びなさい。

① 村の工場誘致政策の下で工場建設を進めていたところ、村長選挙で誘致反対派の村長が当選して建設が断念された事件で、最高裁が損害賠償を認めた事例は、差別的取扱いの禁止の原則に関するものである。

② 普通地方公共団体は、住民が公の施設を利用することについて、不当な差別的取扱いをしてはならない（地方自治法244条3項）との規定は、平等原則に関するものである。

③ 生活保護受給者の自動車運転禁止の指示違反に対して生活保護廃止処分を課すことは用いられた制裁手段が不当に重すぎる点で違法であると判断された事例は、平等原則に関するものである。

④ ある個室付浴場の営業阻止を狙って、県と町が申し合わせて、個室付浴場の営業が禁止されることになる一定距離内の児童福祉施設の設置認可を異例の早さで行ったことが行政権の著しい濫用によるものとして違法であると判断された事例は、信義誠実の原則に関するものである。

問19　条例の構造をめぐる次の記述のうち、妥当なものを1つ選びなさい。

① 条例の実体規定は、条例の目的を達成するための具体的な内容を規律するものであり、そこには手続的な規定は含まれない。

② 手数料に関する規定は、条例全体に関する事項を定める総則規定ではなく、実体規定を補足する事項を定める雑則規定に位置付けられる。

③　条例上の義務履行確保手法には、許可等の取消し、措置命令、氏名公表、行政刑罰等があるが、これらに関する規定は、罰則規定に位置付けられる。

④　条例の見直しに関する規定は、条例全体の効力に関する重要な事項であるため、総則規定に位置付けられる。

問20　国の関与等に関する次の記述のうち、妥当でないものを１つ選びなさい。

①　自治体には自主法令解釈権があるといわれるが、自治体による法令の解釈運用について国が統制を図ることが必要となる場合が考えられることから、地方自治法などにおいて自治体に対する関与の仕組みが設けられている。

②　地方自治法上の関与の一形態に当たる所管大臣の同意を得ることができたとしても、これに基づいて行われる自治体の事務が、常に適法となるわけではない。

③　国の所管府省庁から自治体の機関に対し、法令の解釈基準や裁量基準を内容とする通知が発せられるとき、その法的性格は、自治事務に係るものであれば地方自治法上の技術的助言に当たり、法定受託事務に係るものであれば同法上の技術的助言又は処理基準に当たることが通常である。

④　法令を所管する国の各府省庁の関係者が編者や執筆者となっているその法令の解説書が民間の出版社から発行されることがあるが、これも地方自治法上の関与の一形態である。

問21　住民監査請求に関する次の記述のうち、妥当なものを１つ選びなさい。

①　住民監査請求の対象は違法な財務会計行為に限られ、不当であるか否かについては対象とならない。

②　住民監査請求は、その自治体の監査委員に対して行うこととされている。

③　住民監査請求期間は６ヶ月とされている。

④　住民監査請求は参政権としての性質も併有しているので、その自治体の住民であることに加え、国政についての選挙権を有していることがその利用の要件とされている。

問22　広域連携の仕組みに関する次の記述のうち、妥当なものを１つ選びなさい。

①　地方自治法上、法人の設立を伴わない広域連携として、広域連合、連携協約、協議会、機関等の設置、事務の委託、事務の代替執行及び職員の派遣がある。

②　複合的一部事務組合では、市町村等の共同処理しようとする事務が他の市町村等の共同処理しようとする事務と同一の種類のものである場合に設けることができる。

③　普通地方公共団体と特別区は、その事務の一部を共同で処理するため、一部事務組合を設けることができ、そのうち、ごみ処理等の衛生関係を設置目的とする一部事務組合が最も多い。

④　普通地方公共団体は、連携協約を締結しようとするときは、都道府県が締結したものにあっては総務大臣、その他のものにあっては都道府県知事の許可を得なければならない。

問23　住民と自治体の関係性に関する次の記述のうち、妥当でないものを1つ選びなさい。
① 憲法上、住民とは外国人も含むものとして定義されている。
② 法律上の定義によれば、ある自治体の住民であるということは、その自治体の区域内に生活の本拠を有することを意味する。
③ 住民自治の名の下に、外国人や低所得者の排除など、不合理な差別が助長されることがないよう注意する必要がある。
④ 法律上の住民の定義に当てはまらない、転出した者や区域外からの通勤・通学者などの意思を自治体の活動に反映させることも、自治体の裁量として認められる。

問24　個人情報に関する次の記述のうち、妥当なものを1つ選びなさい。なお、前提とする法律状態は、2021年の「個人情報の保護に関する法律」改正前のものとする。
① 個人番号（いわゆるマイナンバー）をその内容に含む個人情報は、要配慮個人情報として、より慎重な管理をすることが求められている。
② 個人情報保護制度においては、死者に関する情報を遺族が自己の個人情報として開示請求等を行うことはできないと解されている。
③ 個人情報は、特定の個人を識別することができるものに限らず、他の情報と照合することにより特定の個人を識別することができるものも含まれる。
④ 保有個人情報とは、実施機関の職員が職務上作成し、取得した個人情報であり、実施機関が組織的に利用するため保有しているものをいい、官報、白書、新聞等で公表されているものも含まれる。

問25　政策法務に関する次の記述のうち、妥当なものを1つ選びなさい。
① 「課題設定」については法制担当課が日常業務の中で問題に直面して条例制定等の検討を始めることが多くなっている。
② 住民ないし住民団体はこれまで立法段階に一定の役割を果たしており、住民自身が政策法務の考え方を習得し、専門家の協力を得て立法能力を補強していく必要がある。
③ 「基本設計」については主として法制担当課が必要な検討作業を行い、課題の明確化、原因の追究などの立法事実の確認、そして関係法令・制度の状況を確認するなど法環境を十分に把握することが求められる。
④ 政策条例を制定する場合には、総合計画等との連携・調整も必要となるため、法制担当課と原課の連携の役割が重要になると考えられる。

問26　自治体法務における行政規則と法規命令に関する次の記述のうち、妥当なものを1つ選びなさい。
① 行政立法のうち法規（国民の権利義務に関わる事項を定めるもの）たる性質を有しないものを法規命令という。
② 行政規則とは、行政立法のうち法規たる性質を有するものいい、政省令や自治体の規則はこれ

に当たる。
③　申請に対する処分の審査基準や不利益処分の処分基準は、法規命令に分類される。
④　現代社会においては行政規則と法規命令は相対化されている。

問27　条例の総則規定に関する次の記述のうち、妥当でないものを1つ選びなさい。
①　条例の趣旨規定は、条例で定める内容よりも、条例の制定目的に重点を置いた規定である。
②　条例の趣旨規定は、それ自体は具体的な権利や義務を定めるものではない。
③　条例の定義規定は、条例内での用語の用法を明らかにする規定であるが、社会通念上一定の意味を有する用語をそのまま使用する場合には、定義規定を整備する必要はない。
④　条例の解釈規定は、条例解釈に当たって特に留意すべき点や個別規定の解釈に当たっての指針を示す規定である。

問28　係争処理制度に関する次の記述のうち、妥当なものを1つ選びなさい。
①　地方自治法上の係争処理制度の対象となる関与等を受けた自治体の長等の執行機関は、これに不服があるときは、関与があった日から原則として60日以内であれば、関与に対する審査の申出を行うことができる。
②　地方自治体が審査の申出を行うときは、地方自治法により、議会の議決が必要である。
③　自治体が、関与に関する審査等の申出も行わず、指示事項に対して必要な措置も講じないときは、関与を行った各大臣は、訴訟を経て代執行を行うことができる。
④　係争処理制度の対象となる国の関与が行われる例が少なく、審査の申出や関与をめぐる裁判例も少ないことから、自治体が国の関与の取消しを求めた訴訟において、自治体が勝訴し、取消しが認められた例はない。

問29　条例の雑則規定に関する次の記述のうち、妥当なものを1つ選びなさい。
①　雑則規定は、実体規定の全般にわたって適用される技術的・手続的・付随的な規定であり、実体規定の存在を前提としているが、実体規定は総則規定の存在を前提としているので、結果的に、雑則規定は、総則規定の存在をも前提としている。
②　報告徴収は、住民等に報告の義務を課すため、条例に規定することが望ましいが、手続上の義務に過ぎないため、条例の規定は必要ではない。
③　条例でも、下位法令への委任規定を置くことが多くあり、行政機関の専門性に委ねることが適切な事項については、条例の専属的所管事項とされていても、包括的・全面的に規則へ委任することができる。
④　立入検査は、犯罪捜査に類似するため、刑事手続と同等の検査手続規定を必ず条例に整備しなければならない。

問30 取消訴訟以外の行政訴訟に関する次の記述のうち、妥当でないものを1つ選びなさい。

① 義務付けの訴えについての仮の救済の手段として仮の義務付けの制度が設けられており、これが認容されると実質的に勝負がつく可能性が高く、迅速な手続で結論が出されることから、自治体側も対応できる態勢を整える必要がある。

② 実質的当事者訴訟を活用することにより、これまで抗告訴訟の対象にならなかった案を訴訟のルートに乗せることが可能となる。

③ 実質的当事者訴訟の一例として、指定ゴミ袋を使用しない家庭ゴミの収集義務の有無に関する訴訟が挙げられる。

④ 仮の義務付けについては、その潜在的な可能性については高く評価されているものの、実際にこれが認容された例はみられない。

問31 裁量基準や法令解釈の基準（解釈基準）に関する次の記述のうち、妥当なものを1つ選びなさい。

① 解釈基準は、住民との間では法的な拘束力を持つことになるため、講学上は法規命令として区分されている。

② 裁量基準は、法令等の趣旨に適合するものとなるようにしなければならないという趣旨適合原則の規律が及ぶが、一たび裁量基準を設定した場合には、法令の改正がない限り、裁量基準の内容について検討を加えることは望ましくない。

③ 行政手続法では、申請に対する処分に関する審査基準の設定・公表の義務と、不利益処分に関する処分基準の設定・公表の努力義務を課している。

④ 行政手続法では、同じ行政目的を達成するために、一定条件で複数の人に対して行う行政指導に関しては、行政指導指針を定め、原則としてこれを公表しなければならないと規定しており、目的達成に向けた行政指導の有効性を高めるために、行政指導に応じないことに対する制裁措置を盛り込むことが望ましい。

問32 憲法95条が定める「一の地方公共団体のみに適用される特別法」（以下、「地方自治特別法」という）に関する次の記述のうち、妥当なものを1つ選びなさい。

① 地方自治特別法を国会が制定しようとする場合には、当該自治体の自治権を尊重する見地から、当該自治体の議会において出席議員の3分の2以上の者の同意を要する。

② 国会は地方自治特別法を議決する前に、当該地方自治特別法案について、当該自治体において住民投票を行わせ、過半数の同意を得なければならない。

③ 地方自治特別法が国会又は参議院の緊急集会で議決された場合、最後に議決した議院の議長がその旨を内閣総理大臣に通知し、内閣総理大臣は直ちに総務大臣に通知する。総務大臣は当該通知を受けた日から5日以内に関係普通地方公共団体の長にその旨を通知し、通知を受けた関係普通地方公共団体の長は、その日から31日以後60日以内に、住民投票を実施しなければならない。

④ 地方自治特別法として住民投票が実施されたケースは5件（6市町）のみである。

問33　審議・検討・協議に関する情報の公開請求に係る京都府鴨川ダムサイト事件判決（大阪高判平
　　　5・3・23判タ828号179頁）において示された判断として妥当なものを、次の①〜④の中から1
　　　つ選びなさい。
　①　学識経験者等による協議会での検討過程は、これを公にすることにより、住民の知る権利を保
　　　障し、もって公正で民主的な行政の推進に資するという情報公開制度の目的の実現が図られるべ
　　　きものである。
　②　協議会に参加した学識経験者等の率直な意見の交換又は意思決定の中立性が不当に損なわれる
　　　おそれがあるとしても、そのおそれは抽象的な可能性をいうに過ぎず、法的保護に値するもので
　　　はない。
　③　協議会の意思形成過程における未成熟な情報については、これを公開することにより、住民に
　　　無用の誤解や混乱を招き、協議会の意思形成を公正かつ適切に行うことに著しい支障を生じさせ
　　　るおそれがある。
　④　行政の意思形成の過程において協議会で聴取した学識経験者等の意見は、個人の思想・信条に
　　　関する情報として不開示とすることが相当である。

問34　広義の「政策」は、その包括性・具体性によって、政策、施策、事業の3つの区分で捉えるこ
　　　とができる。このことを踏まえ、政策の体系性に関する次の記述のうち、妥当でないものを1つ
　　　選びなさい。
　①　政策（狭義）を実現するために施策がある。
　②　事業を実現するために施策がある。
　③　政策（狭義）レベルを内容とする条例が存在する。
　④　施策のレベルを内容とする条例が存在する。

問35　条例制定権の範囲に関する次の記述のうち、妥当でないものを1つ選びなさい。
　①　条例制定権は、法律ではなく憲法によって保障されている。
　②　法律が対象としている先占領域については、法律の明示的な委任がない限り、条例を制定する
　　　ことはできない。
　③　上乗せ条例は、法令の目的効果を阻害しなければ、制定することができる。
　④　横出し条例は、法令の目的効果を阻害しなければ、制定することができる。

問36　補助金制に関する次の記述のうち、妥当なものを1つ選びなさい。
　①　補助金制は、活動資金の補助や行為の助成を行うものであるため、その採用に際しては、財源
　　　を十分に検討する必要がある。
　②　補助金制は、行政目的に適う特定の者に補助・助成を行うものであるため、その採用に際し、
　　　平等性の検討までは求められない。
　③　補助金制は、公益的な行政目的の実現を目指すものであるため、その採用に際し、効率性の検

討までは求められない。

④　補助金制においては、補助基準を明確にする必要があるが、補助対象を明確にすることまでは求められない。

問37　行政処分の裁量統制に関する次の記述のうち、妥当なものを1つ選びなさい。

①　裁量基準があまり具体的でなく、幅がある設定となっているときは、行政庁には広範な裁量が与えられているのだから、規定の範囲内でどのような処分を選択しても、違法とされることはない。

②　裁量基準の設定は、できる限り具体的であることが求められているため（行政手続法5条、12条）、特別な事情のある事案においては、機械的な当てはめでは妥当性を欠くことがある。しかし、こうした事案は稀なケースであるため、公平かつ平等な取り扱いの要請などの点から、やむをえないものと解されている。

③　裁量基準によらない行政上の決定の法的効果について、当該裁量基準の定めと異なる取り扱いをすることを相当と認めるべき特段の事情があれば、裁量権の逸脱濫用に当たらず適法だとするのが、最高裁判所の考え方である。

④　申請を拒否する処分及び不利益処分をする際、行政庁に課される理由の提示義務（行政手続法8条、14条）は、行政庁が慎重な判断をすることによって裁量の自己統制を図るためのものだから、もし理由の提示がなされなかったとしても、裁判上、被処分者がこのことを処分の違法理由として主張することは許されない。

問38　行政不服審査制度に関する次の記述のうち、妥当なものを1つ選びなさい。

①　2014年の行政不服審査法改正の際に、公正性の向上を図るために、審理員による審理制度と第三者機関への諮問制度が導入された。

②　条例に基づく処分に対する不服申立てには、行政不服審査法は適用されない。

③　審査請求は、処分庁の直近上級行政庁に対して行うことが原則とされている。

④　審査請求の審理については、公開での口頭審理が原則とされている。

問39　地方自治法における議会に関する次の記述のうち、妥当でないものを1つ選びなさい。

①　町と村は、条例で、議会を置かず、選挙権を有する者の総会を設けることができる。

②　議会は、公開の議場における戒告、公開の議場における陳謝、一定期間の出席停止、除名という4種類の懲罰を議員に課すことができる。

③　議会の会議は公開によって行われるが、議長又は議員3人以上の発議により、出席議員の3分の2以上の多数で議決したときは、秘密会を開くことができる。

④　議長に事故があるとき又は議長が欠けたときは、年長の議員が臨時議長として議長の職務を行う旨を規定している。

問40　ＮＰＭ改革として行われた改革に関する次の記述のうち、妥当でないものを1つ選びなさい。
① 公共サービスの機能を行政機関から民間に移行させる「官から民へ」のかけ声のもとに改革が行われた。
② 自治体サービスのあり方に大きな影響をもたらしたのが指定管理者制度であり、2018年4月時点で、全国の約7万6千の施設で導入され、うち7割の施設で民間企業等が指定管理者になっている。
③ 公共サービスの決定と実施を分けて、行政機関は「決定」について責任を持つが、「実施」は競争原理の下で独立の民間企業等が担当する考え方が採られた。
④ 従来、行政機関が自らサービスを担っていたため、競争原理が働かず、質の高いサービスを効率的に提供することが困難であったことを問題視した。

問41　法制執務に関する次の記述のうち、妥当なものを1つ選びなさい。
① 法令の有効期限に関する規定は、法令の附則規定ではなく、総則規定に位置付けられる。
② 定義規定は、法令の総則規定ではなく、実体規定に位置付けられる。
③ 報告徴収に関する規定は、法令の実体規定ではなく、雑則規定に位置付けられる。
④ 立入検査に関する規定は、法令の雑則規定ではなく、実体規定に位置付けられる。

問42　情報の公表に関する次の記述のうち、妥当でないものを1つ選びなさい。
① 情報の公表は、条例上の義務を履行しない者について、その氏名を公表するという場面では、実効性確保手法に該当する。
② 情報の公表は、情報提供により利害関係者間の調整を図る場面では、調整的手法に該当する。
③ 情報の公表は、特定の者が不利益を受ける可能性を有するものであり、規制的手法に該当する。
④ 情報の公表は、住民、事業者等に対する情報提供により行政目的に沿った一定の方向へと誘導しようとするものであり、誘導的手法に該当する。

問43　自治事務と法定受託事務に関する次の記述のうち、妥当なものを1つ選びなさい。
① 法律により自治体が担うこととされている事務は、法定受託事務と自治事務に区分される。
② 法定受託事務を処理するに当たっては、自治体は、国の主務官庁等からの通達等に従う義務がある。
③ 自治事務を処理するに当たっては、自治体が地域の特性を踏まえて法の解釈を行う必要があることから、国が自治体の解釈に影響を与えてはならない。
④ 第1次地方分権改革後は、自治体の自主性が重んじられるようになったが、自主性を重んじるあまり、自治体間の不公平が生じないようにするために、自主性を積極的に制限する仕組みとして、自治体に対する関与の仕組みが規定された。

問44 条例評価の基準に関する次の記述のうち、妥当でないものを1つ選びなさい。

① 条例評価の基準のうち、必要性と適法性は、条例が成立するための基礎的条件（最低基準）である。

② 有効性とは、「当該条例が掲げた目的の実現にどこまで寄与するか、課題の解決にどの程度の効果を生じるか」に関する基準である。

③ 効率性の評価において検討される条例執行のコストには、行政機関内部のコストと行政機関以外の外部的なコストがある。

④ 協働性の評価に当たっては、相当性の原則、禁反言の原則などの法的な一般原則を参照することが考えられる。

問45 自治体の長の失職に関する次の記述のうち、妥当なものを1つ選びなさい。

① 議会によって長の不信任決議がなされた場合、議長からその旨の通知を受けた長は、その通知を受けた日から10日以内に議会を解散することができる。

② 議会による不信任決議については、議員数の過半数の出席が必要である。

③ 市町村長が自身の発意に基づく退職をしようとするときは、退職しようとする日前30日までに議会の議長に申し出る必要がある。

④ 長は住民による解職請求がなされ、3分の1以上の同意があった場合、失職することになる。

問46 市民参加に関する次の記述のうち、妥当でないものを1つ選びなさい。

① 憲法上の住民自治は、市井の人々が自治体運営に関与するという「市民参加」を必ずしも要請しない。

② 市民参加では、市民による討議や意見提出が自治体運営と部分的に接続し、自治体の制度の下で追加的・補充的に機能する。

③ 市民参加を制度化する際、参加する「市民」には、自治体区域外からの通勤・通学者や地域で活動する事業者・NPO等も広く含むものと考えてよい。

④ 市民参加は民主主義を促進するものであるから、自治体行政において、法治主義や適正手続法理よりも優先させるべきである。

問47 濫用的開示請求に関する次の記述のうち、最も妥当なものを1つ選びなさい。

① 請求対象となる文書が大量である場合には、それをもって請求に係る公文書の特定が不十分であるといえることから、不開示の決定を行うことができる。

② 外形上、条例に基づく権利を行使しているように見えても、大量の請求により行政機関の通常業務に著しい支障を生じさせ、専らそのような支障を生じさせることを目的とする開示請求に対し、実施機関はこれを権利濫用として不開示とすることができる。

③ 情報公開請求は、条例に基づき認められているに過ぎず、民法の規定に見られる権利濫用の法理は働かず、不開示とするためには、条例に濫用的開示請求に関する規定を置く必要がある。

④　特定の部署に存する公文書の包括的な開示を請求するものであっても、公文書が特定されている以上、不開示とする対応は認められない。

問48　自治体の仕事と法治主義に関する次の記述のうち、妥当でないものを1つ選びなさい。

①　行政活動は、何らかの法的な根拠に基づき行われている。

②　憲法が国民に保障した権利を具体的に実現するのは国民自らであり、行政は関与しない。

③　行政機関の恣意的な行政執行や行政権力の行使による国民・住民の権利侵害を防止するため、法律や条例により、行政権は行使が限定されている。

④　行政活動は、形式的に法律や条例に適合するだけでなく、内容的にも合理性が必要だが、それを支えるのが「法律の優位」と「法律の留保」であり、これらが「法律による行政の原理」の中核をなす。

問49　法令で用いられる用語の一般的な意味に関する次の記述のうち、妥当なものを1つ選びなさい。

①　「直ちに」と「速やかに」と「遅滞なく」のうち、「直ちに」は「速やかに」よりも時間的即時性が強いとされる。

②　「直ちに」と「速やかに」と「遅滞なく」のうち、「速やかに」と「遅滞なく」は時間的即時性が同じであるとされる。

③　「直ちに」と「速やかに」と「遅滞なく」のうち、三者は時間的即時性が同じとされる。

④　「直ちに」と「速やかに」と「遅滞なく」のうち、「遅滞なく」は「速やかに」よりも時間的即時性が強いとされる。

問50　公法上の義務違反の是正措置に関する次の記述のうち、妥当なものを1つ選びなさい。

①　非金銭上の義務に関しては、個別の法令により、その履行についての勧告が、是正命令の前に発出されるよう規定されていることがある。この場合の勧告の法的性格は、その勧告が相手方の権利義務に何がしかの変動を及ぼすものでなければ、行政指導に当たるといえる。

②　公の施設の使用料にはさまざまなものがあるが、その性質上、いずれも滞納処分により強制的に徴収することが許されている。

③　滞納処分は、裁判所の力を借りることなく自治体の機関が自力で私人の義務が履行された状態を実現することができる仕組みであり、典型的な例として、固定資産税の納付義務や、行政財産を毀損した場合の損害賠償責任に関するものが挙げられる。

④　非金銭上の義務の分類において、代替的作為義務の例としては、行政財産の目的外使用許可の取消しに伴う施設の明渡義務があり、非代替的作為義務の例としては、違法建築の撤去命令に基づく建物の除却義務がある。

問51　住民訴訟に関する次の記述のうち、妥当でないものを1つ選びなさい。
① 住民訴訟は、住民が自治体に代位して長等の個人に直接損害賠償等の請求を行うのではなく、自治体がこうした請求を行うよう義務付けることを求めるという構造となっている。
② 補助金の交付については、「公益上必要がある場合」に該当しないとして住民訴訟が認容される場合があるため、慎重な検討が必要である。
③ 損害賠償請求権の不行使が住民訴訟で違法と判断される場合があるため、債権を適正に徴収することが必要である。
④ 2017年の地方自治法改正により自治体の長等の損害賠償責任についての見直しがされたことで、それまでの判例で一定の判断基準により認められていた議会の議決による賠償請求権の放棄は認められないこととされた。

問52　直接請求・直接参政制度に関する次の記述のうち、妥当でないものを1つ選びなさい。
① 直接参政制度としては、直接請求制度のほか、住民監査請求制度と住民訴訟制度が挙げられる。
② 直接請求権は、自治体運営の内容について何かを請求し実現できる権利ではなく、自治体運営の手続を作動させる権利である。
③ 直接請求制度の1つである条例の制定・改廃請求制度は、請求した条例が実際に成立することまでは保障していない。
④ 直接請求制度の1つである議員の解職請求制度は、一定数以上の住民の署名に基づいて議員を解職できることを住民に対して保障している。

問53　法の解釈の方法に関する次の記述のうち、妥当でないものを1つ選びなさい。
① 具体的な法の解釈に際して複数の選択肢があるときは、いずれの解釈が住民の権利利益と住民福祉をよりよく達成するかを重視して選択することが求められる。
② 類推解釈の禁止の原則は、刑法の解釈においてはもちろん、行政上の秩序罰規定の解釈においても考慮される余地がある。
③ ある法令の定義規定において定められた用語の意味が、日常生活における言葉の使い方と比較して不自然であるといえる場合は、日常生活における言葉の使い方を優先して、解釈すべきである。
④ 下級裁判所は最高裁判所が下した判断（判例）と異なる解釈は事実上行えないので、最高裁判所の判断は、事実上、法の内容を形成していると考えて事務処理をするのが適切である。

問54　自治体が当事者となる争訟の類型に関する次の記述のうち、妥当なものを1つ選びなさい。
① 行政不服審査制度は、行政庁の公権力の行使について、国民が監査委員に対して不服申立てをすることを認める制度である。
② 行政事件訴訟は、違法な行政作用によって権利利益を侵害された私人の救済を図るための訴訟である。
③ 国家賠償請求訴訟は、適法な行政活動によって生じた損害を国又は自治体が賠償するよう求め

る訴訟である。

④　住民訴訟は、自己の権利利益を含む、住民全体の利益を守るために提起されることから、主観訴訟の1つに位置付けられる。

問55　情報公開制度に関する次の記述のうち、妥当なものを1つ選びなさい。当該自治体の情報公開条例は、「行政機関の保有する情報の公開に関する法律」（以下「情報公開法」という）に準じているものとする。なお、前提とする法律状態は、2021年の「個人情報の保護に関する法律」改正前のものとする。

①　情報公開制度の対象となる「公文書」とは、「当該実施機関の職員が組織的に用いるものとして、当該実施機関が保有しているもの」とされている。このため、職員が個人として受信した電子メールであっても、実施機関の職員が組織的に用いるものとして保有している場合には、公文書として情報公開請求の対象となる。

②　請求対象文書に開示請求者以外の者に関する情報が記録されている場合には、開示決定等をするに当たって、実施機関の判断により、当該情報に係る者に対して意見書の提出を求めることができる。

③　情報公開法においては、法令の定めるところにより公にすることができないと認められる情報（いわゆる法令秘情報）が不開示情報として規定されている。自治体の情報公開条例においては、いわゆる法令秘情報及び条例の定めるところにより公にすることができないと認められる（いわゆる条例秘情報）が不開示情報として規定されている。

④　自治体が保有する公文書について、法人その他の団体に関する情報のうち、実施機関の要請を受けて、公にしないとの条件で任意に提供された情報は、不開示情報とする旨が規定されている。

問56　戦後の中央集権体制の功罪に関する次の記述のうち、妥当でないものを1つ選びなさい。

①　日本国憲法が施行され、全国の自治体において、直ちに「地方自治の本旨」の下、地方自治が実践され、中央集権体制は終焉を迎えた。

②　機関委任事務制度は、戦後復興・高度成長期には不可欠な制度とも考えられるが、全国的に一定の効果を上げる一方で、地域偏在の問題を生み出す結果となった。

③　国庫補助金とは、国がその施策を行うため特別の必要があると認めるとき、又は自治体の財政上特別の必要があると認めるときに交付するものである。

④　国庫負担金とは、国・自治体双方に密接な関係があり、両者が共同責任を持つべき事務を自治体が実施する場合に、義務的に経費の全部又は一部を負担するものである。

問57　法制執務に関する次の記述のうち、妥当なものを1つ選びなさい。

①　狭義の法制執務とは、成文法の立案及び審査に関する事務をいい、単に「法制執務」といった場合、通常は、この狭義の法制執務のことを指す。

②　狭義の法制執務において、成文法案を立案するにしても、立案された成文法案を審査するにし

ても、その過程は成文法の解釈とは無縁である。

③ 法制執務のルールは、条文の意味の正確性を保つための一種の約束事（作法）であり、一般市民が条文を読み、解釈する場面を想定したものではない。

④ 第1次地方分権改革後、自治体の法制執務（立法技術）上のルールは、基本的には国の法令と共通のルールである必要がなくなった。

問58　義務履行確保の措置と裁量に関する次の記述のうち、妥当なものを1つ選びなさい。

① 私人が自治体に対して負う金銭上の義務の履行がなされないとき、自治体がこれを漫然と放置していたとしても、地方自治法上、住民がこれを是正するための手段は設けられていない。

② 私人の非金銭上の義務を定める法令において、その履行を図るため、是正命令及び行政罰の仕組みが設けられているのであれば、当該義務の不履行が発覚したときは是正命令又は行政罰のうちいずれかが選択・執行されなければならないのであり、自治体が行政指導の手段をとる余地は残されていない。

③ 私人の非金銭上の義務に不履行があるとき、これに対処するため是正命令が発せられるべきであると考える利害関係人（住民）のとり得る手段として、自治体に是正命令を義務付けることを求める住民訴訟がある。

④ ある法令の違反に関する事案とその処理の実例が相当数蓄積され、違反の内容に応じて採用すべき是正措置がおおむね確立したといえるときは、当該是正措置の発動要件と手続に係る裁量基準を設けておくことが適切である。

問59　立法事実に関する次の記述のうち、妥当でないものを1つ選びなさい。

① 立法事実の有無は、立法の際に当然考慮されなければならないが、立法後においても、当該法律が合理的なものとして存続するうえで必要となる。

② 立法事実の判断に当たって、将来生じる事実も視野に入れるべきであり、立法の効果などについても一定の予測が求められる。

③ 立法事実は、法律の必要性や合理性の根拠を問い、事実による裏付けを求めることで、恣意を排除するものである。

④ 立法の前提となる立法事実は、立法者によって把握・認識されるものであることから、基本的には、その主観的認識にもとづいている。

問60　国家賠償請求訴訟に関する次の記述のうち、妥当なものを1つ選びなさい。

① 国家賠償法2条1項にいう「公の営造物」について、同項で道路、河川が例示列挙されていることから、不動産に限られ、動産は含まれないと考えられている。

② 国家賠償法2条1項にいう「瑕疵」とは、公の営造物が通常有すべき安全性を欠いていることを意味する。

③ 国家賠償法1条1項に基づく損害賠償請求の対象となるのは、公権力の行使に伴う損害であ

り、学校事故等教育活動に伴う損害は対象とはならない。

④　公権力の行使は作為に限られ、不作為を理由とする国家賠償請求は認められない。

問61　住民監査請求・住民訴訟に関する次の記述のうち、法令及び判例に照らして、最も妥当なものを1つ選びなさい。

①　A市の住民は、A市が事業者Bと令和3年5月1日に締結した工事請負契約（履行期限令和4年3月31日）について違法であると考えるときは、令和5年3月31日までの間、A市監査委員に対して、住民監査請求を提起することができる。

②　C市監査委員が、住民監査請求における監査を実施する際には、請求人Dに陳述の機会を付与しなければならず、当該陳述の機会において、Dは、関係する執行機関や職員に対して質問を発することができる。

③　E市の財務会計行為につき適法に住民訴訟を提起していた原告Fが訴訟係属中に死去した場合において、当該訴えについて他の原告がいないときは、当該訴訟は終了する。

④　G市が、市に対して職員が負う損害賠償責任につき軽過失免責を定める条例を制定しているときは、G市議会は、故意又は重過失によって市に損害を与えた職員に対する損害賠償請求権を放棄する議決をすることができない。

問62　地方自治の淵源・根拠に関する次の記述のうち、妥当でないものを1つ選びなさい。

①　伝来説とは、自治体の自治権について、国家から付与されたものであって、前国家的性質を有さないと捉える見解である。

②　固有権説とは、自治体の自治権について、これを国から付与されたものと捉えずに、前国家的性質を有する自治体固有の権利であると捉える見解である。

③　制度的保障説とは、今日に一般に支持されている見解で、自治権が憲法によって制度として保障されているものであると捉えるもので、地方自治の本質部分を損なうような法律の制定（改正）は違憲になるという見解である。

④　地方自治の淵源・根拠は、理論対立ないし理論的な意義に留まるもので、具体的な自治体運営とは無関係である。

問63　政策分析では、政策に基づいて予算や人員などの政策資源が投入（インプット）され、成果（アウトカム）に繋がるが、道路行政の体制整備のアウトカムの例として妥当なものを、①～④の中から1つ選びなさい。

①　道路整備費の投入

②　交通渋滞・交通事故の減少

③　道路整備

④　地域経済の活性化

問64　自治体の法務マネジメントに関する次の記述のうち、妥当でないものを1つ選びなさい。

①　自治体政策法務を推進するために、政策法務課などの政策法務組織を設置する自治体が少なくないが、地域の課題解決のために条例等の制定に取り組む中心は原課であるべきであり、政策法務組織はこの取組みを法的に支援する役割を担うのが基本である。

②　法務のマネジメントサイクルは、（ア）条例の企画立案（立法法務＝Plan）→（イ）条例の実施・運用（解釈運用法務＝Do）→（ウ）条例の評価・見直し（評価・争訟法務＝Check-Act）で展開される。

③　近年、政策法務を推進するため、法制担当課を政策法務課に改組する自治体が増えつつある。同課で、従来の法制執務と政策法務の連携・融合を図ることが望ましいが、条例づくりに当たって法制執務と政策法務の役割を同一の職員が併せて担うことは、必ずしも適切とはいえない。

④　条例制定権を活かした例規管理を進めるために、例規の枠組みの見直し（棚卸し、評価、再構築）が必要である。この見直しの一環として要綱の条例化や不要な要綱の廃止を検討することが求められるが、その有用性から、新たに要綱を制定することも考えられる。

問65　都道府県条例と市町村条例の役割分担に関する次の記述のうち、妥当なものを1つ選びなさい。

①　都道府県は、市町村の行政事務について条例で必要な規定を設けることができる。

②　都道府県条例に違反して市町村が行った行為は、無効となる。

③　都道府県は、法律又はこれに基づく政令によらずとも、条例を制定すれば、市町村の事務処理に関与をすることができる。

④　補完事務に関する都道府県条例と市町村条例が併存競合する場合には、原則として都道府県条例が優先する。

問66　条例の制定手続に関する次の記述のうち、妥当なものを1つ選びなさい。

①　条例の制定があった場合、自治体の議会の議長は、その日から7日以内にこれを当該自治体の長に送付しなければならない。

②　条例の送付を受けた自治体の長は、その日から20日以内にこれを公布しなければならない。

③　条例に施行日に関する規定がない場合、公布の日から起算して7日を経過した日から施行される。

④　条例の送付を受けた自治体の長は、これに異議がある場合には、送付を受けた日から20日以内に再議に付すことができる。

問67　争訟対応組織に関する次の記述のうち、妥当でないものを1つ選びなさい。

①　法対象者から争訟が提起されたとき、当該事案の所管課は当事者として、責任ある対応が求められる。

②　法務管理組織による争訟法務への関与形態は、自治体行政組織の規模や法務管理組織の職員数及び能力、行政幹部層が法務管理を重視する程度などの要因によって異なる。

③　訴訟は自治体の政策に影響を及ぼすことがあるため、長は、個々の訴訟方針に積極的に関与することが一般的である。

④　自治体が当事者として民事訴訟を提起したり和解したりするためには、原則として議会の議決が必要である。

問68　普通地方公共団体に関する次の記述のうち、妥当であるものを1つ選びなさい。

①　普通地方公共団体の長が地方自治法所定の兼業禁止規定に該当するか否かは、原則として、当該普通地方公共団体の選挙管理委員会が決定する。

②　複数の市町村からなる一部事務組合では、ある市町村の共同処理しようとする事務が他の市町村の共同処理しようする事務と共通する種類のものでなければならない。

③　行政委員会は、普通地方公共団体の行政運営における政治的中立性や民主性などの確保を目的とする機関であることから、複数の普通地方公共団体が共同して設置することは許されていない。

④　一の普通地方公共団体のみに適用される特別法が国会で議決されたときは、最後に議決した議院の議長は、当該法律を添えてその旨を総務大臣に通知しなければならない。

問69　規則、委員会規則等の制定に関する次の記述のうち、妥当でないものを1つ選びなさい。

①　条例中、その執行に係る事項については「長が規則で定める」との規定が置かれている場合は、長は任意の要綱の形式で当該事項を定めることはできない。

②　長の規則、委員会規則等の内容は、比例原則、平等原則等の行政法の一般原則に適合したものでなければならない。

③　長の規則、委員会規則等は必要な限度でのみ定められるべきであるとする考え方は、いわゆる効率性（最少経費・最大効果）の原則に基づくものである。

④　自治体の長が定める規則は、条例の施行のために制定されることがある。一方で、国の法令の施行のために制定されることはあり得ない。

問70　住民自治に関する次の記述のうち、妥当でないものを1つ選びなさい。

①　地方自治の本旨に則した自治体の組織と運営の基本枠組みは、国の法律で定められる法律事項である。

②　憲法は、個人の尊重（13条）や平等原則（14条1項）とも整合する住民自治のあり方（住民意思の取り出し方）として、議員の住民直接公選制を導入している。

③　地方議会を設置するか否かは、自治体ごとに住民が決めることができる。

④　一部事務組合は憲法上の地方公共団体ではないため、議事機関として住民直接公選の議会を設ける必要はない。

第2節　解答と解説

<問1> 8

〔正解〕③（配点25点）

〔解説〕①は妥当でない。稟議制（決裁制度）は、一般職員が作成した案を権限ある者が「決裁」することによって正式の決定になるというボトムアップ型の意思決定の仕組みである。その決裁の過程で、首長の決定権限を部長、課長に移譲し「専決」することが認められている。②は妥当でない。稟議制では、意思決定の原案を下位の職員が作成し、それを順に上位の職員にあげて点検させ、最後に決定権を有する職員がその可否を決定するという手続きをとる。このため、点検の過程で担当者が作成した原案が修正されることはある。③は妥当である。稟議制はヒエラルキー組織であれば、金融機関の融資など民間組織でもこの方式がとられることがある。④は妥当でない。稟議制には、重要な会議を開催し、そこでの決定内容を証拠として残すために行われる場合がある。（政策法務テキスト348～349頁）

<問2> 1

〔正解〕④（配点10点）

〔解説〕①、②、③は妥当である。選択肢に記載の通りである。④は妥当でない。中央集権体制の制度疲労から脱却し、本来の地方自治の姿を実現するための取組みが地方分権改革である。（政策法務テキスト17～18頁）

<問3> 2

〔正解〕②（配点15点）

〔解説〕①は妥当である。選択肢に記載の通りである。②は妥当でない。2011年の地方自治法改正により、基本構想の策定義務はなくなった。③は妥当である。選択肢に記載の通りである。④は妥当である。両手法は必ずしも相互排他的ではなく、NPOとの連携・協力は、民間活力を生かして行政目的を実現するという意味では民間活力活用手法の性質も有し、住民・事業者等との連携により自治体の施策・事業を進めるという意味では協働促進手法の性質も有している。（政策法務テキスト68～69頁）

<問4> 3

〔正解〕②（配点25点）

〔解説〕①は妥当でない。本問のごとく、法律に基づき行政庁が課した不作為義務の履行強制は、行政代執行によって行うことができない。②は妥当である。選択肢に記載の通りである。③は妥当でない。本問のような法律に基づき科される過料は、地方自治法に基づく長による過料処分ではなく、非訟事件手続法に基づき裁判所によって科される。④は妥当でない。この選択肢の内容は「執行罰」に関するものであり、「法」における過料は執行罰とは異なる。なお、執行罰を規定している法律は現行法上ほとんどないとされている。（政策法務テキスト141，144～145頁）

＜問 5 ＞ 4

〔正解〕①（配点10点）

〔解説〕①は妥当である。選択肢に記載の通りである。②は妥当でない。評価法務に該当する。③
は妥当でない。争訟法務の例である。④は妥当でない。評価・争訟法務は法務マネジメントサイ
クル（Plan＝立法／Do＝法執行／Check-Action＝評価）のうち「Check-Action」の部分に相当する。
（政策法務テキスト152〜154頁）

＜問 6 ＞ 5

〔正解〕④（配点15点）

〔解説〕①は妥当である。選択肢に記載の通りである。同条例は、2004年に制定され、2019年に廃
止された。②は妥当である。選択肢に記載の通りである。③は妥当である。選択肢に記載の通り
である。長の多選問題に関する調査研究会による報告書も公にされているが、法制度上の実現に
は至っていない。④は妥当でない。多選制限の試みの背景・理由には、長の選挙を実質的なもの
とすることで住民自治を確保しうるという点も挙げられる。このことから、長の多選制限に関わ
る憲法上の論点もクリアすることができると考えられている。（政策法務テキスト225〜226頁）

＜問 7 ＞ 6

〔正解〕③（配点25点）

〔解説〕①は妥当である。類似の制度であるにもかかわらずこのような違いが生じていることから、
そもそも首都建設法を地方自治特別法として扱うべきであったのか疑念が生じる。首都圏整備法
の制定時には、「首都圏」に含まれる「関係」自治体の範囲は流動的であるため地方自治特別法
に該当しない、という説明がなされた。ちなみに古都保存法は、法律上で特定される自治体に加
え別途政令で指定する自治体に適用対象を拡張する仕組みであるところ、これも地方自治特別法
としては扱われなかった。②は妥当である。選択肢に記載の通りであり、制定時に住民投票は実
施されていない。③は妥当でない。過去に地方自治特別法として扱われ住民投票が実施された法
律をみると、法律そのもので適用対象自治体を特定しているという特徴があるが、現在では、「特
定の地方公共団体の運営などの特例に関する組織運営・権利・義務を定める法律」に限定されて
いる。④は妥当である。政令で適用対象自治体を指定する法律は現在では数多く存在するところ
であり、それは憲法95条の警戒した地方自治保障の脅威なのか検討の余地があるものの、実務上
は地方自治特別法として扱われていない。（政策法務テキスト242〜244頁）

＜問 8 ＞ 7

〔正解〕②（配点10点）

〔解説〕①は妥当でない。職員が職務上取得した文書等も含まれる。②は妥当である。公開請求を
行わなくても閲覧等ができる文書は、情報公開制度の対象とする必要がない。③は妥当でない。
非公開決定処分取消等請求控訴事件（大阪高判平29・9・22判時2379号15頁）は、一対一で送受
信者以外に保存されていないメールであるとしても、市長が職員に対して職務上の指示又は意見
表明をメールで送信し、これを受信した職員がその内容を敷衍して関係職員にメールで送信し、
関係職員からの報告等を市長にメールで報告する場合には、市長と職員との一対一のメールが公

文書に当たるとしている。④は妥当でない。これらの貴重な資料の公開については、文書の保存、学術研究の寄与等を考慮し、それぞれ所定の公開範囲、手続等に従った利用に委ねられる。（政策法務テキスト277～278頁）

<問9> 8

〔正解〕③（配点15点）

〔解説〕①は妥当でない。「政策段階論」について説明した記述である。②は妥当でない。「アジェンダ設定論」について説明した記述である。③は妥当である。「政策の窓」モデルは、政策決定のプロセスには、問題の認識、政策案の形成、政治の３つの流れがあり、これらがある時期に合流すると「政策の窓」が開かれ、政策が決定にいたるが、「政策の窓」が開かれるのは短い期間であるため、その機会を逃すと再び窓が開くまで待たなければならないとするものである。④は妥当でない。「政策波及モデル」について説明した記述である。（政策法務テキスト339～341頁）

<問10> 1

〔正解〕③（配点15点）

〔解説〕①は妥当でない。条例の方が住民ニーズを的確に反映できる場合は少なくないが、そのことと人権への配慮は別である。条例の制定においても、法律と同様に、裁判所の違憲判断基準などを十分に認識し、人権に配慮しなければならない。②は妥当でない。罰則の対象は明確である必要がある。③は妥当である。選択肢に記載の通りである。比例原則とは、規制目的に対して行政の用いる規制手段が均衡の取れたものであることを要請する原則である。④は妥当でない。条例の制定には形式的な点についても十分な注意が必要である。（政策法務テキスト33頁）

<問11> 2

〔正解〕②（配点10点）

〔解説〕①は妥当でない。必置事項については、必ず条例で定める必要がある。②は妥当である。選択肢に記載の通りである。③は妥当でない。任意事項について条例の規定が欠けている場合には、大気汚染防止法４条１項のように、法令に基づく基準が直接適用されることもある。④は妥当でない。地方自治法14条３項によれば、条例違反について、条例で罰則規定を設けることができる。（政策法務テキスト53～55頁）

<問12> 3

〔正解〕②（配点10点）

〔解説〕①は妥当でない。地域の実情に応じた独自の規制を条例により設けようとする場合において
も、条例の目的が関係法律の目的と重複していないか、また、その関係法律が地域独自の規制を許容する趣旨であるかどうかなどについて、法律の解釈をして検討する必要がある。②は妥当である。選択肢に記載の通りである。③は妥当でない。国の法令のみならず、自治体がそれぞれ定める条例についても、裁判所が最終的な判断権者である。④は妥当でない。裁判所は、任意の法律相談に応じる機関ではなく、具体的な事件（争訟）を解決するために必要な範囲で、裁判手続を通して法の解釈を示す機関である。（政策法務テキスト61，108～110頁）

<問13> 4

〔正解〕③（配点15点）

〔解説〕①は妥当である。神奈川県では、「神奈川県条例の見直しに関する要綱」を制定し、2008年4月から施行した。2013年度以降は、「見直し規定を設けている条例」を対象に、定期的な条例の見直しが行われている。②は妥当である。条例見直しの結果は、神奈川県ホームページで公表されている。③は妥当でない。行政リーガルドック事業において、法的検討を加えるのは、外部の有識者である政策法務アドバイザーであり、検討結果は組織内にフィードバックされる。④は妥当である。ただし、行政リーガルドック事業は、法律相談に比べて、時間と手間がかかるシステムであり、あらゆる法的問題を網羅的にカバーしていない、といった課題もある。（政策法務テキスト176〜178頁）

<問14> 5

〔正解〕①（配点10点）

〔解説〕①は妥当である。憲法93条1項が定める通りである。②は妥当でない。長の権限に属する事務の一部を、その補助機関である職員、副知事、副市町村長等に委任することができる（地方自治法153条1項）。③は妥当でない。議会による長の不信任議決の権限が認められる点（地方自治法178条）に議院内閣制的な側面を見てとることができる。④は妥当でない。執行機関は法律の定めるところにより設置される（執行機関法定主義、地方自治法138条の4第1項）。（政策法務テキスト203〜209頁）

<問15> 6

〔正解〕④（配点15点）

〔解説〕アは妥当でない。審議会等の市民委員枠は、行政の事情に通じていない一般市民の視点を審議に加えるために設けられることが通常であり、行政上の都合を先回りして配慮することなく率直に質問疑問を提示することこそが期待される。イは妥当である。業務受託者は、委託自治体側の都合に配慮して発言する可能性がある。審議会の議論が新規事業委託に結び付くとしたら、利益相反のおそれもある。ウは妥当でない。行政手続条例は、市民生活に自治体が公権力をもって介入する場面において適正手続を具体化するものであり、自治体が行政の主体として想定される。市民協働の制度化については自治基本条例で基本枠組みが示されることがある。エは妥当である。市民協働は、時に情実にとらわれた市民と自治体の古い関係性を引きずっていることがあり、そうした関係性を規律し透明化する上でも、条例による制度化が有効である。よって、妥当なものの組合せは④である。（政策法務テキスト266〜272頁）

<問16> 7

〔正解〕①（配点15点）

〔解説〕①は妥当でない。法令等において公開することができないと定められた法令秘情報は、公益上の理由による裁量的開示をすることができない。②は妥当である。地方公共団体や地方独立行政法人などは、その公共的性格に鑑み、法人等には含まれない。なお、行政機関の事務・事業に関する情報は、別途、不開示情報として定められている。③は妥当である。公文書非公開決定

取消請求事件（最三小判平19・5・29判時1979号52頁）は、領収証の記載内容や筆跡等から犯罪捜査等に関して知り得る情報等を総合することにより、領収書の作成者を特定できる可能性は否定できないとして、公共の安全と秩序の維持に支障を及ぼすおそれがある情報と判断している。④は妥当である。選択肢に記載の通りである。（政策法務テキスト278～285頁）

＜問17＞ 8

〔正解〕③（配点10点）

〔解説〕①、②、④は妥当である。政治家の評価に関してもマニフェストに提示したものがどの程度達成できたのか、できなかった要因としてはどのようなものがあるのかなど、政策を巡る議論が活性化されることが期待できる。一方で、必ずしも数値目標になじまない政策が軽視され得ること、また、職員にとってはマニフェストで掲げた政策がトップダウン的に実行すべき政策となるため、個々人の創意工夫の余地が狭まるという課題がある。③は妥当でない。選挙当選段階での有権者との「約束」であるため、変更する場合は有権者に対して十分な説明が必要となる。（政策法務テキスト320頁）

＜問18＞ 1

〔正解〕②（配点10点）

〔解説〕①は妥当でない。信義誠実の原則に関するものである（最判昭56・1・27判時994号26頁）。②は妥当である。選択肢に記載の通りである（地方自治法244条3項）。③は妥当でない。比例原則に関するものである（福岡地判平10・5・26判時1678号72頁）。④は妥当でない。権限濫用の禁止の原則に関するものである（最判昭53・6・16刑集32巻4号605頁）。（政策法務テキスト25～26頁）

＜問19＞ 2

〔正解〕②（配点15点）

〔解説〕①は妥当でない。実体規定の中には、手続的な規定も含まれる。②は妥当である。選択肢に記載のとおりである。③は妥当でない。許可取消しや措置命令等は、実体規定に位置付けられる。④は妥当でない。条例の見直しに関する規定は、附則規定に位置付けられる。（政策法務テキスト79～80，87～99頁）

＜問20＞ 3

〔正解〕④（配点15点）

〔解説〕①は妥当である。自治体の自主性や自立性が尊重されるべきことは地方自治法自身が目指しているあり方であるが（同法1条の2第2項参照）、なお統一性、適法性等を確保するために、国が関与を行う必要がある場合があることを全く否定することはできない。②は妥当である。総務大臣の同意（地方自治法245条1号ニ）を得たうえで課税された法定外税（臨時特例企業税）が、裁判において違法無効と判断された事例がある（神奈川県臨時特例企業税条例事件・最判平25.3.21民集61巻1号122頁）。③は妥当である。国が、自治体の事務（自治事務・法定受託事務の両方を含む）の運営その他の事項について適切と認める技術的助言をすることができることにつ

いては地方自治法245条の４第１項に、法定受託事務について処理に当たりよるべき基準（処理基準）を定めることができることについては同法245条の９第１項に規定されている。④は妥当でない。各府省庁の関係者による解説書は、法令の立案に当たった国の行政当局の考え方を知ることができるなど、実務において役立つものが多いが、地方自治法上の関与には当たらない（関与の法定主義。同法245条の２）。（政策法務テキスト118〜121頁）

<問21>　4

〔正解〕②（配点10点）

〔解説〕①は妥当でない。住民訴訟とは異なり、住民監査請求については不当な財務会計行為も対象とされている。②は妥当である。選択肢に記載の通りである。③は妥当でない。住民監査請求は財務会計行為のあった日（終わった日）から１年以内に提起することとされている。④は妥当でない。「住民」であれば、有権者でなくとも、未成年や外国人でも請求することができる。（政策法務テキスト192〜193頁）

<問22>　5

〔正解〕③（配点15点）

〔解説〕①は妥当でない。広域連合は、法人の設立を通して共同での事務処理を進めるという広域連携の手法で、地方自治法上、組合の一種である。②は妥当でない。地方自治法上、市町村等の共同処理しようとする事務が他の市町村等の共同処理しようとする事務と同一の種類のものでない場合においても、これを設けることを妨げるものではないと定められている（地方自治法285条１項）。③は妥当である。選択肢に記載の通りである。④は妥当でない。総務大臣や都道府県知事に対しては許可を得る必要はなく、届け出ればよい（地方自治法252条の２第２項）。（政策法務テキスト212〜220頁）

<問23>　6

〔正解〕①（配点10点）

〔解説〕①は妥当でない。憲法には住民の定義を述べた規定はない。ただ、最高裁判所は、憲法93条２項にいう「住民」は「区域内に住所を有する日本国民を意味する」という解釈を示し、外国人に地方参政権が憲法上保障されるわけではないと述べている（最判平成７・２・28民集49巻２号639頁）。②は妥当である。住所とは生活の本拠を意味する（地方自治法10条２項・民法22条参照）。③は妥当である。選択肢に記載の通りである。④は妥当である。自治基本条例などで区域外からの通勤・通学者を政治過程に取り込む工夫がなされることがある。（政策法務テキスト252〜257頁）

<問24>　7

〔正解〕③（配点10点）

〔解説〕①は妥当でない。個人番号を含む個人情報は「特定個人情報」という。なお、要配慮個人情報とは、本人の人種、信条、社会的身分、病歴、犯罪の経歴その他本人に対する不当な差別、偏見等の不利益が生じないよう取扱いに特に配慮を要する情報をいう。②は妥当でない。例えば、

死者の財産に関する情報について、死亡した者の個人情報であるとともに、死亡した者を相続した者の個人情報でもあるとする判例（新湊市民病院事件・名古屋高裁金沢支判平成16・4・19判タ1167号126頁）や死亡した未成年の子ども個人情報について、社会通念上、この子どもに関する個人情報を親権者自身の個人情報と同視し得るとする判例（中学生自殺事件作文開示訴訟控訴審判決・東京高判平成11・8・23判タ1692号47頁）がある。③は妥当である。選択肢に記載の通りである。④は妥当でない。情報公開制度における行政文書（公文書）の定義との整合性を確保する観点から、一般にその内容を容易に知り得る官報、白書、新聞等で公表されている情報は、個人情報の定義から除かれている。（政策法務テキスト297〜303頁）

＜問25＞ 8

〔正解〕②（配点15点）

〔解説〕①は妥当でない。法制担当課ではなく、原課（主管。当該事務を担当する課）が日常業務の中で住民からの苦情・要望等を通じて問題に直面して条例制定等の検討を始めることが多い。②は妥当である。選択肢に記載の通りである。③は妥当でない。「基本設計」について主として担当するのは原課である。④は妥当でない。法制担当課と原課の連携ではなく、企画担当課の役割が重要となる。（政策法務テキスト357〜358頁）

＜問26＞ 1

〔正解〕④（配点15点）

〔解説〕①は妥当でない。行政規則の説明である。②は妥当でない。法規命令の説明である。③は妥当でない。行政規則に分類される。④は妥当である。行政規則と法規命令の区分は相対化しているといえる。（政策法務テキスト2頁）

＜問27＞ 2

〔正解〕①（配点10点）

〔解説〕①は妥当でない。条例の趣旨規定は、条例で定める内容そのものに重点を置いた規定である。②は妥当である。他の規定の解釈運用の指針としての役割を果たすものである。③は妥当である。定義規定は用語の解釈上の疑義を少なくするためのものである。④は妥当である。選択肢に記載の通りである。（政策法務テキスト89〜90頁）

＜問28＞ 3

〔正解〕③（配点15点）

〔解説〕①は妥当でない。関与に対する審査の申出は、原則として30日以内に行う必要がある。②は妥当でない。審査の申出については、地方自治法上、議決事項とはされていない。ただし、自治体が国等の措置に対して審査等の申出を行うことが稀であることを踏まえれば、申出自体が異例な事態であると評価されることもあるため、議会や住民に対し情報提供することが望まれる。③は妥当である。なお、代執行を行うことができるのは指示事項のみであり、要求事項については代執行を行うことができない（地方自治法245条の8）。④は妥当でない。ふるさと納税の寄附控除制度の対象となる団体に指定されなかった泉佐野市が、不指定処分の取消しを求めて総務大

臣を訴え、泉佐野市が勝訴した事案（最三小判令2・6・30民集74巻4号800頁）がある。（政策法務テキスト121～123頁）

＜問29＞　2

〔正解〕①（配点15点）

〔解説〕①は妥当である。選択肢に記載の通りである。②は妥当でない。報告徴収は住民に報告義務を課すことで住民の自由を制限しており、条例で規定する必要がある。③は妥当でない。条例の専属的所管事項とされているものを、包括的・全面的に下位法令に委任することはできない。④は妥当でない。立入検査は、あくまで行政法令の円滑な執行を目的とするものであるため、その根拠規定を条例で規定する必要はあるが、刑事手続同様の手続を保障する必要はない。（政策法務テキスト90～91頁）

＜問30＞　4

〔正解〕④（配点15点）

〔解説〕①、②、③は妥当である。選択肢に記載の通りである。④は妥当でない。仮の義務付けについては、2004年の導入後の早い時点から認容例が散見される。（政策法務テキスト188～189頁）

＜問31＞　3

〔正解〕③（配点10点）

〔解説〕①は妥当でない。解釈基準は住民との間で法的な拘束力を持つものとはされず、行政上の内規的なものである「行政規則」として位置付けられる。②は妥当でない。趣旨適合原則に関する前半部分の記述は妥当であるが、後半部分については、記述とは逆に、必要に応じて裁量基準の内容について検討を加え、その適性を確保するよう努めなければならないという「適性確保原則」の規律が及ぶ。③は妥当である（行政手続法5条・12条）。④は妥当でない。行政指導に応じないことに対して制裁措置を盛り込むことは、行政手続法32条2項違反となる。（政策法務テキスト116，127～132頁）

＜問32＞　5

〔正解〕③（配点15点）

〔解説〕①は妥当でない。議会ではなく、住民投票においてその過半数の同意を得なければならない（憲法95条）。②は妥当でない。地方自治特別法が議決された後に、一定の手続を経て当該自治体において住民投票が実施されるのであって、議決される前ではない（地方自治法261条）。③は妥当である。選択肢に記載の通りである（地方自治法261条）。④は妥当でない。確かに住民投票が実施されたケースは少ないが、広島平和記念都市建設法の制定以来16件・18市町である。（政策法務テキスト201～202頁）

＜問33＞　7

〔正解〕③（配点15点）

〔解説〕①、②、④は妥当でない。③は妥当である。この判例は、学識経験者等の意見を聞く目的

で設置された協議会に提出されたダムサイト候補地点選定位置図について、「協議会の意思形成過程における未成熟な情報であり、公開することにより府民に無用の誤解や混乱を招き、協議会の意思形成を公正かつ適切に行うことに著しい支障が生じるおそれのある」情報であると判断したものである。(政策法務テキスト284～285頁)

<問34> 8

〔正解〕② (配点10点)

〔解説〕①は妥当である。狭義の政策と施策との関係は、目的と手段との関係となっている。②は妥当でない。施策と事業との関係が目的と手段との関係となり、記述は目的と手段とが逆になっている。③、④は妥当である。例えば、狭義の政策のレベルを内容とするまちづくり基本条例や、施策のレベルを内容とする景観保全条例などが存在する。(政策法務テキスト318～319頁)

<問35> 2

〔正解〕② (配点10点)

〔解説〕①は妥当である。地方自治法14条1項は、憲法94条を確認的に規定したものである。②は妥当でない。法律先占論は、現在の判例学説の採用するところではない。③、④は妥当である。いずれも、法令の目的効果を阻害しないかぎり制定することができる。(政策法務テキスト50～52頁)

<問36> 2

〔正解〕① (配点15点)

〔解説〕①は妥当である。選択肢に記載の通りである。②は妥当でない。公金を支出する以上、平等性についても十分に検討する必要がある(憲法14条1項)。③は妥当でない。公金を支出する以上、効率性についても十分に検討する必要がある(地方自治法2条14項)。④は妥当でない。説明責任や透明性の観点からも、補助対象を明確にすることは必要不可欠である。ちなみに自治体が行う補助金の法的性質は負担付贈与契約である。(政策法務テキスト65～67頁)

<問37> 3

〔正解〕③ (配点25点)

〔解説〕①は妥当でない。広範な裁量があるにせよ、それらの選択に当たっては合理性がなければならない。②は妥当でない。妥当性を欠く結果を避けるべく、裁量基準によらない決定をすることも許される(最判平27.3.3・民集69巻2号143頁)。③は妥当である。前掲最判のとおりである。④は妥当でない。裁判上、被処分者がこのことを処分の違法理由として主張することは可能であるし、現に認められたケースがある。(政策法務テキスト130～131頁)

<問38> 4

〔正解〕① (配点10点)

〔解説〕①は妥当である。選択肢に記載の通りである。②は妥当でない。条例に基づく処分に対する不服申立てについても行政不服審査法が適用される。③は妥当でない。処分庁の最上級行政庁

に対する審査請求が原則とされている。④は妥当でない。書面審理が原則とされている。

<問39> 5

〔正解〕④（配点10点）

〔解説〕①は妥当である。地方自治法94条1項は、「町村は、条例で、第89条の規定にかかわらず、議会を置かず、選挙権を有する者の総会を設けることができる。」と規定している。②は妥当である。選択肢に記載の通りである（地方自治法135条各号）。③は妥当である。選択肢に記載の通りである（地方自治法115条）。④は妥当でない。地方自治法106条は、「普通地方公共団体の議会の議長に事故があるとき、又は議長が欠けたときは、副議長が議長の職務を行う。」と規定している。議長及び副議長にともに事故があるときは、年長の議員が臨時議長として議長の職務を行う（地方自治法107条）。（政策法務テキスト230〜234頁）

<問40> 8

〔正解〕②（配点15点）

〔解説〕①は妥当である。選択肢に記載の通りである。②は妥当でない。総務省『公の施設の指定管理者制度の導入状況等に関する調査結果』の概要（2018年4月現在）によると、全国76,268施設で導入され、そのうち30,802施設で民間企業等（株式会社、NPO法人、学校法人、医療法人等）が指定管理者に指定されているため、7割ではなく、半数に満たない4割となっている。③、④は妥当である。選択肢に記載の通りである。（政策法務テキスト351〜352頁）

<問41> 2

〔正解〕③（配点10点）

〔解説〕①は妥当でない。法令の有効期限に関する規定は附則規定である。②は妥当でない。定義規定は総則規定である。③は妥当である。選択肢に記載の通りである。④は妥当でない。立入検査に関する規定は雑則規定である。（政策法務テキスト89〜95頁）

<問42> 2

〔正解〕③（配点15点）

〔解説〕①、②は妥当である。選択肢に記載のとおりである。③は妥当でない。情報の公表は、結果として特定の者が不利益を受ける可能性を有するが、特定の者に対する強制力を伴うものではなく、規制的手法には該当しない。④は妥当である。選択肢に記載の通りである。（政策法務テキスト65〜69頁）

<問43> 3

〔正解〕①（配点10点）

〔解説〕①は妥当である。地方公共団体が処理する事務のうち、法定受託事務以外のものが自治事務である（地方自治法2条8項）。②は妥当でない。第1次地方分権改革前の機関委任事務については、一般的には、下級行政庁となる自治体の機関は、国の主務官庁等からの通達等に従う義務があったが、現在においては、自治体が処理する事務については、法定受託事務及び自治事務

のいずれについても、自治体自身が処理する事務と位置付けられており、自治体自らが法の解釈運用を行う必要がある。③は妥当でない。国の法令制定者の考えと大きく異なった自治体による法の解釈や運用が行われた場合等、自治体の法の解釈運用について国が統制を図ることが必要となる場合もある。地方自治法に規定されている関与の仕組みは、国による法令の解釈に関する統制手法であり、国が自治体の解釈に影響を与えることが予定されている。④は妥当でない。地方自治法に規定される関与の仕組みは、「自主性及び自立性が十分に発揮される」こと（同法1条の2第2項）の下に創設された仕組みであり、かつ、この配慮の下で実施されるものである（同法245条の3第1項）。国による関与が自治体の自主性を損なわせることを積極的に許容するものではない。（政策法務テキスト118〜119頁）

<問44> 4

〔正解〕④（配点15点）

〔解説〕①は妥当である。そのほかの有効性、効率性、公平性、協働性は、「よりよい条例」となるための発展的な条件である。②は妥当である。有効性は、条例中の「手段」面に関する基準であり、政策的検討の中心になる要素である。③は妥当である。効率性とは、「当該条例の執行にどの程度の費用を要するか、同じ目的実現を図るのにより少ないコスト（費用）で済む手段はないか」に関する基準である。④は妥当でない。相当性の原則、禁反言の原則などの法的な一般原則を参照することが考えられる評価基準は、公平性である。（政策法務テキスト173〜175頁）

<問45> 5

〔正解〕①（配点10点）

〔解説〕①は妥当である。選択肢に記載の通りである（地方自治法178条1項）。②は妥当でない。議会による不信任決議については、議員数の3分の2以上の者が出席し、地方自治法178条1項の場合においては、その4分の3以上の者の、同条2項の場合においてはその過半数の者の同意がなければならない（地方自治法178条3項）。③は妥当でない。市町村長の場合は、退職しようとする日前20日までに議会の議長に申し出る必要がある。都道府県知事の場合には、退職しようとする日前30日までに議会の議長に申し出る必要がある（地方自治法145条）。④は妥当でない。3分の1以上の同意ではなく、過半数の同意があったときに、長はその職を失う（地方自治法83条）。（政策法務テキスト224頁）

<問46> 6

〔正解〕④（配点10点）

〔解説〕①は妥当である。住民自治＝民主主義→市民参加を要請する、と単純化することなく、憲法が「住民」による直接公選議会を「議事機関」として各自治体に設置させる点を重視すべきである。ある種の「市民」参加は、自治体運営に反映すべき「住民」意思を希薄化させ、あるいは長や議会の判断と真っ向から対決して自治体運営の一貫性や答責性を失わせる可能性もある。②は妥当である。市民「参加」は、自治体運営と無関係に行われる地域公益活動とは区別され、様々な方法や程度で自治体運営に「参加」することを要素とする。③は妥当である。国籍はもちろん、住民であるか否かも決定的ではない。市民参加は各自治体が地域の自己決定として導入するもの

であり、制度化の目的次第で参加範囲を拡げる（場合によっては狭める）裁量がある。ただし、平等原則（同じものは同じように扱うこと）には注意が必要である。④は妥当でない。憲法は民主政の行き過ぎを警戒して人権保障を導入しており、法治主義や適正手続法理に従うことは人権保障のために欠かせない。（政策法務テキスト240〜241，261〜263頁）

<問47> **7**

〔正解〕②（配点15点）

〔解説〕①は妥当でない。請求者が求めている文書が何かが客観的に分かれば、特定としては十分であり、大量請求であることのみをもって文書の特定がないとの主張が認められなかった判例（公文書公開請求却下処分取消請求事件・横浜地判平14・10・23D1-law.com判例体系）がある。②は妥当である。各文書不開示処分取消請求控訴事件（東京高判平23・11・30訟月58巻12号4115頁）の第一審判決（東京地判平23・5・26訟月58巻12号4131頁）は、選択肢に記載のような開示請求を権利の濫用として不開示とすることができる旨を判示している。③は妥当でない。一般法理としての権利の濫用に該当するものであり、条例の規定は求められていない。④は妥当でない。特定の部署の公文書を包括的に請求する趣旨の記載は、特段の事情がない限り、公文書を特定するものとは認められないとする判例（行政文書請求拒否処分取消請求控訴事件・東京高判平23・7・20判自354号9頁）がある。（政策法務テキスト291〜292頁）

<問48> **1**

〔正解〕②（配点10点）

〔解説〕①は妥当である。直接的な根拠はなくとも、当該行政活動は、要する予算の執行は地方財政法等などに基づいて執行され、自治体職員は地方自治法や地方公務員法の範疇で携わるなど、何らかの法的根拠に関わっている。②は妥当でない。行政は、与えられた権限を的確に行使することによって、国民が保障された権利を行政的に実現する役割を果たす。③、④は妥当である。選択肢に記載の通りである。（政策法務テキスト2〜3頁）

<問49> **2**

〔正解〕①（配点10点）

〔解説〕①は妥当である。理由は問わず一切の遅れを許さないような場合には「直ちに」と表され、その違反が違法とされているケースも多いとされている。他方、「速やかに」の時間的即時性は、「直ちに」と「遅滞なく」（下記）との中間に位置付けられ、できるだけ早くという意味で訓示的に用いられるとされ、その違反が直ちに違法となるものではないとされる。②、③、④は妥当でない。「遅滞なく」は、時間的即時性は要求されるものの、正当または合理的な理由に基づく遅延は許容されるとされている。（政策法務テキスト99頁）

<問50> **3**

〔正解〕①（配点15点）

〔解説〕①は妥当である。選択肢に記載の通りである。②は妥当でない。現在のところ、公の施設の使用料で滞納処分に係る根拠規定が置かれているのは、下水道の使用料のみである（地方自治

法231条の3第3項、制定附則6条3号）。③は妥当でない。滞納処分の対象となるのは、個別に法令に定められている金銭の給付を目的とする義務のみである。行政財産を毀損した場合の損害賠償責任に関するものは、一般法である民法による民事上の損害賠償請求であり、個別に法令に定められている金銭の給付を目的とする義務ではない。④は妥当でない。非金銭上の義務の分類において、違法建築の撤去命令に基づく建物の除却義務は代替的作為義務（他人が代わって行うことのできる作為義務）の一例であり、行政財産の目的外使用許可の取消しに伴う施設の明渡義務は非代替的作為義務（他人が代わって行うことのできない義務）の一例として挙げられる。（政策法務テキスト137〜138頁）

<問51> 4

〔正解〕④（配点15点）

〔解説〕①は妥当である。2002年の地方自治法改正により代位型から義務付け型の構造となっている。②、③は妥当である。選択肢に記載の通りである。④は妥当でない。2017年の地方自治法改正は、一定の判断基準のもとで議会の議決による賠償請求権の放棄を許容する判例の立場を否定するものではなく、これが認められることを前提にその手続を整備するという側面が認められる。（政策法務テキスト192〜195頁）

<問52> 5

〔正解〕④（配点15点）

〔解説〕①は妥当である。住民監査請求と住民訴訟は住民が個人で行うことができる点で、直接請求制度とは対照的である。②は妥当である。選択肢に述べたとおりであり、この理解は③と④の解答にも繋がる。③は妥当である。請求した条例を長から議会に提案させることができるにとどまる。④は妥当でない。署名を集めて自治体に提出することで解職のための住民投票を実施させることができるにとどまる。（政策法務テキスト247〜249頁）

<問53> 3

〔正解〕③（配点10点）

〔解説〕①は妥当である。自治体は、そもそも住民の人権の確保と充実及び住民福祉の向上のために存在するものであることから導かれる考え方である。②は妥当である。刑法の解釈において類推解釈が禁止されるのは、類推解釈を認めれば立法機関ではない裁判所の判断により事後的に罰則を創設して処罰することを認めることに等しく、これが罪刑法定主義（憲法31条参照）に反するとされるためであるところ、この考え方は、刑法の場合ほどに厳密なものでないとしても、行政上の秩序罰規定の解釈においても妥当すると解すべきである。③は妥当でない。定義規定がある法令の用語の意味については、その定義規定による（法規的解釈の優先）。④は妥当である。選択肢に記載の通りである。（政策法務テキスト112〜116頁）

<問54> 4

〔正解〕②（配点10点）

〔解説〕①は妥当でない。不服申立てをする相手は、行政庁である。②は妥当である。行政事件訴

訟のうち、最も提起される件数が多いのは、行政庁の公権力の行使に関する不服の訴訟である抗告訴訟である。③は妥当でない。国家賠償の対象となるのは、違法な行政活動によって生じた損害である。④は妥当でない。住民訴訟は、住民であれば誰でも、自己の権利利益とかかわりなく提起できることから、客観訴訟に位置付けられる。（政策法務テキスト159～161頁）

＜問55＞ 7

〔正解〕①（配点25点）

〔解説〕①は妥当である。選択肢に記載のとおりである。②は妥当でない。個人情報及び法人情報について、人の生命、健康、生活又は財産を保護するため、公にすることが必要であると認められる情報として公開しようとする場合には、実施機関は意見書を提出する機会を与えられなければならない。③は妥当でない。情報公開法においては、法令上秘密とすべき情報等に関しては、各個別法で情報公開法の適用除外を規定していることから、非公開事由として法令秘情報を規定していない。例えば、戸籍法128条では戸籍及び除かれた戸籍の副本等については、行政機関の保有する情報の公開に関する法律の規定は適用しない旨を規定しており、いっぽう、各個別法で情報不公開自由が規定されている。④は妥当でない。実施機関の要請を受けて公にしないとの条件で任意に提供されたものであるのみでは足らず、通例として公にしないこととされているものその他の当該条件を付することが当該情報の性質、当時の状況等に照らして合理的であると認められるものに限って不開示とすることとされている。（政策法務テキスト276～292頁）

＜問56＞ 1

〔正解〕①（配点15点）

〔解説〕①は妥当でない。自治を担おうとしても、自治体の財政力は極めて乏しく、自治体行政を担う組織体制や職員の資質も不十分であった。②、③、④は妥当である。選択肢に記載のとおりである。（政策法務テキスト14～16頁）

＜問57＞ 2

〔正解〕①（配点10点）

〔解説〕①は妥当である。選択肢に記載の通りである。②は妥当でない。成立した法令は解釈されて運用されるものであり、立案や審査は、その法令がどのように解釈され、運用されるかを予測し、検討しながら進められるものである。したがって、狭義の法制執務は成立法の解釈とは無縁ではない。③は妥当でない。法令を立案・制定する場合、一般市民が条文を読み、解釈する場面を想定し、できる限り一義的かつ明確で、その意味を理解できるような条文とするよう心がける必要がある。行為の予測可能性を確保でき、市民が予期せぬ不意打ちを受けることがないように配慮するためである。こうした要請に応えるため、法令の制定・改正に際し、用語や用法をチェックしたり、改め文をつくったりする業務について、一定の法制執務のルールがある。④は妥当でない。国・自治体を通じた法体系全体の整合性や国民にとってのわかりやすさからの要請があるため、自治体の法制執務上のルールは、基本的には国の法令と共通のルールである必要がある。（政策法務テキスト87頁）

<問58> ③

〔正解〕④（配点15点）

〔解説〕①は妥当でない。金銭上の義務（自治体からみれば債権）の不履行を放置することは、財産の管理を違法に怠るものとして、住民監査請求（地方自治法242条1項）と、これに続く住民訴訟（同法242条の2第1項）の対象となる。②は妥当でない。行政指導にとどめるか、是正命令を発するか、罰則（例：過料）によるかの選択や、それぞれの措置をどのタイミングで講じるかについて、自治体は裁量を有する。もちろん、この裁量の行使は、公正性・公平性に反するものであってはならないなどの制約を伴うものである。③は妥当でない。自治体に是正命令を義務付けるための手段となるのは、住民訴訟ではなく、行政事件訴訟法3条6項1号において認められる義務付けの訴えである。④は妥当である。なお、ここでいう裁量基準（事務処理要領）の性質は、違反に係る法令の解釈基準、不利益処分の処分基準、行政指導指針等が一体となって定められているものと考えられる。（政策法務テキスト137～138頁）

<問59> ②

〔正解〕④（配点25点）

〔解説〕①、②、③は妥当である。④は妥当でない。立法事実は、客観的に検証されるべきものであり、法律の背景となる社会的・経済的・政治的な事情や事実が踏まえられる。（政策法務テキスト59～63頁）

<問60> ④

〔正解〕②（配点10点）

〔解説〕①は妥当でない。「公の営造物」には動産も含まれている。②は妥当である。選択肢に記載の通りである。③は妥当でない。学校事故等教育活動も「公権力の行使」に含まれる（広義説）。④は妥当でない。「公権力の行使」には不作為も含まれている。

<問61> ④

〔正解〕③（配点25点）

〔解説〕①は妥当でない。住民監査請求は、当該行為のあった日又は終わった日から1年を経過したときは、これをすることができない（地方自治法242条2項）。契約についてはその締結日が「当該行為のあった日」となる。②は妥当でない。地方自治法242条7項の陳述の機会に、請求人が問題文のような質問を発することを認めるような規定は、地方自治法には認められない。③は妥当である。最判昭55・2・22判例時報962号50頁は、住民訴訟は原告の死亡により終了するとしている。④は妥当でない。職員が故意・重過失の場合でも損害賠償請求権を放棄することができるようならば、軽過失免責の制度を設けた趣旨が没却されるように見えるが、法律上、権利放棄の議決権行使について制約を課するような明文規定はないから、こうした議決をすることが禁止されているわけではない（議決権の行使が裁量権濫用として違法とされる可能性はある）。その代わり、地方自治法242条10項は、議会がそのような権利放棄議決をしようとするときに、あらかじめ監査委員の意見を聞かなければならないこととしている。（政策法務テキスト192～195頁）

<問62> 5

〔正解〕 ④（配点10点）

〔解説〕 ①、②、③は妥当である。選択肢に記載の通りである。④は妥当でない。地方自治の淵源・根拠に関する見解は、自治体自身が、国や他の自治体による立法・行政決定に参加を望むような場合、当該決定にかかわる訴訟を提起するような場面において、それらの手続・出訴を基礎づけるものとして寄与し得るとみることができる。（政策法務テキスト198～199頁）

<問63> 8

〔正解〕 ②（配点10点）

〔解説〕 ①は妥当でない。インプットの例である。②は妥当である。アウトカムの例である。③は妥当でない。アウトプットの例である。④は妥当でない。インパクトの例である。（政策法務テキスト332～333頁）

<問64> 1

〔正解〕 ②（配点25点）

〔解説〕 ①は妥当である。政策法務課が条例づくりの中心となっている小規模自治体や、条例の検討時から政策法務課が参与する県レベルの自治体も存在するが、さまざまな課題を日常的に認識できる原課の役割が重要であり、基本的には政策法務を発揮して直接条例制定に取り組むのは原課であるべきである。②は妥当でない。自治体の法務マネジメントは法律に基づく事務にも構築されるべきであるが、法律の企画立案（立法法務）は国に専属していることから、この場合、自治体法務は、法律の実施・運用（解釈運用法務）が起点になることになる。すなわち、自治体における法定事務については、「Do→Check-Act→Do」あるいは「Do→Check-Act→Plan」というマネジメントサイクルが構成されることになる。③は妥当である。自治体によって対応は異なるが、法制執務の役割と政策法務の役割については、条例づくりに向けたスタンスが異なるため、別個の職員が担当することが合理的と一般的に考えられる。④は妥当である。例規の棚卸しは、適切な法規範としての整序と運用を行うものであり、要綱の条例化もその1つではあるが、要綱がすべて不適切とはいえず、法律や条例を補完し、あるいは詳細な運用基準として制定することは十分あり得る。（政策法務テキスト27～29頁）

<問65> 2

〔正解〕 ②（配点15点）

〔解説〕 ①は妥当でない。2000年の地方分権改革によって、問題文のような統制条例にかかる規定は廃止された。②は妥当である（地方自治法2条17項）。③は妥当でない。地方自治法245条の2は、市町村の事務処理への都道府県の関与について、法定主義を定めている。④は妥当でない。補完事務については、本来市町村が担当し得る事務であるため、原則として市町村条例が優先する。（政策法務テキスト82～85頁）

<問66> 2

〔正解〕②（配点25点）

〔解説〕①は妥当でない。送付は３日以内である（地方自治法16条１項）。②は妥当である。選択肢に記載の通りである。③は妥当でない。10日を経過した日から施行される。④は妥当でない。10日以内である。（政策法務テキスト50～55頁，93頁）

<問67> 4

〔正解〕③（配点15点）

〔解説〕①は妥当である。所管課は、住民、事業者等の法対象者に直接に接し、状況を把握し、法を解釈し、適用する現場部署である。②は妥当である。例えば、東京都では法務管理組織が争訟対応を全庁一元的に所管するのに対し、それ以外の多くの自治体では争訟を提起された所管課と法務管理組織が共同で対応している。③は妥当でない。政治的・政策的な影響の大きい裁判を除けば、個々の訴訟方針に長が積極的に関与することは少なく、むしろ、違法・不当な行政活動を事前に防止するための、内部統制システムを整備する責任が長には課せられている。④は妥当である。議会の議決事項には、訴えの提起、和解、斡旋、調停及び仲裁が含まれている（地方自治法96条１項12号）。（政策法務テキスト163～168頁）

<問68> 5

〔正解〕①（配点25点）

〔解説〕①は妥当である。地方自治法143条１項は、「普通地方公共団体の長が、被選挙権を有しなくなつたとき又は前条の規定に該当するときは、その職を失う。その被選挙権の有無又は同条の規定に該当するかどうかは、普通地方公共団体の長が公職選挙法第11条、第11条の２若しくは第252条又は政治資金規正法第28条の規定に該当するため被選挙権を有しない場合を除くほか、当該普通地方公共団体の選挙管理委員会がこれを決定しなければならない。」と定めている。②は妥当でない。地方自治法285条は、「市町村及び特別区の事務に関し相互に関連するものを共同処理するための市町村及び特別区の一部事務組合については、市町村又は特別区の共同処理しようとする事務が他の市町村又は特別区の共同処理しようとする事務と同一の種類のものでない場合においても、これを設けることを妨げるものではない。」と定めている。③は妥当でない。地方自治法252条の７第１項は、「普通地方公共団体は、協議により規約を定め、共同して、……第138条の４第１項に規定する委員会若しくは委員……を置くことができる。……」と定めている。④は妥当でない。地方自治法261条１項は、「一の普通地方公共団体のみに適用される特別法が国会又は参議院の緊急集会において議決されたときは、最後に議決した議院の議長……は、当該法律を添えてその旨を内閣総理大臣に通知しなければならない。」と定めている。（政策法務テキスト201～202，205，208，216～218，227頁）

<問69> 3

〔正解〕④（配点15点）

〔解説〕①は妥当である。当該事項については、まずは長の規則で定めることが要求される。ただし、条例による委任の趣旨に反しないといえる範囲で、規則で定めるところにより、住民の権利義務

の内容を形成するものでなければ、要綱に再委任することは可能と解し得る。②は妥当である。行政法の一般原則は、行政のどの活動形式においても、その実体的な統制の判断基準として機能する。③は妥当である。自治体の行政運営には最少の経費で最大の効果を上げることが求められるところ（効率性の原則。地方自治法2条14項）、長の規則、委員会規則等は必要な範囲で定めるべきとする考え方の背景にも、この原則が及んでいるとされる。④は妥当でない。長の規則は、条例のみならず、国の法令の施行に関する事項についても定めることがある。（政策法務テキスト127頁）

<問70> 6

〔正解〕③（配点10点）

〔解説〕①は妥当である。憲法92条がそのことを規定している。②は妥当である。自治会・町内会における意思決定が時に世帯単位であることと対比すると、自治体の選挙制度が個人の尊重と平等原則に根差していることが際立つ。③は妥当でない。憲法93条1項が「議事機関として議会を設置する」と明記している。④は妥当である。一部事務組合の議会は、構成自治体の長や議員によって構成されることが通例である。（政策法務テキスト244〜245頁）

自治体法務検定（2022年度）解答用紙（基本法務）

問題番号	解答
1	
2	
3	
4	
5	
6	
7	
8	
9	
10	
11	
12	
13	
14	
15	
16	
17	
18	
19	
20	
21	
22	
23	
24	
25	
26	
27	
28	
29	
30	
31	
32	
33	
34	
35	

問題番号	解答
36	
37	
38	
39	
40	
41	
42	
43	
44	
45	
46	
47	
48	
49	
50	
51	
52	
53	
54	
55	
56	
57	
58	
59	
60	
61	
62	
63	
64	
65	
66	
67	
68	
69	
70	

自治体法務検定（2022年度）解答用紙（政策法務）

問題番号	解答
1	
2	
3	
4	
5	
6	
7	
8	
9	
10	
11	
12	
13	
14	
15	
16	
17	
18	
19	
20	
21	
22	
23	
24	
25	
26	
27	
28	
29	
30	
31	
32	
33	
34	
35	

問題番号	解答
36	
37	
38	
39	
40	
41	
42	
43	
44	
45	
46	
47	
48	
49	
50	
51	
52	
53	
54	
55	
56	
57	
58	
59	
60	
61	
62	
63	
64	
65	
66	
67	
68	
69	
70	

自治体法務検定（2022年度10月）解答一覧（基本法務）

問題番号	解答	配点
1	④	10
2	④	15
3	④	15
4	②	25
5	①	10
6	③	15
7	③	10
8	③	10
9	②	15
10	①	15
11	①	10
12	①	10
13	②	25
14	①	15
15	②	10
16	④	10
17	③	15
18	④	10
19	②	15
20	④	15
21	③	15
22	④	10
23	②	10
24	④	15
25	③	10
26	②	10
27	③	10
28	③	10
29	②	15
30	①	25
31	④	15
32	③	15
33	④	15
34	②	10
35	②	25

問題番号	解答	配点
36	④	25
37	①	10
38	②	15
39	③	10
40	③	10
41	③	10
42	③	10
43	④	15
44	②	15
45	③	10
46	③	10
47	③	15
48	④	15
49	③	25
50	③	10
51	④	10
52	①	10
53	①	15
54	②	15
55	②	10
56	②	15
57	③	15
58	①	10
59	③	15
60	④	10
61	④	15
62	②	15
63	③	25
64	③	15
65	③	15
66	①	15
67	④	25
68	③	10
69	②	25
70	②	25

自治体法務検定（2022年度10月）解答一覧（政策法務）

問題番号	解答	配点
1	②	10
2	③	10
3	③	15
4	①	15
5	④	10
6	④	25
7	②	15
8	③	25
9	①	15
10	①	10
11	④	25
12	④	10
13	①	10
14	③	10
15	③	15
16	①	15
17	④	10
18	③	25
19	②	10
20	②	15
21	④	15
22	②	10
23	④	10
24	②	10
25	③	25
26	④	15
27	④	15
28	④	15
29	①	10
30	③	10
31	①	10
32	②	15
33	②	25
34	③	15
35	④	15

問題番号	解答	配点
36	②	15
37	①	15
38	④	15
39	③	15
40	②	10
41	③	15
42	②	10
43	④	15
44	③	10
45	③	15
46	②	10
47	④	15
48	②	25
49	③	10
50	②	15
51	③	25
52	①	10
53	②	15
54	④	15
55	③	15
56	②	15
57	③	10
58	④	10
59	①	15
60	④	25
61	④	15
62	①	10
63	③	10
64	③	10
65	④	10
66	①	10
67	③	15
68	③	25
69	①	10
70	③	10

自治体法務検定（2022年度10月）分野別出題一覧 ────●

◎基本法務

分野	出題番号		分野	出題番号
序章 （基本法務を学ぶ にあたって）	1		第3章 （地方自治法）	32
	17			40
第1章 （憲法）	8			41
	19			42
	21			49
	50			52
	51			54
	61			56
	64			59
	68			60
	69			62
第2章 （行政法）	2			63
	4			66
	12			67
	13		第4章 （民法）	3
	24			5
	25			11
	35			14
	37			16
	38			18
	39			33
	43			34
	44			36
	46			45
	47			48
第3章 （地方自治法）	6			53
	9			58
	10			65
	15			70
	20		第5章 （刑法）	7
	23			22
	26			30
	27			31
	28			55
	29			57

◎政策法務

分野	出題番号
第1章 （自治体法務とは）	2
	16
	25
	36
	46
	50
	63
第2章 （立法法務の基礎）	7
	10
	11
	19
	20
	22
	26
	34
	40
	53
	55
	60
	66
	69
第3章 （解釈運用法務の 基礎）	3
	24
	27
	29
	38
	45
	48
	49
	67
	68
	70
第4章 （評価・争訟法務）	8
	9
	12

分野	出題番号
第4章 （評価・争訟法務）	15
	32
	42
	47
	57
	58
	59
	65
第5章 （自治体運営の 基礎）	5
	18
	21
	28
	30
	41
	44
	62
第6章 （住民自治の 仕組み）	4
	17
	23
	31
	39
	51
第7章 （情報公開と 個人情報保護）	6
	13
	14
	54
	56
	61
第8章 （公共政策と 自治体法務）	1
	33
	35
	37
	43
	52
	64

自治体法務検定（2022年度2月）解答一覧（基本法務）

問題番号	解答	配点
1	①	15
2	③	10
3	④	10
4	①	15
5	③	10
6	③	10
7	③	15
8	④	25
9	①	25
10	④	10
11	④	25
12	③	10
13	④	15
14	③	25
15	③	15
16	④	10
17	④	25
18	④	15
19	④	10
20	③	15
21	③	15
22	①	25
23	①	10
24	③	15
25	③	15
26	④	15
27	①	15
28	④	10
29	④	15
30	②	10
31	②	10
32	④	10
33	④	15
34	③	10
35	③	10

問題番号	解答	配点
36	①	25
37	④	15
38	②	15
39	③	10
40	③	10
41	④	10
42	④	10
43	②	15
44	④	15
45	③	10
46	①	10
47	④	10
48	④	15
49	①	10
50	①	15
51	①	10
52	④	10
53	④	15
54	③	15
55	④	15
56	③	15
57	②	25
58	④	10
59	④	25
60	②	15
61	③	10
62	③	10
63	③	15
64	④	10
65	①	25
66	②	15
67	①	15
68	③	15
69	②	15
70	④	10

自治体法務検定（2022年度2月）解答一覧（政策法務）

問題番号	解答	配点
1	③	25
2	④	10
3	②	15
4	②	25
5	①	10
6	④	15
7	③	25
8	②	10
9	③	15
10	③	15
11	②	10
12	②	10
13	③	15
14	①	10
15	④	15
16	①	15
17	③	10
18	②	10
19	②	15
20	④	15
21	②	10
22	③	15
23	①	10
24	③	10
25	②	15
26	④	15
27	①	10
28	③	15
29	①	15
30	④	15
31	③	10
32	③	15
33	③	15
34	②	10
35	②	10

問題番号	解答	配点
36	①	15
37	③	25
38	①	10
39	④	10
40	②	15
41	③	10
42	③	15
43	①	10
44	④	15
45	①	10
46	④	10
47	②	15
48	②	10
49	①	10
50	①	15
51	④	15
52	④	15
53	③	10
54	②	10
55	①	25
56	①	15
57	①	10
58	④	15
59	④	25
60	②	10
61	③	25
62	④	10
63	②	10
64	②	25
65	②	15
66	②	25
67	③	15
68	①	25
69	④	15
70	③	10

自治体法務検定（2022年度 2 月）分野別出題一覧 ●

◎基本法務

分野	出題番号
序章 （基本法務を学ぶ にあたって）	12
	69
第 1 章 （憲法）	4
	11
	13
	21
	32
	39
	56
	58
	61
	62
第 2 章 （行政法）	5
	7
	8
	9
	15
	19
	28
	30
	38
	40
	44
	48
	57
	66
第 3 章 （地方自治法）	6
	10
	17
	18
	20
	22
	23
	24
	25

分野	出題番号
第 3 章 （地方自治法）	26
	33
	35
	36
	41
	42
	45
	47
	51
	53
	54
	55
	67
	68
第 4 章 （民法）	1
	2
	3
	14
	16
	27
	31
	34
	37
	50
	60
	63
	64
	65
	70
第 5 章 （刑法）	29
	43
	46
	49
	52
	59

◎政策法務

分野	出題番号
第1章 （自治体法務とは）	2
	10
	18
	26
	48
	56
	64
第2章 （立法法務の基礎）	3
	11
	19
	27
	29
	35
	36
	41
	42
	49
	57
	59
	65
	66
第3章 （解釈運用法務の 基礎）	4
	12
	20
	28
	31
	37
	43
	50
	53
	58
	69
第4章 （評価・争訟法務）	5
	13
	21

分野	出題番号
第4章 （評価・争訟法務）	30
	38
	44
	51
	54
	60
	61
	67
第5章 （自治体運営の 基礎）	6
	14
	22
	32
	39
	45
	62
	68
第6章 （住民自治の 仕組み）	7
	15
	23
	46
	52
	70
第7章 （情報公開と 個人情報保護）	8
	16
	24
	33
	47
	55
第8章 （公共政策と 自治体法務）	1
	9
	17
	25
	34
	40
	63

サービス・インフォメーション
━━━━━━━━━━━━━━━━━━━━━━ 通話無料 ━━━━

①商品に関するご照会・お申込みのご依頼
　　　　　TEL 0120 (203) 694／FAX 0120 (302) 640
②ご住所・ご名義等各種変更のご連絡
　　　　　TEL 0120 (203) 696／FAX 0120 (202) 974
③請求・お支払いに関するご照会・ご要望
　　　　　TEL 0120 (203) 695／FAX 0120 (202) 973

●フリーダイヤル（TEL）の受付時間は、土・日・祝日を除く
　9：00〜17：30です。
●FAXは24時間受け付けておりますので、あわせてご利用ください。

自治体法務検定問題集
2022年度版

2023 年 4 月 30 日　初版発行

編　集　自治体法務検定委員会（委員長 塩野　宏）
発行者　田 中 英 弥
発行所　第一法規株式会社
　　　　〒107−8560　東京都港区南青山 2 −11−17
　　　　ホームページhttps://www.daiichihoki.co.jp/

自治検問題集22　ISBN 978−4−474−09286−0　C0031　（6）